En aras del AMOR

En aras del AMOR

Descubriendo el Verdadero Sentido

Ángeles Abella

Título: *En aras del Amor.*
© 2018. Ángeles Abella S.
Auto edición y Diseño: Ángeles Abella S.

https://www.angelesabella.com
angelesmanosdeluz@gmail.com

Maquetación: 2018. Romeo Ediciones
Primera edición: noviembre de 2018
Impreso en España

Depósito legal: HU - 198 - 2018

La publicación de esta obra puede estar sujeta a futuras correcciones y ampliaciones por parte de la autora, así como son de su responsabilidad las opiniones que en ella se exponen.

Quedan prohibidas, dentro de los límites establecidos por la ley y bajo las prevenciones legalmente previstas, la reproducción total o parcial de esta obra por cualquier medio o procedimiento, ya sea electrónico o mecánico, el tratamiento informático, el alquiler o cualquier forma de cesión de la obra sin autorización escrita de la titular del copyright.

Nota a los lectores: Está publicación contiene las opiniones e ideas de su autora. Su intención es ofrecer material útil e informativo sobre el tema tratado. Las estrategias señaladas en este libro pueden no ser apropiadas para todos los individuos y no se garantiza que produzca ningún resultado en particular. Este libro se vende bajo el supuesto que ni la autora ni el editor, ni la imprenta se dedican a prestar asesoría o servicios profesionales legales, financieros, de contaduría, psicología u otros. El lector deberá consultar a un profesional capacitado antes de adoptar las sugerencias de este libro o sacar conclusiones con él. No se da ninguna garantía respecto a la precisión o integridad de la información o referencias incluidas aquí, y tanto el autor como el editor, la imprenta y todas las partes implicadas en el diseño de portada y distribución, niegan específicamente cualquier responsabilidad por obligaciones, perdidas o riesgos, personales o de otro tipo, en que se incurra como consecuencia, directa o indirecta, del uso de la aplicación del libro.

La principal causa de infelicidad
nunca es la situación,
sino tus pensamientos sobre ella.

Eckhart Tolle

ÍNDICE DE CONTENIDOS

AGRADECIMIENTOS 11

EN ARAS DEL AMOR: ESCUCHA 33
    Una lista 37
    El poder del inconsciente 43
    Aprendizajes 53
    Victimismo 89
    Consciencia 101

EN ARAS DEL AMOR: REFLEXIÓN 107
    El orden divino 111
    Las madres 119
    El amor a los hij@s 149
    El amor a la pareja 217
    La codependencia 253
    El amor al desvalido 257
    El amor a una religión 265
    El amor al clan familiar 267
    El amor a la tercera edad 275
    El amor a una mascota 283
    El amor tras la muerte 293
    El amor como silencio 309
    El amor a través de la comida 321
    El amor desde la libertad 333
    Los falsos pronombres del verbo amar 339

EN ARAS DEL AMOR: ENFOQUE 359
    Libertad 361
    Claridad 365
    La soledad del guerrero 369
    Reflexiones 375
    El amor a ti 393
    Amor 419

AGRADECIMIENTOS

- En primer lugar a **La Vida,** que siempre me ha bendecido sabiamente poniendo ante mí solo *Grandes Maravillas*. Ella, discreta, me las sigue brindando una y otra vez, ayudándome a crecer y a comprender *Su Sagrado Sentido*.

- ***A todos y cada uno de mis Amig@s*** por todos los momentos vividos. Por nuestras risas, por tantos abrazos y llantos compartidos…
Gracias por la loca cordura que le aportáis cada día a mi *Vida*, por tantos amaneceres junto a mi guitarra cantando y soñando un mundo que ya es posible.
Gracias por andar junto a mí tantos tramos del *Camino* y porque siempre me habéis hecho sentir que **Vuestra Casa es la mía…**

Sé que todos *Ell@s* van a comprender que necesite nombrar ahora a **Ana Claver,** a **Silvia Baroja,** a **Jose Antonio Trillo,** a **Afra Castilla,** a **Domingo González,** a **Pepa Delgado** y a **Asun Martín**, que del mismo modo que todos los demás, en los momentos más difíciles de *Mi Vida…*

… me alentaron a creer en **El Milagro.**

Gracias a *Tod@s*…
Por toda *La Magia y El Profundo Amor* que nos ha acompañado siempre y que nos recuerda una y otra vez que **Somos Uno**.

Millones de gracias

… desde lo profundo de *Mi Corazón*.

A lo largo de *Este Libro*, escribo algunas palabras en **mayúsculas.** Lo hago por la <u>Elevada Vibración</u> que *Siento al escribirlas*.

Luego las leo y las releo, con todo el *Respeto* que lleva mi *Consciencia y con el Profundo Carácter Sagrado* que me inspira cada una de *Ellas*.

UNA PREGUNTA

¿Eres libre para AMAR...?
¿Eres libre y por eso amas...?

Eso decimos todos:

- ¡Sí! ¡Sí!. Yo soy libre...
- ¡Yo soy capaz de amar en Libertad o desde la Libertad...!

Todos nos preguntamos qué es el Amor...

Llamamos *Amor* a una necesidad.
Llamamos *Amor* a una entrega desmedida.
Llamamos *Amor* a lo que hemos aprendido de nuestros antepasados.

Hacemos millones de cosas *en aras del Amor*, cuando lo que realmente estamos haciendo no tiene nada que ver con *Su Vibración*.

He sido siempre una buscadora de la *Verdad* y del *Amor*.
Hasta que me di cuenta que eran lo mismo...

Verdad y Amor es lo mismo.

Y aquí empieza mi reflexión...

Muy a la ligera decimos: *¡Sí! ¡Sí! Yo te amo.*
Pero...
    ¿Qué es *Amar*?

¿Qué es Amar...?

                                   Esa es la pregunta...

TODO

Todo lo que sucede está en ORDEN DIVINO.

Y se manifiesta tal cual *Es*, para que demos **el siguiente paso**...

Esta obra es para mí una *Oportunidad Maravillosa* de poder compartir todo lo que siento en *Mi Corazón* y todo lo que me inspira la *Consciencia* que **YO SOY**.

Se suele poner el nombre de *Amor* al motor que impulsa muchas de las decisiones que tomamos en la *Vida*. Y si realmente pudiéramos comprender las verdaderas razones por las que decidimos tomarlas nos daríamos cuenta de que muchas de ellas realmente no tienen nada que ver con el *Amor*, ni siquiera lo representan.

Deseo invitarte a reflexionar sobre algunos aspectos de los que, tal vez, no se habla tan abiertamente ni con las perspectivas que aquí te planteo.

Quiero ofrecerte otros puntos de vista que quizás te ayuden a comprender con más profundidad qué sucede en esas situaciones de la *Vida* en las que te puedes ver empujad@ a tomar *Decisiones* **por Amor.**

No me estoy refiriendo únicamente al *Amor* de pareja, estoy incluyendo todas las situaciones de la *Vida* en las que creemos y sentimos profundamente que actuamos desde el *Amor*.

Me gustaría **invitarte a reflexionar** con *El Respeto* que verdaderamente el *Amor* necesita y merece.

Que pudieras contemplar otros enfoques, quizá diferentes a los que concibes actualmente porque puede que provengan, muchos de ellos, de algunos aprendizajes recibidos durante la infancia.

O quizás, desde antes...

Deseo sincera y profundamente que todas las reflexiones que te brindo en esta obra te ayuden en tu *Vida* a ir más allá de lo meramente aprendido, para que puedas elegir desde *La Libertad de Pensamiento y de Alma*, y comprender con mayor claridad los delicados mensajes que trae consigo *La Sagrada Energía del Amor*.

Te ofrezco mi particular y serena manera de percibirlo.
Y digo <u>serena</u> porque siento *Paz* cuando hablo de ello, cuando describo y cuando comento cada una de las situaciones que en *Este Libro* te planteo.

Por supuesto, va por delante el **inmenso respeto** que siento hacia todas las formas de pensamiento y hacia las distintas maneras de interpretar y comprender todas las situaciones de las que aquí te hablo.

Tan solo representan mi particular manera de sentir y de concebir *La Vida*, algo que entre otras cosas, me ha liberado y me ha hecho **sanar grandes heridas emocionales.**

Siento que mi experiencia puede ayudar a mucha gente a recuperar la *Libertad de elegir* lo que verdaderamente desea en la *Vida*. Encontrar el *Verdadero Sentido*, la *Verdadera Dirección del Amor* en aquellas decisiones que se tomen en *Su Nombre*.

El Mensaje que comparto en Este Libro surge desde un *Profundo Respeto que siento hacia el Ser humano.*

El Delicado Respeto que siento en Mi Corazón...

Tenlo presente en todo momento.

ELEVA TU CONSCIENCIA

Y escucha...

En una hermosa y apacible aldea a las afueras de Nueva Delhi vivía **La Luz** en común unión con los habitantes de aquella comarca.

Era un lugar bendecido por la *Belleza*...
Cuentan que allí se podía respirar aire puro y que los vecinos vivían en *Paz y Armonía* compartiendo lo que diariamente obtenían de la *Tierra*.

Un día, uno de los sabios ancianos dio la voz de alarma porque había oído que la **oscuridad** venía en camino hacia la aldea. Decían que tenía idea de quedarse a vivir cerca de allí.

La Luz se enteró de la noticia y, con la *Nobleza* que le caracteriza, enseguida quiso citarse con ella personalmente en una de las mágicas cascadas que bañaba aquellas tierras. Deseaba darle la bienvenida y ofrecerle su hospitalidad.

La oscuridad aceptó la cita con mucha arrogancia. Llegó a la aldea presumiendo de su valentía y atemorizando a todos los habitantes con los que se iba encontrando. Sus alardeos y voces generaron tanta expectación que los vecinos no quisieron perderse semejante acontecimiento y acudieron rápidamente a aquella inusual y atrevida cita.

La Luz llegó a su hora, *Preciosa, Sencilla y Luminosa*, con la *Belleza* con la que vibra siempre cuando se manifiesta abiertamente.

Todos los vecinos, expectantes y nerviosos, esperaban la llegada de **la oscuridad**, pero tras horas de espera acabaron deduciendo con asombro que no acudiría a aquella cita.

La Luz, sin darle mayor importancia a lo sucedido, abrazó a todos los presentes con la *Serenidad y el Amor* con el que lo hacía cada día y continuó en *Calma* su cotidiano paseo al borde del río.

Los más escépticos se preguntaron rápidamente cuál había podido ser la razón por la que **la oscuridad** no había acudido a aquella cita tan esperada por todos. Así que, con mucha intriga, se reunieron clandestinamente para indagar dónde podía estar ahora **ella** y así poderle preguntar personalmente por qué no había acudido a la hora y lugar acordado.

Esa misma noche lograron encontrarla retozando bajo unos escombros a las afueras de la ciudad. Y cuando la tenían justo frente a ellos le dijeron:

- *¡Qué valiente eres...! Te has atrevido a desafiar a **La Luz** aceptando un encuentro con Ella.* – gritó con prepotencia uno de ellos.

La oscuridad no respondió con palabras, tan solo intimidó a todos los que estaban allí presentes con una desagradable mirada desafiante.

- *¡Seguro que tienes algún plan preparado...! Te conozco bien* – añadió otro de sus admiradores.

Ella tan solo mostró su irónica sonrisa y con un arrogante y soberbio ademán de maldad se alejó de aquel oscuro lugar, confirmando antes a todos los presentes que tenía preparada una nueva y malintencionada maniobra.

Muchos de los que allí estaban escaparon asustados de aquel paraje, otros gritaron aterrorizados y otros corrieron tras **la oscuridad** deseando continuar a su lado seducidos por su maldad.

Un joven pastor que presenció aquella escena quedó perplejo e inmóvil abrazado a un hermoso árbol milenario que había cerca de allí y que solía darle sombra y cobijo cada día.
Cuando pudo calmarse sintió que tenía que avisar de todo esto a **La Luz** y sin pensarlo dos veces, corrió a contárselo...

Pero tardó tres días en saber su paradero y cuando supo dónde encontrarla ya era demasiado tarde. **La oscuridad** ya la había citado sin que él hubiera podido comunicarle a ella todo lo que sabía.

Así que al joven pastor solo le dio tiempo de llegar puntualmente al lugar de la cita en el que ya estaba hábilmente preparada la trampa. Allí vio como muchos de los seguidores de **la oscuridad** se agolpaban a su alrededor, gritando atemorizados y rogando ser reconocidos e identificados por su oscura energía.

De repente hubo un silencio entre la multitud que se encontraba allí. Se intuía algo en el aire...

A lo lejos se vislumbraba el perfil luminoso de **La Luz**.
Ella se acercaba sin miedo, *Radiante en su Magnificencia*.

Indescriptiblemente Bella...

Se fue aproximando poco a poco ante las miradas aterradas y expectantes de todos los presentes. Y conforme avanzaba suavemente, se iba haciendo más *Poderosa* y más *Brillante* de lo que ya se la veía a lo lejos.

Cuál fue el asombro de todos los allí presentes cuando observaron que conforme se aproximaba **La Luz** hacia ellos, **la oscuridad** se iba desvaneciendo poco a poco... Cuanto más avanzaba **La Luz**, más se disipaba y se desdibujaba la quebrada silueta de su débil rival...

Finalmente **La Luz** se manifestó con *Total Plenitud* en ese lugar ante la mirada atónita de los asistentes que comprobaron, inmediatamente, que la oscuridad había desaparecido porque había quedado completamente transformada e iluminada por **Ella**.

Justo en ese momento, todos los presentes pudieron comprender que <u>a la primera cita que tuvieron días atrás habían acudido las dos</u> puntualmente, pero que la oscuridad, inevitablemente, había quedado totalmente eclipsada y disuelta por la magnificente presencia de **La Luz**.

Ante el conmovedor silencio de los vecinos, **La Luz** volvió a no darle importancia a lo sucedido y como hacía cada día, abrazó uno por uno a todos los presentes.

Serena y Luminosa continuó su cotidiano paseo al borde del río.

Impresionante...

Esto es lo que sucede a cada instante en nuestras *Vidas*.

La Luz ilumina cualquier situación y disipa cualquier tipo de duda, de miedo, de temor o circunstancia que crea poder vencerla.
Se suele temer a la oscuridad, como hacían estos vecinos de la aldea, pero la oscuridad no es otra cosa que la ausencia de *Luz*.

En cuanto **Ella** hace acto de presencia, la *Comprensión* se manifiesta y los miedos se desvanecen.

¿Qué es el AMOR…? – me pregunto.

YO SOY maestra y aprendiz.

La Maestría **me ha hecho sentir claramente lo que no es** *AMOR*
y *mi Alma* **me susurra a cada instante cual es…**

… Su Verdadero Sentido.

SINCRONÍAS

Hace ya bastantes años me encontré, *causalmente*, con una persona a la que admiro profundamente. Es una mujer, yo diría, muy valiosa. Guapa, dinámica, carismática e inteligente.
Intuyo que sigue siéndolo porque le perdí la pista después de ese encuentro.

Me alegré muchísimo al verla y al preguntarnos mutuamente cómo nos iba la vida me dijo que le habían concedido una beca para estudiar *Arte Dramático* en Londres. **Su sueño**...
Y que quizá, si todo iba bien luego podría continuar sus estudios en Estados Unidos.

Me alegré enormemente. También era uno de mis sueños...
Me pareció que era uno de esos milagros que no te acabas de creer que sucedan, pero que realmente ocurren y se manifiestan ante ti.
Era una oportunidad maravillosa y realmente única.

Uno de estos trenes que pasa **una sola vez en la *Vida***...

- ¡Maravilloso...!¡Fantástico...!¡Dioooosss...!
  ¡La vida se abre ante ti...! - le dije muy emocionada.
  ¿Y cuándo te vas...?
- *No, no lo he decidido todavía...* - me contestó.
- *¿Y por qué...?* - le pregunté muy extrañada.
- *Porque yo vivo con mi madre y tendría que llevármela conmigo para Londres.*
- *Eso no es problema, cariño mío...* - le contesté sonriendo.
- *¡Ya...! Pero tendría que buscar a alguien que la cuide.*
  Ella no puede estar sola y necesita que una persona se quede con ella todo el tiempo.- me contestó algo preocupada.
- *¡Pues buscas a alguien allí...! Es un lugar donde encuentras fácilmente a personas dispuestas a realizar este tipo de trabajo.*
- *¡Ya...! Pero el idioma **para ella** sería un problema porque ya es mayor...* - me dijo con voz resignada.

Yo no daba crédito a lo que estaba escuchando. Me dejaba entrever que había barajado la idea de rechazar la oportunidad.
Yo oía de su boca todas aquellas justificaciones que me daba, sin poder creérmelas...
Una tras otra...

- ¡Piénsalo bien...! - le dije un tanto inquieta.

Me estaba pareciendo una locura que dejara pasar semejante oportunidad y tan solo el hecho de imaginármelo, no me dejaba indiferente.

- ¡Es una oportunidad única, cariño...! ¡Es un regalo para ti y para todos los que te quieren...! - le dije emocionada.
- Lo sé... Pero serían muchos cambios **para ella** y no quiero que sufra.
   Ya es mayor... - me contestó.

Conforme la escuchaba, yo me sobrecogía más y más...
Del mismo modo con que me estremezco ahora mientras lo recuerdo y te lo cuento.

Por más que intentaba animarla a **perseguir su sueño**, más excusas y razones me daba para justificar su previsible decisión de dejar escapar aquella oportunidad.

Me queda, vagamente, la imagen de su semblante algo más apagado y triste de lo normal, mientras ella misma trataba de "autoconvencerse" de que era la mejor opción.
Ella es una mujer bellísima y con un brillo especial, como cualquier actriz que se precia ante las cámaras.
                    Valía para eso...

Pero, aún así, parece que dejó escapar aquella oportunidad.

Ella me dijo:

- ¡Es que **la quiero tanto** que no quiero que sufra más...!
   ¡Ya ha sufrido bastante...! – me decía ella, ausente de sí...

Aunque intenté hacerla reflexionar sobre alguna otra posible salida, su decisión parecía estar de antemano tomada.

Al poco tiempo confirmé que **había rechazado aquella beca** y por lo tanto, había decidido quedarse con su madre en España.

Yo durante un tiempo estuve reflexionando sobre esto. Y aunque no quería juzgarla, me venía una y otra vez, desdibujada, la maravillosa oportunidad de los sueños que había dejado escapar.

Literalmente...

Antes de despedirnos aquel día, ella utilizó la palabra **Amor** para justificar su decisión.
No la juzgo en absoluto, pero en aquel momento no pude comprender por qué había decidido no apostar por las oportunidades que le brindaba generosamente la *Vida*.

Y cuál fue mi asombro que, más o menos a los tres años de este encuentro, me enteré que su madre había fallecido por causas naturales. No pude ponerme en contacto con ella entonces. Y, como te podrás imaginar, fue inevitable sacar algunas conclusiones de todo esto.

Pasaron un par de años más y cómo no...
"LA VIDA", pícara y descarada, me puso en la misma tesitura.

Yo compartía con esta bellísima mujer de la que te hablo la pasión por el teatro y la interpretación. Imaginábamos y hablábamos en muchas ocasiones de todo esto.
He sido siempre una amante del *Arte*, en todas sus manifestaciones, por lo que, del mismo modo, yo también había soñado con la posibilidad de formarme en *Arte Dramático*.

Y **causa**lmente...

Un día hablando con los padres de una amiga mía, sabiendo la ilusión que me hacía esta carrera, se ofrecieron a ayudarme durante los primeros años, hasta que yo pudiera hacer frente económicamente a todo esto. Imagínate lo que eso suponía realmente para mí, en ese momento.

Era mi tren...

Yo acepté con la condición de que cuando empezara a dar sus frutos les devolvería íntegramente ese divino y maravilloso favor.

Y qué oportuna es la *Vida*, que en esos momentos me vi en la misma encrucijada...
        Parece mentira... ¿Verdad?

Pero la *Vida* te sacude una y otra vez, hasta que lo aprendes.

Circunstancias personales, que no vienen al caso, desestructuraron en pocas semanas mi situación familiar y personal.
Tuve que hacerme cargo directamente de mi madre y de una de mis hermanas durante un tiempo, porque en aquellos momentos necesitaban cuidados físicos y asistencia, podríamos decir, <u>directa y permanente</u>.

La Vida me puso casi la misma prueba, para ver si yo había aprendido la lección de aquella bellísima mujer de la que te hablo.
Pero, como ya muchos de nosotros sabemos, <u>no escarmentamos en cabeza ajena</u>. Y nos lanzamos a la piscina a vivir, en primera persona, aquello que **necesitamos aprender**, por mucho que los otros ya lo hayan aprendido.

En aquellos años yo vivía en Canarias. Ni siquiera me planteé hacer la carrera a distancia, porque en el caso de que yo optara por matricularme en Madrid, debía comprometerme a viajar semanalmente para asistir a algunos talleres, actividades y a determinadas pruebas que exigían mi asistencia en dicha formación.

        Era prácticamente imposible...

¿Y qué ocurrió...?

Pues que desestimé la posibilidad. Consideré que cuidarlas era el único camino correcto. Y renuncié, como en otras ocasiones, a uno de mis grandes sueños...

Esta bella mujer de la que te he hablado me repetía una y otra vez que si optaba por cuidar a su madre y rechazar la beca lo hacía por *Amor*.

Y eso mismo me decía yo también:

- *"No puedo dejar de cuidarlas...*
  Las quiero... y por AMOR, elijo renunciar a esta posibilidad."

Después de casi 30 años de esta importante decisión que tomé en su día, **tengo otra lectura de todo esto** y que, entre otras muchas razones, me ha impulsado a escribir *Este Libro*.

Deseo profundamente que todas las reflexiones que aquí comparto contigo puedan orientarte en aquellas decisiones que te veas obligad@ a tomar en la *Vida*, para que puedas tener en cuenta otras perspectivas que te ayuden a elegir en la correcta dirección y el *Verdadero Sentido del Amor*.

A LO LARGO

… de esta lectura podrás advertir que hablo y me dirijo en ocasiones a todos los <u>Seres Sintientes</u>.

Me refiero literalmente a eso, a todos y cada uno de los <u>Seres que sienten</u>, que llevan *Consciencia* y por lo tanto forman parte de *Ella*.

Te hablo de la VIDA, en su amplia y total manifestación…
No solo el ser humano puede atribuirse la cualidad de *sentir*.

***TODA LA EXISTENCIA* siente.**

***TODO* lo que existe…**

SIENTE.

En aras del AMOR

ESCUCHA

El arte de *escuchar*
disipa la oscuridad de la ignorancia.

Dalai Lama

> "Suelta lo que ya no te sirve
> para que deje espacio
> a las maravillas que están por llegar"
>
> **Ángeles Abella**

UNA LISTA

Antes de empezar voy a pedirte que te atrevas con **un reto**.

Mis lectores saben que me gustan *los desafíos*, porque me sitúan frente a mí misma. Los retos te ponen frente a lo que desconoces de ti y por eso empiezo proponiéndote uno.

Consiste en **hacer una lista de todas las personas a las que amas**.

No escatimes ni te cortes a la hora de nombrar.
En principio me refiero a personas o seres sintientes a los que amas o has amado en algún momento de tu *Vida* y aún sientes algo que te impulsa a seguir haciéndolo.
Puedes escribir igualmente el nombre de alguien a quien amaste profundamente hace tiempo, alguien que fue profundamente especial para ti, aunque ahora ya no sientas lo mismo.

Escribe su nombre y al lado, aquello que en ese momento hiciste por *Amor a ese Ser*.

Si actualmente sientes **Amor por alguien** y crees que debes tomar alguna decisión por esa razón, escribe igualmente su nombre y al lado aquello *que estás haciendo o que serías capaz de hacer por Amor a ese Ser*.

Pueden ser también situaciones, lugares, vivencias, imágenes, frases, momentos de tu existencia en los que sentiste que hacías algo por Amor.

Escribe ese lugar o situación y al lado...

TODO aquello que tú recuerdes haber hecho allí por *Amor*...

No es necesario que esté ocurriendo actualmente. Eso que quieres apuntar puede haber sucedido hace años. Puede ser, incluso, que los *Seres* a los que te quieras referir no estén ya en este plano existencial. No importa. Inclúyelos...

El incluir en esta lista a todos los *Seres* y experiencias que has tenido vinculadas al *Amor* te ayudará a comprender mucho mejor todo lo que en *Este Libro* te quiero contar.

Ya verás...

En la siguiente página reservo un espacio para que puedas escribir y elaborar esta lista tranquilamente.

Si para escribir necesitas más espacio del que aquí te ofrezco, no tengas ningún reparo en añadir una hoja o las que necesites para completar la lista con todo aquello que desees incluir.

Del mismo modo, puede ser que en un principio no hayas recordado a todos los *Seres* que desees poner en la lista. Por eso, si durante la lectura de *Este Libro* te acuerdas y así lo sientes, <u>añade a quien necesites o desees incluir.</u>

Hazlo...

Lo que te va a aportar es *Consciencia*.
No creas que, el hecho de escribirlo, va a ser en vano.

Es importante atreverte al menos a iniciar la lista, porque eso mueve, a nivel inconsciente, recuerdos y energías que te pueden hacer sanar dolores profundos. Es revelador en muchos sentidos, porque te hará tomar *Consciencia* de muchas cosas que te voy a plantear aquí.

No importa si vas añadiendo nombres **varias veces** durante la lectura del libro o si ocurre justo antes de terminar de leerlo...
Eso confirmaría que has comprendido el Mensaje.

<u>**Las claves**</u> que quiero compartir contigo en *Este Libro* te ayudarán a descubrir lo importante que es *Vivir en la Correcta Dirección y Sentido del Amor.*

¿Estás preparad@...?

Pues coge boli o lápiz y adelante. **Te revelará muchas cosas.**

PERSONA o LUGAR	QUÉ LLEGASTE A HACER POR AMOR ...

Antes de seguir leyendo, asegúrate de haber escrito *al menos* el nombre de tres personas o *seres sintientes* a los que amas.

No continúes sin llevar a cabo este reto que te propongo.

Si no deseas escribir en el libro, lo comprendo, pero entonces coge un folio aparte y **atrévete a escribir** los nombres de estas personas especiales en tu *Vida*, o de <u>estos seres</u> que por alguna razón, han quedado profundamente unidos a tus recuerdos.

Eso te dará *muchas más claves* para poder comprender todo lo que voy a contarte en los próximos capítulos.

Tómate el tiempo que necesites. Hazlo con calma y *Consciencia*.

Y cuando sientas que has completado la lista...

Podemos continuar.

LLEGADO ESTE PUNTO

Supongo que **la lista está elaborada o iniciada**.

¿Es así...?

Es muy importante que **tomes consciencia** de lo que has escrito. Por eso te voy a pedir que repases nuevamente la lista pero ahora leyéndola en voz alta.

¿Y por qué...?

Ya verás...
Porque las conexiones que suceden internamente **mientras escribes** son muy distintas a las que se ponen en marcha **mientras lees**. Se activan franjas diferentes de la mente, del inconsciente y del conjunto de memorias que están asociadas a tu experiencia.
Y si estas se combinan, pueden traer **a tu Consciencia** todo aquello que necesites recordar para que este ejercicio pueda ayudarte más profundamente.

<u>Te propongo incluso que la vuelvas a leer en algún otro momento</u>, si así lo sientes, porque seguro que será **una gran oportunidad** para poder recordar quizás otras situaciones o vivencias importantes en tu *Vida,* algunas tal vez olvidadas, y que siento que <u>es necesario que las tengas presentes durante la lectura de *Este Libro*</u>.

Cuando hayas leído la lista en voz alta, **toma el tiempo que necesites**...

Y nos vemos, nuevamente, en el siguiente capítulo.

> "La voz del inconsciente es sutil,
> pero no descansa hasta ser oída"
>
> *Sigmund Freud*

EL PODER DEL INCONSCIENTE

Quiero comenzar explicándote qué es el **inconsciente,** cómo actúa y hasta dónde podría llegar su poder de acción en nuestra vida.

¿Qué es realmente el inconsciente?

De manera sencilla, podríamos decir que toda la información que maneja nuestra mente se puede situar en dos claros niveles.

EL CONSCIENTE y **EL INCONSCIENTE**

EL CONSCIENTE viene a ser el conjunto de información que sabemos, conocemos y manejamos. Es el nivel en el que desarrollamos la inteligencia y en el que adquirimos los conocimientos.

Y fíjate bien...
Tan solo representa el **3% de nuestra acción**.

Me refiero a que el ser humano cree controlar todo lo que está haciendo o viviendo en un momento determinado, pero realmente, **todo lo que cree controlar** tan solo es el 3% de lo que está sucediendo.

¿Me sigues, *Corazón*...?

Es importante que comprendas esta idea para que puedas percibir el enorme poder que puede llegar a tener **el inconsciente** en tu *Vida*. Todo lo que crees conocer, lo que crees controlar, dominar y manejar, equivale solo al 3% de toda la información que alberga tu mente.

EL INCONSCIENTE, por otro lado, viene a representar toda la información que has captado y asimilado sin saberlo en todas las experiencias vividas a lo largo de *Tu Existencia*.

Todo lo que tu cuerpo y tu mente ha captado y asimilado **sin que tú te dieras cuenta** se le llama *in-consciente*, porque no está en tu consciencia, ni tampoco está bajo tu control.

Y representa el 97% del poder de tu mente.

El 3%   El 97%
Lo que controlas   Lo que no controlas

El inconsciente sería la parte sombreada del círculo. El 97%.
El consciente sería el círculo blanco que hay dentro. El 3%.

Imagina que todo este círculo es tu mente.

Tú solo controlas, conscientemente, ese círculo pequeño blanco que hay dentro. Y todo aquello que no puedes controlar y que no ha llegado a tu consciencia, es el resto del círculo gris.

¿Te puedes hacer una idea de ese 97% de información que puede haber recibido, grabado, asimilado y captado tu mente sin que te hayas dado cuenta de ello?

¿Y puedes imaginarte, de este modo, **quién puede llevar realmente las riendas** de lo que haces en tu *Vida*...?

Es tremendo darse cuenta de esto.

¿Puedes llegar a imaginarte ahora hasta qué punto muchas cosas que crees controlar realmente están en manos de la fuerza y el poder de tu inconsciente?

Por eso, hay personas que se quejan de que todo aquello que preparan y hacen, con toda su buena voluntad, luego sale de manera muy diferente a lo que habían imaginado o deseado.

¿Por qué crees que sucede esto...?

Te pongo algunos ejemplos concretos para que puedas entender más claramente esto que te digo.
Observa también, si puede ser tu caso:

- Tú puedes ser la persona que se empeña en sacar adelante un negocio una y otra vez y siempre fracasa...
 ¿Por qué...?

- Tú puedes haber intentado adelgazar una y otra vez con mil y una dietas y volver a subir aproximadamente los kilos de más que has llevado siempre.
 ¿Por qué...?

- Tú puedes haber fracasado una y otra vez en tus relaciones de pareja sin saber cómo evitarlo.
 ¿Por qué...?

Puede que tengas algunas tendencias concretas en tu *Vida* y no sabes el porqué.

Y así podría seguir enumerando mil y una situaciones más en las que **las personas creen poder controlar sus vidas y sus deseos**, cuando realmente el que está apoderándose de la situación es la información inconsciente que alberga su mente en ese 97%.

¿Me sigues, *Amor*...?

Hay autores que aseguran que **el consciente** puede representar el 5% y el inconsciente, un 95%. Pero, como podrás imaginar, tampoco resulta esperanzador este nuevo porcentaje. No resuelve mucho más la situación que te describo.

Y tú te preguntarás:
	¿Qué se puede hacer con esto…?

Lo primero es <u>darte cuenta</u> de cómo funciona tu mente y el margen de acción que realmente tiene el inconsciente. Conocer hasta qué punto toda la información inconsciente, <u>aprendida sin saber cómo</u>, llega a controlar y a dirigir tu *Vida* sin que apenas te des cuenta.

Se trata de **ser consciente** de <u>cuál es el poder y la fuerza que tiene</u> y de qué manera puede llevar el mando en tus decisiones y tus acciones.

Lo segundo es darte cuenta de que ese 97% está formado por:

- **Creencias heredadas** <u>sin querer</u>: Son tendencias familiares, ancestrales, sociales o culturales que has integrado en ti, aunque no hayas deseado hacerlo. Tu mente las capta y reconoce aunque tú no desees que así sea.

- **Creencias aprendidas** <u>conscientemente</u>, por imitación, por educación o "por amor" a los que te las enseñaron.

- **Formas de pensamiento** <u>que asimilaste</u> de otros sin querer hacerlo, en mil y una situaciones vitales de las que quizá ni te acuerdas ni eras consciente aún.

- **Formas de pensamiento** <u>que imitaste</u>, creyendo que era *Lo Correcto*.

- **Las imágenes** <u>que has captado</u>, por cualquiera de tus sentidos o centros de energía y asimilado durante toda *Tu Existencia*. Así te hayan gustado o te hayan desagradado enormemente. Todas están en tu inconsciente y muchas veces aparecen en pesadillas o sueños sin que podamos hacer nada por evitarlo.

- **Las palabras o conversaciones** en las <u>que hayas</u> intervenido, que hayas <u>escuchado, recibido, interpretado, captado</u>… Incluso aquellas que hayas podido rechazar abiertamente.

- **Lo que piensas de ti** <u>realmente</u>, lo que piensas de ti en el fondo. Lo que llegas a dudar de ti y de tu capacidad.

Hay quien cree que es buen trabajador y luego a solas, internamente, siente que no vale para nada. Todo esto surge de lo que hay en su inconsciente y que ha aprendido, y cree que es verdad.

- Este inconsciente también lo forman **las creencias de tus antepasados**, que, aunque no te hayan conocido o no te hayan inculcado ninguna idea directamente, la información ha pasado a ti de manera cuántica.

Un ejemplo de esto es aquella familia en la que la abuela es muy religiosa, sus hijos contrariamente no quieren saber nada del tema. Y sucede que esta abuela fallece y el nieto o la nieta, al que no ha conocido nunca porque nació después de su muerte, llegada la mayoría de edad le plantea a sus padres entrar en una orden religiosa.
El inconsciente ha mostrado aquí sus memorias...

Otro ejemplo es el de un bisabuelo que tenía tendencia a la bebida y muere de cirrosis. A sus hijos y nietos no les llama nada la atención el alcohol ni lo que tenga que ver con él, incluso pueden declararse abiertamente en contra. Y tras unos años de descendencia, aparece un bisnieto o bisnieta que o bien muestra la misma adicción a la bebida que tenía su bisabuelo, o se convierte en monitor de ayuda en A.A. o decide hacer de su profesión la cata de vinos.

Esto es información cuántica. Y aquí se han manifestado las **informaciones del inconsciente**. Conozco muchos casos y podría ponerte aquí infinidad de ellos.

Más adelante te explico un poco más para que puedas comprender qué es la *información cuántica* y cuál puede llegar a ser su alcance.

Si te das cuenta, el inconsciente está formado por todas las ***sensaciones y experiencias vividas, escuchadas, captadas, imitadas, asimiladas, heredadas, integradas***... a cualquier nivel durante la existencia.

Lo que quiero decirte con esto es que **TODO lo que has vivido, sentido, percibido, escuchado o captado**, aunque fuera durmiendo, TODO aquello que sentiste en el útero materno, TODO lo que has experimentado en tu existencia, TODAS las creencias de tus antepasados, TODO aquello con lo que has tenido alguna relación o vínculo de algún tipo, TODO… aunque no fueras consciente de ello, forma parte de este 97% inconsciente y que luego, inevitablemente dirigirá tu *Vida*.

¿Me sigues…?

¿A que es impresionante…?

Cuando una persona cree estar haciendo algo con control y plena consciencia, realmente el 97% es el que "está haciendo de las suyas". Esa persona cree que está funcionando al 100% cuando es el inconsciente el que está asumiendo el mando de la situación.

Te pongo un ejemplo y así es más gráfico…

Te muestran una araña de plástico, más concretamente *una tarántula* pero está muy bien trabajada, tan bien hecha y tan real que casi te da repelús acercarte a ella e incluso tocarla.
Te dicen que la cojas en la mano y que no te asustes, porque es de plástico. Y te avisan que a los 10 segundos de tenerla en la mano, algo imprevisto sucederá…

¿Qué harías tú en este caso…?
¿Te atreverías a tenerla más de diez segundos en la mano?

Tu 3%, es decir, **tu consciente** sabe que es de plástico, que está bien trabajada… Pero el 97%, es decir, **tu inconsciente**, te impide siquiera cogerla o acercarte a mirarla.
¿Qué sucede aquí…?

Que **el inconsciente** está apoderándose de tu acción. No te deja ser libre y actuar sin miedo. Si no te atreves a cogerla, realmente tu inconsciente es el que está paralizando y limitando tu libertad de acción.

¿Me sigues, *Corazón*…?

Toda la información que tu mente y tu cuerpo ha captado, ha albergado y concebido durante toda tu existencia te impide realmente tocar la araña, **aunque sepas que es de plástico**.

Habrá quien la toque y la mantenga durante más de 10 segundos.

Pero seguro que habrá quien, pasados los 10 segundos, retirará la mano compulsivamente.

Estaríamos de nuevo ante el 97% de la mente, que maneja y actúa sin nuestro control. Es el que realmente se hace cargo de la acción, por mucho que tú creas que lo controlas conscientemente.

Para los amantes de las arañas voy a poner otro ejemplo, que seguro os hará tener otra perspectiva diferente a la que acabo de relatar.

Una persona decide acudir al parto de su mujer.
Cree que controla totalmente la situación. De hecho, la apoya constantemente, le dice que respire, que va a estar todo el tiempo con ella, a su lado...
Más tarde, ya ante la situación real, le resulta imposible mantenerse firme. Comienza a marearse, a sudar y descolorid@, l@ tienen que sacar de paritorio.

Su 3% creía controlar y su inconsciente, es decir, el 97% realmente fue quien se apoderó de la situación.

Esto es lo que sucede **siempre**, en todas y cada una de nuestras acciones. Creemos estar al 100% cuando realmente controlamos el 3% de las variables, mientras el inconsciente toma el control y campa a sus anchas en un 97%.
¿Me sigues, *Amor*...?

Tú crees controlar, crees saber y crees que estás supervisando la situación totalmente, cuando **la información inconsciente que hay en tus memorias o campos de energía** es la que te juega malas pasadas o es la que, al final, decide actuar o mostrar lo que verdaderamente hay de fondo.

Esto es lo que sucede, y lo habrás visto en algún programa de televisión, cuando la gente tiene que meter la mano a ciegas en una caja y por el tacto adivinar qué es lo que está tocando.

Imagínate en esa situación. Tú tienes que meter la mano sin saber qué hay dentro de la caja. Tú sabes que tu vida no corre peligro por ninguna de las criaturas u objetos que puedas llegar a tocar en este tipo de juegos. Realmente no corres ningún peligro.

El 3% de tu mente lo sabe, pero el 97% restante es el que realmente te impide meter la mano en la caja, aunque tú, conscientemente, sabes que no debes temer nada.

Aplícalo a cualquier situación de tu vida:

- **Te presentas a un empleo.**
Tu 3% consciente sabe que reúnes las cualidades objetivas que te piden, pero el 97%, el inconsciente, te juega una mala pasada.
Tiemblas, no entras, te da una lipotimia, contestas cosas incongruentes... Y pierdes la oportunidad.
Tú crees que estás actuando al 100% cuando realmente es el 3% lo que funciona conscientemente, mientras el inconsciente se apodera de la situación.

- **Tienes una idea ingeniosa para un negocio.**
Te planteas presentársela a alguien que pueda comprártela o contratarte.
Tu 3% hace todo lo que cree que debe hacer, confías a tope, como nunca. Crees que todo irá sobre ruedas, pero hay tres personas que entran a la entrevista antes que tú...
Y esperas... esperas, *según tú* *(tu inconsciente)* demasiado tiempo...

En esa espera, el 97% de tu mente se ha apoderado de ti.
Y empieza a hacer de las suyas y tú empiezas a dudar, a temblar, a desconfiar y creer que tu propuesta puede que no sea tan adecuada como creías, que quizás las ideas de otros pueden ser más interesantes. Es decir, el 97% ha empezado a actuar y tú ni siquiera le has visto llegar.

> "Hasta que el inconsciente no se haga consciente, seguirá dirigiendo tu vida y tú le llamarás destino"
> ***Carl Jung***

El inconsciente es un término muy usado en diversos ámbitos de la Psicología en relación a todos aquellos aspectos de la mente humana que hacen referencia a **lo que se manifiesta sin que se tenga voluntad sobre ello.**

Te comento todo esto para **que seas consciente del poder que esta realidad tiene en tu Vida y en tus decisiones.**

Este es otro gráfico sencillo, pero sirve para dibujarte de otra manera esa parte que el consciente no controla.

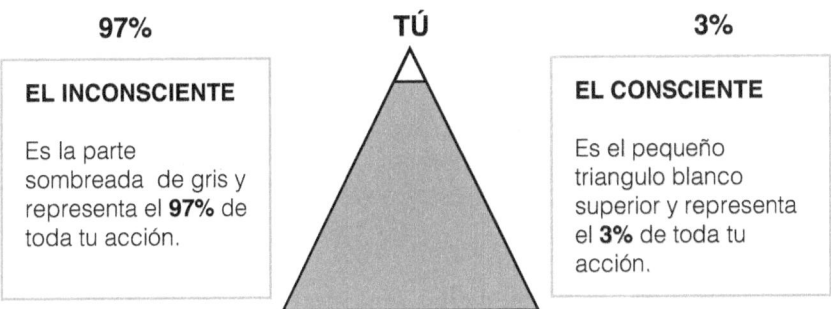

97%	TÚ	3%
EL INCONSCIENTE		**EL CONSCIENTE**
Es la parte sombreada de gris y representa el **97%** de toda tu acción.		Es el pequeño triangulo blanco superior y representa el **3%** de toda tu acción.

Viene a ser como la *punta de un iceberg*. Creemos que eso es lo que realmente existe porque es lo que se ve, cuando en realidad lo que hay bajo ese *iceberg* es una mole inmensa de hielo bajo el agua, es decir, un 97% de *información inconsciente y poderosísima,* que trata de controlar y gobernar nuestra vida.

Y me puedes preguntar…

¿Qué hay en el inconsciente que parece apoderarse de nuestra capacidad de acción…?

Pues **el inconsciente** está formado por **TODA la información que se ha grabado en nuestros campos de energía durante TODA nuestra existencia, <u>aunque no estuviéramos atentos para recibirla o comprenderla.</u>**

¿Te puedes hacer una idea de esto…?

Todo tipo de creencias, recuerdos, malentendidos, vivencias, fantasías, experiencias de cualquier tipo, conceptos religiosos, imágenes de toda tu existencia o de la de otro *Ser* que tenga relación contigo, palabras escuchadas, impactos emocionales, ideas, reglas, prohibiciones, normas, dudas, hábitos, tendencias familiares…

Con toda esta información podrás imaginarte que no solo recibimos la información que deseamos aprender o captar.

Realmente nuestro cuerpo y nuestra mente <u>está registrando muchísima más información de la que imaginamos</u>, sin que apenas nos demos cuenta.
Esto es muy delicado...

Por eso, entre otras cosas, **hay que tener mucho cuidado** con las experiencias y las vivencias con las que nos relacionamos o en las que nos vemos implicados. <u>Cuidar todo aquello con lo que tenemos contacto o relación, incluso durante el tiempo en el que estamos durmiendo</u>, porque *inconscientemente* toda la información que captamos en esos momentos en los que dormimos actúa luego en ese 97%, sin que nos demos cuenta y sin que tengamos control sobre ello.

Creo que podrás hacerte una idea de a qué me refiero con esto, y en la medida de lo posible, <u>cuidar estos ámbitos y todas las experiencias</u> que pudieran estar relacionadas con ello.

Si te has hecho una idea de la fuerza y el poder que puede llegar a tener el inconsciente, en el próximo capítulo vamos a dar un pasito más en la comprensión del *Mensaje* que quiero compartir *Contigo*...

"Fueron semillas mis errores…"

Jodorowsky

APRENDIZAJES

A lo largo de nuestra *Vida*, en todas y cada una de sus etapas, vamos aprendiendo…

Unas veces lo hacemos **de manera consciente**, integrando activamente y con atención toda la información que llega y, otras veces lo hacemos **de manera inconsciente**, sin advertirlo y sin notar que realmente hay aprendizajes que están calando profundamente en nosotros.

Con todo lo que te he comentado en el capítulo anterior, podrás imaginarte que toda esta información que aprendemos y recibimos de manera consciente e inconsciente, no solo la captamos o asimilamos a través de los **sentidos.**
La percibimos también **de manera cuántica.**

¿Y qué quiere decir esto…?

En el *Primer Libro* de esta *Trilogía* explico más detalladamente a qué me refiero cuando hablo de *transmisión cuántica de la energía.*

De todos modos, ahora y brevemente, trataré de mostrarte qué quiero decirte con todo esto para que puedas comprender y profundizar en todo lo que voy a ir compartiendo contigo en los próximos capítulos.

1.- SOMOS ENERGÍA

¿Y qué entendemos realmente por **energía**…?
Porque últimamente se escucha mucho hablar de *esto.*

La palabra energía viene del griego ένέργεια - enérgeia que significa "actividad", fuerza de acción o fuerza de trabajo.

Seguro que en alguna ocasión has sentido que la persona que está, por ejemplo, sentada a tu lado, está algo nerviosa. Y quizá no la conozcas, no la hayas visto hasta ese momento.

Esa persona no te ha dicho nada con palabras, pero su cuerpo, su vibración, su energía y su respiración te están indicando que está nerviosa.
    Esa es su energía...
       Esa es su **vibración**...
          Esa es su **frecuencia**.

Cuando hablamos de energía nos referimos a la vibración de un *Ser*, a la frecuencia vibratoria que muestra en su actitud, a su manera de mirar, a la forma de estar y de expresar su deseo o necesidad y que, en definitiva, viene a ser la fuerza que tiene para iniciar o generar su movimiento.

Cuando captas la energía inquieta de alguien que está a tu lado, casi *presientes* que se va a levantar, se va a marchar, va a hablar en voz alta o se va a manifestar con ímpetu. La energía se siente, se intuye...

Lo mismo sucede con los animales. Puedes llegar a sentir que están nerviosos o por el contrario, muy tranquilos. Hay veces que puedes prever, por ejemplo, que un perro o un gato se eche a correr.
Si es así, lo que has hecho es **captar su energía, captar la vibración o la frecuencia** con la que se mueve, se manifiesta o actúa *ese Ser*.

Lo mismo sucede con un bebé.
Lo coges en brazos, lo acercas a tu corazón y sientes que está tranquilo y sereno. **Esa es su energía**.
                    Esa es su vibración...

Tú puedes sentir al bebé, puedes notar que se siente en *Paz*. Y el bebé no te ha dicho ni una palabra. Todo eso que notas y percibes de él sin palabras es información.
Lo mismo sucede con los animales. No solo que tú puedes captar cómo están ellos sino que son los propios animales los que perciben cómo estás o cómo te encuentras tú.

Esa información te llega a ti de *manera cuántica*, es decir, a través de campos de información energética que no tienen, aparentemente, nada que ver con lo físico. La energía y la información se mueve y se transmite por canales energéticos y electromagnéticos.
No solo físicamente...

Para que puedas comprender un poco más a qué me refiero cuando hablo de energía, frecuencia y vibración, te voy a poner algunos ejemplos:

- ***Un monje en pleno estado meditativo*** tiene una energía serena y calmada, por lo tanto está vibrando en una frecuencia tranquila que emana Paz. Su energía es armoniosa y en equilibrio, y su cuerpo y su campo energético estarán en calma.

- ***Una persona que no sabe dónde está su hijo pequeño*** comienza a buscarlo desesperadamente y su energía y su vibración se inquietan y se alteran considerablemente. Esta persona estará seguramente muy nerviosa, por lo que su frecuencia estará alterada e inquieta y su campo energético estará igualmente alterado. Podríamos decir que esta persona tiene en ese momento una vibración o una frecuencia de energía muy agitada o acelerada.

- ***Un cachorro que acaba de ver a su dueño con una pelotita***. Su frecuencia se acelerará porque quiere jugar e interactuar con su compañero de juego. Su vibración y su energía se activarán pidiendo movimiento. Por lo tanto, su campo energético alrededor suyo, mostrará una frecuencia más activada y de este modo, su energía vibrará de manera más acelerada.

Somos energía...

Todo lo que vibra y existe, **es energía**. Tú y yo somos energía.

La materia es energía. Nuestro cuerpo es energía.
Los pensamientos son también energía, porque tienen una frecuencia vibratoria concreta, medible y perceptible incluso por aparatos científicos.

<u>Las emociones</u> son también energía y se pueden captar con cámaras fotográficas adecuadas que detectan, por los colores y frecuencia, estos campos vibratorios emocionales.

Todo lo que existe, siente y vibra porque forma parte de <u>La Energía</u> que somos todos.
¿Me sigues, *Corazón...*?

Te comento esto para que sitúes tu observación en lo que te quiero explicar ahora.

Nosotros no solo tenemos un cuerpo físico. Tenemos otros que llamamos **cuerpos energéticos** y que vibran a un nivel no corpóreo, por lo tanto están formados de energía. Son superficies energéticas que rodean tu cuerpo físico aunque no puedas percibirlos a simple vista.

Son espacios a modo de <u>capas de energía</u> que llevan información vibracional o cuántica.
Viene a ser lo que se le ha llamado comúnmente **el aura**.

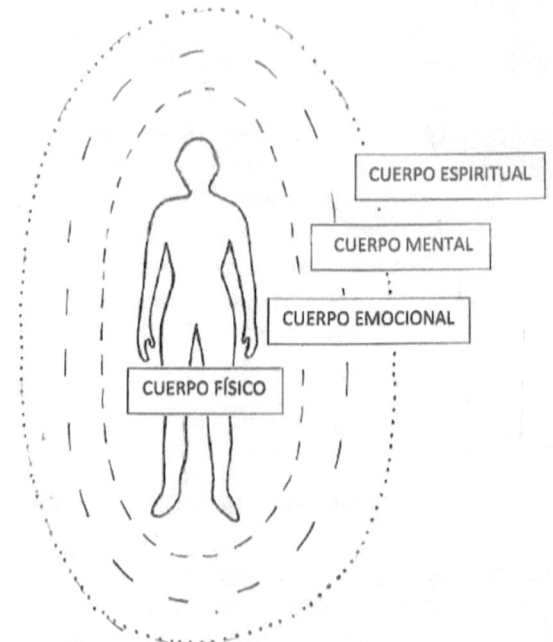

Imagen impresa en "¿Y si TÚ fueras DIOS...?" 1ª Edición

Aquí en este dibujo te señalo solo *los tres primeros* cuerpos *energéticos*, aparte del físico, para que te hagas una idea de lo que quiero comentarte.

Aunque *hay más...*

Nuestra energía no solo tiene que ver con un cuerpo físico sino que existe una extensa e interesante información grabada a nivel energético en nuestros campos de energía, alrededor de nuestro cuerpo y que transmiten, de manera cuántica, todo lo que somos y cómo lo sentimos.

Cada uno de estos cuerpos energéticos que nos rodean tiene una vibración, una forma, un tamaño, una frecuencia e incluso un color, que **puede variar en función de cómo nos sentimos y de qué pensamientos tenemos** en cada una de las situaciones o circunstancias en las que nos vemos envueltos.

Nuestro cuerpo físico y nuestros otros cuerpos energéticos **constituyen una sola realidad** que se transforma conjuntamente. Todos ellos son la misma *Energía* vibrando a velocidades diferentes de *Luz*.

Realmente todo el conjunto representa **tu propia energía**:

- Eres tú vibrando a un nivel **físico** o energético.
- Eres tú y tu vibración **emocional** que forma el cuerpo de energía a tu alrededor.
- Eres tú y tu vibración **mental**, porque tus pensamientos vibran, formando a tu alrededor un cuerpo de energía que llamamos mental.
- Y tú y tu vibración **espiritual,** formando otro cuerpo de energía también a tu alrededor.

¿Me sigues, *Amor...*?

Aunque te suene extraño, no solo tenemos un cuerpo físico. Tenemos varios cuerpos de energía que evolucionan y se manifiestan energéticamente al mismo tiempo porque no son realidades distintas, aunque vibren de diferente manera.

A esto le llamamos ***energía o información energética.***

¿Y POR QUÉ RECIBEN ESTOS NOMBRES?

Porque contienen información relacionada con diferentes ámbitos de las experiencias vividas.

Te pongo un ejemplo en el que lo puedas relacionar contigo y así creo que lo vas a comprender más fácilmente.

Tu cuerpo físico le muestra al mundo información sobre todas las experiencias vividas por ti físicamente. Me refiero a tu peso, tu estructura corporal, el estado de tu piel, tu posible deterioro físico, tu altura, tus facciones, tus posibles arrugas, las cicatrices que pueda tener tu cuerpo, golpes que hayas podido recibir, cómo es tu cuidado corporal, tu musculatura, la calidad de tu visión, el estado de salud de tus órganos....

¿Me sigues, *Corazón*...?

Tu cuerpo físico alberga toda la información corpórea y tangible de las experiencias vividas por ti durante, vamos a decir, esta vida. Dicho de otra manera, tu cuerpo recoge *las improntas físicas* fruto de todas las experiencias que has vivido en este plano físico. Son todas tus características, podríamos decir corporales, constatables y observables.

Tu cuerpo emocional le sigue al cuerpo físico.
A partir de aquí todos los cuerpos son energéticos, así que nos vamos a referir a él como *energía o información cuántica*.

Es un cuerpo vibracional que aunque se mueva a una velocidad lumínica superior a la corporal puede ser percibido en su forma, tamaño y color por algunos *Niñ@s* o *Seres abiertos* y conectados con esta habilidad.

Contiene toda tu información emocional, todo lo que has vivido afectivamente a lo largo de tu existencia. Todos los recuerdos, sensaciones y experiencias emocionales que has sentido, captado e integrado en forma de improntas y **memorias emocionales.**
Como si fueran *fotogramas*...

Son memorias de información cuántica. Son recuerdos que vibran con tu energía y que se reflejan, por así decirlo, en tu cuerpo emocional.

Estamos hablando de una realidad energética, *constatable cuánticamente* y que alberga los recuerdos y sensaciones relacionadas con todas las emociones vividas, conscientes o no: tristezas, desdichas, alegrías, resentimientos, aprecios, rechazos, recuerdos emocionales, vivencias afectivas de distinta índole e intensidad que hayas podido integrar o vivir.
Vamos a decir, experimentadas en esta *Vida*...

Aunque realmente recoge todas las que haya podido vivir *Tu Energía a lo largo de su Existencia*.

Puede ser que te suene a ciencia ficción esto que te digo. Te comprendo, porque hace muchos años, cuando yo escuché hablar de todo esto por primera vez, como mínimo me sorprendió.

Ahora, y desde hace ya **bastantes años**, el comprender todo esto me ha hecho abrir de par en par *Las Puertas del Entendimiento* a muchos niveles, incluyendo como es lógico, el espiritual.

Tan solo te pido que lo escuches, que trates de comprender a qué me refiero. Y luego, decide lo que consideres más adecuado a tu vibración y a tu energía.

La Física Cuántica ha conseguido, entre otros muchos logros interesantes, constatar la existencia de estos campos de energía de los que te hablo, en diversos experimentos científicos.

> "Si quieres encontrar los secretos del universo, piensa en términos de energía, frecuencia y vibración".
> **Nikola Tesla**

Te voy a poner un ejemplo sencillo para que te hagas a la idea de a qué me refiero cuando te hablo del cuerpo emocional.

Imagina por un momento...
                         ... que llegas a casa.

Y alguien que te ama profundamente te ha preparado una sorpresa. Entre los regalos que te ha hecho hay uno que está muy delicada y amorosamente envuelto.

Sabes que es algo especial…

Imagina que tu madre ha fallecido hace poco y llevas tiempo sin tener contacto directo con tu familia por razones de trabajo. Lo abres con mucha emoción, expectante… Y cuando adviertes que es una foto de <u>cuando tú eras un bebé</u> en brazos de tu *Madre*, la miras y te emocionas.

¿Qué sucede dentro de ti…?

Hay científicos que vinculan estas manifestaciones emocionales con un área del cerebro. Hay *otros investigadores*, que van más allá y lo relacionan con este campo energético llamado **cuerpo emocional** que, indudablemente, está unido al cuerpo físico de manera inseparable.

Este cuerpo energético, es decir, tu cuerpo de energía emocional <u>lleva información cuántica</u> relacionada con todas las improntas emocionales que has vivido y que se han grabado, podríamos decir, en tu *Inconsciente* y que afloran inevitablemente cuando conectas con las memorias emocionales que hay en ti.

> "Los brazos de una madre son de ternura y los niños duermen profundamente en ellos".
> **Victor Hugo**

Al ver la foto, lo que sucede es que se activan todas tus memorias, recuerdos, sensaciones y vivencias emocionales percibidas por ti a lo largo de toda tu *Existencia*. Se combinan todas ellas, consciente e inconscientemente.

Por el contrario, si las experiencias que tú hayas podido vivir con tu madre no han sido positivas o amorosas, al ver la foto se activarían todas las memorias y sensaciones desagradables vividas con o junto a ella.

Todo esto tipo de sensaciones o improntas energéticas se registran en el cuerpo emocional y afloran cuando tomamos contacto con vivencias que nos las evocan, trayéndolas al consciente.

Continuamos, *Corazón...*

Tu cuerpo mental, que sería el siguiente, es energético y cuántico también. Estaría relacionado con toda la información que has recibido y captado en forma de <u>patrones mentales</u>: tu imaginación, todos tus conceptos aprendidos, las creencias que tienes y también todo aquello en lo que no crees; tus preocupaciones, las normas, las ideas, los dogmas aprendidos...
Es decir, todas las estructuras de pensamiento que le dan forma a tu manera de concebir *mentalmente* el mundo.

De este modo, en los momentos en los que te enfrentas a una situación concreta personal o laboral, <u>*toda la información que has recibido y alberga tu cuerpo mental*</u> se pone en funcionamiento mentalmente de acuerdo a lo que has aprendido, experimentado, percibido o aceptado como real a lo largo de tu *Existencia.*

Del mismo modo, hay científicos que vinculan estos patrones o conceptos mentales a un área del cerebro. Y, cómo no, paralelamente también hay *otros investigadores* que van más allá y lo relacionan con este campo energético llamado **cuerpo mental**, que indudablemente está unido al cuerpo físico y al emocional de manera inseparable.

¿Me sigues, *Amor...*?

Tu cuerpo espiritual que sigue en orden, energético y cuántico también, tiene que ver con la franja de tu *Consciencia* que está en conexión con otras realidades, que podemos denominar *Etéricas o Superiores.*

Te permite conexiones de elevada vibración, experiencias *transpersonales*, conexión con otras realidades o planos de *Consciencia.* Se refiere a toda la información que pudiera estar relacionada con experiencias que podríamos llamar *místicas o espirituales.*

Podría seguir describiéndote los siguientes cuerpos de energía, pero si te haces una idea de esto que te he explicado hasta ahora, te ayudará a comprender a qué me refiero con <u>conexión e intercambio de información cuántica</u>.

> "La mente que se abre a una nueva idea jamás vuelve a su tamaño original".
> **Albert Einstein**

Imagínate el cuerpo físico de una persona envuelto y rodeado de todos sus correspondientes **cuerpos energéticos**. De todos ellos, no solo de estos cuatro que hemos hablado ahora.

Imagínatelo como en este dibujo:

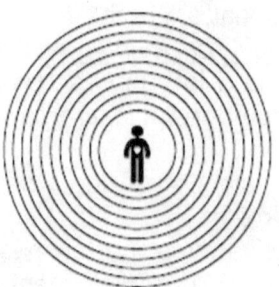

¿Te haces una idea...?

Así podrás situar, en primer lugar, la energía del **plano físico** en <u>tu cuerpo,</u> y con él todo lo que ves y percibes con todos los sentidos. Este sería el *nivel físico de tu energía.*

Pero tu vibración también se manifiesta en un **plano energético**, es decir, <u>alrededor o fuera de tu cuerpo</u> de una manera, podríamos decir, intangible, en tanto no se puede captar ni medir con los sentidos.
Este sería el *nivel cuántico de tu energía.*

De este modo, cada cuerpo se mueve **a un nivel físico y a otro nivel cuántico**, y este último hace referencia a lo que se manifiesta en un plano que no es *material*.

Y cuando un cuerpo está junto a otro, las dos energías no solo se comunican físicamente, sino también lo hacen a un nivel energético, es decir, sin palabras.

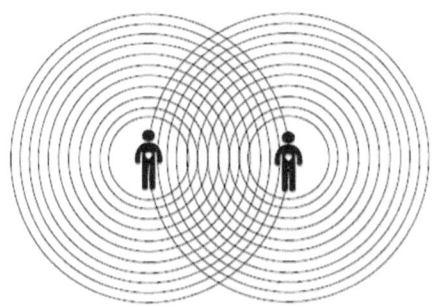

Mira este dibujo que seguro te va a hacer comprender a qué me refiero con intercambio energético. Sus cuerpos de energía están intercambiando información a través de la vibración.

Estos dos *Seres* no se tocan...

Estos dos cuerpos del dibujo quizá están simplemente hablando, intercambiando opiniones o sentados en la consulta de un dentista sin dirigirse la palabra. Pueden conocerse o no haberse visto antes en la vida.

Y a pesar de eso, están intercambiando información cuántica a través de sus campos de energía.

¿Me sigues...?

Imagínate ahora una mamá con su hijo, compartiendo un rato de juegos y risas. Hablan, interactúan, se sienten cercanos y se relacionan.

Sus cuerpos están cerca y hay muchísima **información**, vamos a llamarla así, que se transmite de uno a otro a través del cuerpo, los gestos, el tono al hablar, el tacto y las palabras. Es el conjunto de experiencias, sentimientos, imágenes, vibración y energía que se intercambia a un nivel físico, con el roce y la cercanía corporal.

Pero, aparte de toda esta comunicación que tienen físicamente, **existe otro nivel que llamaremos *energético*** y que se refiere a todo lo que comparten e intercambian esta madre y su bebé al margen del contacto físico, sin que necesiten hablar ni decirse ninguna palabra.

Este sería el *nivel de comunicación o intercambio cuántico de energía* al que me refiero.
¿Me sigues, *Amor*...?

Se están relacionando y comunicando al mismo tiempo en varios niveles. Por lo tanto, *aunque dos seres sintientes no lleguen a tocarse* ni se conozcan de nada, lo que realmente ocurre es que comparten toda esta información que te indico en los dibujos de la página anterior.

Si te fijas, cada uno de sus cuerpos de energía se está comunicando con todos los demás.

Imagínate entonces **la cantidad de información** que se intercambia no solo a nivel emocional, sino la información que se comparte a nivel mental, a nivel espiritual, en el campo astral..., es decir, toda la información que se está compartiendo de un *Ser* a otro, sin mediar palabra. Solo a nivel energético...

¿Te fijas en esto...?

A mí me estremece...

Te lo comento para que te hagas una idea del nivel de intercambio de información que puede llegar a darse en lugares donde acude o se encuentra mucha gente. En una fiesta, en un colegio, en un concierto de música, en un congreso, en un aeropuerto...

De ahí viene lo que comúnmente se ha llamado *contagio de masas*. Y por eso, en según qué contextos, puede ser más "delicado" este intercambio, por no referirme a otros calificativos.

No es necesario utilizar palabras para que haya intercambio y comunicación energética. Por lo tanto, sé consciente de que también aprendemos, integramos o simplemente recibimos información de esta manera, sencilla y cotidiana. Puedes intercambiar energía y vibrar en sintonía similar a otro *Ser* aunque no hayáis tenido contacto físico o no hayáis mediado palabra.

Imagina lo que sucede, por ejemplo, en un tren...

Tú llegas, te sientas, no tocas el cuerpo de ninguna otra persona que vaya a tu lado, pero vuestros cuerpos energéticos están intercambiando energía.

Puede ser que salgas del tren con más tranquilidad de la que entraste, o con más inquietud, o que al salir del tren se te ocurra comprar salmón cuando ni siquiera lo habías pensado, o sales del tren con ganas de llamar a tu pareja para aclarar algo, o te da sueño, o se te ocurre una idea para pintar tu habitación, o...

No quiere decir que todo lo que te suceda o pienses después de salir del tren tenga que ver con las otras personas con las que te has encontrado. No podemos sesgar así la información, porque la ecuación no es tan simple.

Pero sí podríamos afirmar que el intercambio de información que ha habido en el tren se puede considerar información o transmisión cuántica.

Podría comentarte más cosas interesantes en relación a este tipo de intercambio energético, pero ahora tan solo quiero hacer hincapié en dos de ellas, que son fundamentales para lo que te voy a explicar:

1.- **Estamos permanentemente conectados** los unos con los otros.

2.- **Los intercambios energéticos que tengas, son todos, reflejo de tu propia energía.**

Esto es impresionante y mágico al mismo tiempo.
Y es importante que seas consciente de estos dos aspectos que te acabo de comentar porque te van a ayudar a comprender mucho mejor las sutilezas de la *Energía*.

La *Física Cuántica* ha conseguido entre otros muchos logros interesantes, constatar, en diversos experimentos científicos, la existencia de estos campos de energía de los que te hablo.

Y te diría algo más...
Albert Einstein hablaba de **Campos Unificados de Consciencia**.

                Interesante...
                      ¿Verdad?

Campos de energía con CONSCIENCIA.
Como TÚ y como YO...

                      Impresionante...

2.- **APRENDEMOS POR CERCANÍA**

Todos intercambiamos información, a nivel físico y energético, permanentemente y, con más razón, a unos niveles más íntimos cuando estamos cerca de alguien. En cierto sentido nos conectamos con la vibración y la energía de los *Seres* con los que tenemos más contacto y cercanía.

Sé Consciente de que las frecuencias con las que tú te relacionas **a diario** <u>condicionan</u>, en cierto sentido, las decisiones y acciones que tomas en tu *Vida*: en el trabajo, en tu casa, con los amigos, con tu familia, con tu pareja, los lugares que frecuentas, las conversaciones que escuchas diariamente, las imágenes que se graban en tu retina constantemente, el aire que respiras...
Todo...

Y no se trata de responsabilizar de lo que piensas o de lo que te ocurre al que se ha sentado al lado tuyo en el tren, o al que trabaja contigo en el despacho, ni siquiera al que vive contigo.

Lo que intento es hacer que comprendas la facilidad con la que **los campos energéticos se conectan** y que, a pesar de esto, no podemos responsabilizar a otros de cómo se mueve nuestra energía, por muy cerca que hayan estado de nosotros. Tenemos la completa responsabilidad sobre la energía que sentimos en cada momento.

Debemos estar atentos, sostenerla y manejarla, estemos donde estemos porque todo lo que nos ocurre está ligado y se relaciona con **nuestra responsabilidad**, aquí y en otros planos.

> "Tu visión se hará más clara solamente cuando mires dentro de tu corazón. Aquél que mira afuera, sueña. Quien mira en su interior, despierta"
> **C. G. Jung**

Si en tu *Vida* o en alguna situación que hayas vivido o vives actualmente, la energía de otros seres ha alterado o altera ahora mismo la tuya, es <u>necesario que te pares a pensar</u> qué haces ahí...

Qué haces en contacto con seres que pueden alterar tu frecuencia.

Esto de lo que te hablo ahora es también un tanto delicado de exponer y de comprender en tan solo un párrafo, porque tiene muchos matices importantes que habría que aclarar. Cada caso es diferente y tiene aspectos analizables que podrían hablarse particularmente, pero la idea que deseo transmitirte con esto es que **la responsabilidad de tus experiencias y de tu energía la tienes *Tú*.**

En otros foros suelo hablar de esto y si lo deseas, allí, podremos compartir y comentar mucho más al respecto.

He tratado de explicarte que no solo aprendemos <u>a través de los sentidos</u> sino que estamos constantemente <u>conectados con los campos energéticos de otros seres que intercambian información</u> con nosotros sin necesidad de mediar palabra.

Que es necesario e interesante ser consciente de todo esto y observar que el ser humano <u>no solo puede recibir o transmitir información</u> **de manera directa y consciente**, sino que **es capaz de aprender o de enseñar cuánticamente y de forma inconsciente.**

¿Te puedes hacer una idea de esto...?

Aprovecho para comentarte que si tomas *Consciencia* de lo que te acabo de decir, te darás cuenta de lo importante que es **cuidar los ambientes, personas o lugares con los que te vinculas diariamente**, porque recibes de ellos gran parte de los aprendizajes que haces a diario, inconscientemente.

El refrán que hace referencia a esto no es fortuito.

Mi *Corazón* te dice ahora que **tenemos *La Libertad* y *La Responsabilidad* de estar y de relacionarnos con la gente que consideremos adecuada para nuestro equilibrio energético y personal**. Me estoy refiriendo a las personas que comparten más tiempo con nosotros, en nuestra *Vida* diaria, porque el intercambio energético hará que sea o no constructivo, el día a día al lado de esas personas.

¿Me sigues, *Corazón*...?

Más adelante te comentaré algo más sobre esta idea.

UNA ACLARACIÓN

Para que se manifieste esta **comunicación cuántica**, no es necesario que exista <u>cercanía física</u>. Puede darse este intercambio de información entre dos *Seres* que están a miles de kilómetros de distancia.
Tenemos ejemplos muy sencillos en nuestro día a día.

¿Te ha pasado alguna vez que alguien que está lejos de ti, o que vive incluso en otra ciudad o en otro país te llama por teléfono justamente en el momento que estabas acordándote de él o de ella?

¿Casualidad...?

O que por ejemplo, te reúnas con otras personas para poner en común puntos de vista sobre un proyecto o actividad y alguno de los asistentes ha tenido la misma idea que tú, sin haberos puesto de acuerdo.
Seguro que te has visto en esa situación.

Piensa cuántas veces has dicho:

"*Estaba pensado lo mismo...*" ¡*Qué casualidad...!*
Y te ríes...

Pues lamento decirte que **no se llama casualidad**. Se llama comunicación o información transmitida cuánticamente, es decir, a través de los campos energéticos que nos rodean.
En otros foros se conoce también como **Sincronicidad.**

Este tipo de comunicación está demostrada científicamente y nos abre las puertas a la comprensión de *La Energía* de la que TODOS formamos parte.

El ser humano aún no se da cuenta de la **Unidad que Somos Todos los Seres Sintientes**. Aún así, va camino de *Ello* y eso me emociona...

UN ÚLTIMO APUNTE

Si todavía quieres **sorprenderte un poco más**, te diré que para que exista este intercambio cuántico no hace falta siquiera que las personas estén en este mismo _plano existencial_.
Me explico...

Hay personas que han dejado ya este _plano físico_ porque han fallecido y de alguna manera continúan comunicándose con personas o seres que aún están vivos en la Tierra. Te hablo del contacto que mantienen algunos _familiares que, habiendo estado muy unidos_ en _Vida_, tras su muerte continúan en comunicación con ellos; te hablo de _niños pequeños_ que son capaces de captar las energías de otros planos existenciales o incluso te hablo de _canalizadores o Seres sensibles_ que pueden ponerse en contacto con otros planos de _Luz_.

Este tipo de comunicación también se da.
Y sucede del mismo modo en el que hemos explicado que tiene lugar el intercambio de información cuántica, entremezclándose **los campos energéticos de los Seres que desean comunicarse**.

Yo sé que este aspecto es algo más _delicado de comprender o de creer_.
Si utilizas solo la mente lineal para integrar esto, es lógico quizás que te cueste creerlo.

Cada vez más, el ser humano se abre a comprender que **la muerte no existe** como la concebimos. Que la muerte no es más que el _Tránsito de un plano a otro de Consciencia_. Simplemente abandonamos el plano físico para entrar en otros planos de mayor vibración lumínica.

Cada vez es más común encontrar personas que ven a estos seres desencarnados y se comunican con ellos, como te puedes comunicar tú con cualquiera de tus seres queridos en una comida o reunión familiar.

No es necesario estar en el mismo plano existencial para que se manifieste la comunicación y se dé un intercambio de información. Ni siquiera hace falta ser consciente de que la información se está recibiendo para que esta llegue y se integre inconscientemente.

Es impresionante...

Albert Einstein defendió y explicó sus descubrimientos en relación a la relatividad del tiempo, tratando de mostrarle al mundo que todo intercambio y comunicación puede darse en coordenadas atemporales.

En otras palabras, pasado, presente y futuro no suceden linealmente, sino que, podríamos decir, que **coexisten**.

Por eso te recuerdo, que puede haber comunicación **física, energética o cuántica**, al margen también del espacio y del tiempo.

"Ningún lugar está lejos"
Richard Bach

3.- LAS PRIMERAS CONEXIONES CON EL "DESAMOR"

Si observas con detenimiento las primeras enseñanzas o palabras que recibimos desde pequeñ@s, algunas de ellas están vinculadas y relacionadas con las prohibiciones.

¿A qué me refiero con esto...?

Cuando somos bebés captamos casi toda la atención de los adultos y, mientras somos "pequeñajas bolitas de *Amor*" que apenas nos movemos y agitamos los bracitos y las piernas, las palabras con las que se dirigen a nosotros suelen ser amorosas y cariñosas.

Sonrisas, carantoñas y arrumacos...

Cuando un bebé comienza a explorar las maravillas de la VIDA, todo forma parte de una experiencia global y TOTAL. No hay separación entre él y lo que vive a cada instante.
La experiencia se funde con el bebé y él está fundido con lo que experimenta y siente. Vive en identificación plena con todo.

Ese pequeño *Ser*, con el paso del tiempo, empieza a desarrollarse...

Trata de girarse, ponerse boca abajo, va controlando el peso de su cabecita y empieza lógicamente a explorar el mundo. Se echa cosas a la boca porque es así como inconsciente e instintivamente el ser humano aprende durante los primeros años de *Vida*.

Y es a partir de ahí cuando empieza a escuchar con frecuencia la energía de la palabra:

- *¡No...! ¡Eso no...!*

Para una considerable mayoría de las personas, esta es una de las primeras palabras que escucha.

Conforme va creciendo, los adultos que están en contacto con el bebé, con la mejor de las intenciones, comienzan a intuir posibles peligros y sin querer, **se proyectan determinados miedos** alrededor de la experiencia de este pequeño *Ser*. De esta manera, en más de una ocasión el bebé sigue escuchando las famosas palabras:

- *¡No...! ¡Eso no...!*

Los que estamos en contacto con **niños de muy corta edad**, sabemos que en muchas ocasiones rompen a llorar después de haberles dicho estas palabras. Ellos, evidentemente, desconocen por completo el significado. Simplemente **asocian la energía con la que se les está hablando y lo vinculan con algo desagradable.**

¿Me sigues, *Corazón*...?

Muchos de ellos acaban asociando sus propias sensaciones y experiencias con algo no adecuado o bueno por la energía de esas palabras y el tono con el que quizás han sido dichas.
Te hablo de unos niveles muy delicados y *sutiles*.

Es cierto que muchas personas se asombran y dicen:

- "Es que, parece que ahora a los niños no se les puede decir nada".
- "Hemos pasado de una educación castradora a un momento en que si le dices al niño que no le compras un helado, de mayor tendrá que ir al Psicólogo para superar ese trauma".

No me refiero a esto... Ambas frases representan extremos límites en relación a lo que estoy comentando. **No estoy diciendo que no se deba corregir a los niños**.

En absoluto quiero decir eso...

Por supuesto, está de más que recalque la necesaria delicadeza que conlleva corregir a un niñ@, y también, como educadora y docente, reiterarte la responsabilidad, precisamente de eso: de **Educar**.

Y educar conlleva, entre otras acciones, **el poner límites.**

Al ponerte el ejemplo de cómo aprende un bebé a asociar la experiencia a algo desagradable y a relacionarse a sí mismo con un rechazo, tan solo estoy haciendo que reflexiones sobre cómo algunas experiencias *tan sutiles* como las que te estoy contando pueden dejar **una huella inconsciente** en cualquier *Ser* sintiente...

Puede haber dejado una huella en *Ti,* cuando eras pequeñ@, si viviste algo similar.
Y si realmente <u>este tipo de sutilezas se graban en la memoria y en el inconsciente</u>, imagina cómo y de qué manera se marcarán las que han sido para nosotros <u>clara y objetivamente duras</u>, dolorosas e impactantes.

¿Me sigues, *Corazón*...?

Solo quiero *Abrir Consciencia* para ayudar a reflexionar sobre todo esto que te comento.

Los bebés son *Pura Energía*, abierta y divina.
Y cuando escuchan una palabra que ha sido dicha con algún tipo de energía <u>que evoque miedo</u>, la sensación que recibe el bebé no es agradable porque desentona con su vibración.
La energía de un bebé es pura delicadeza, es muy sutil y totalmente apartada del ritmo acelerado y estresante en el que vivimos.

Simplemente te lo recuerdo para que te hagas una idea de la manera en la que, cuando eras un bebé, empezaste a sentir los mensajes o las correcciones que vinieron quizás del stress o de los miedos de un adulto.

Aquí empieza LA PRIMERA asociación que hacemos con el des*amor*.
Te hablo de algo que sucede a unos niveles muy sutiles y totalmente inconscientes.

El bebé está completamente vinculado a algo que le agrada, que le gusta o le llama la atención. Para el bebé no hay separación.
Está unido completamente a esa experiencia y al recibir la energía de la palabra:
  ¡Nooo...!

A nivel inconsciente, siente que <u>ese algo que le gusta</u> no es adecuado. Esto es puro **conductismo.** Y esto es lo que sucede con las asociaciones que hicimos de pequeños y las experiencias que tuvimos en este sentido.

Con las correcciones que recibimos de nuestros padres, abuelos o educadores, hechas con la mejor de las intenciones, nuestro inconsciente <u>asoció y consideró como desagradables</u> aquellas situaciones o actividades que quizá para nosotros podían haber sido importantes o atractivas.

¿Te das cuenta de lo delicado de la asociación?

Pero **lo que trato de decirte es algo mucho más sutil**.

Los niños, hasta los dos años aproximadamente, no comienzan a distinguir entre el TÚ y el YO.
Hasta ese momento, **todo lo que viven y sienten está unido a ellos**.

Lo que sucede, no es a ti o a mí.

TODO le sucede al bebé.

Porque para ellos, TODO está UNIDO.
No hay YO y el objeto...
TODO es YO
TODO es el bebé.

Entonces, si todo lo que vive está **íntimamente relacionado con él mismo**, *internamente*, cada vez que escuche o sienta una prohibición, miedo o rechazo sobre algo que desea, lo que realmente experimenta y vive es que **esa energía de desagrado o rechazo es a él mismo**.

Te hablo de un nivel muy inconsciente.

Los bebés, es decir, todos nosotros, hemos asociado desde muy pequeñ@s que **algo en nosotr@s** no estaba bien, aprendimos inconscientemente que algo dentro de nosotr@s **no era bueno**.

¿Me sigues, *Amor*...?

Los bebés no sienten que lo ***inadecuado*** sea lo que están haciendo, sino que graban en su corazón que lo inadecuado <u>está dentro de ellos</u>, que lo que está mal o es desagradable está vinculado con ellos mismos, no con lo que están haciendo, porque para ellos no hay separación.

El bebé está UNIDO a la experiencia y esa energía de rechazo la viven dirigida hacia ellos mismos.

L@s educadores de Infantil saben que esto es así.
Los niños lloran ante una prohibición hecha de una manera poco delicada, pudiendo llegar a sentir que "hay algo dentro de ellos mismos" que no es adecuado o correcto.

No comprenden que lo que puede ser inadecuado está fuera de ellos, porque para un bebé no hay nada fuera de sí mismo.

TODO es el bebé...
     ¿Me sigues, *Corazón*...?

Esto me recuerda a la definición que se hace de Dios al decir que **no hay nada fuera de Dios**, porque TODO es *Él*.
Pues los bebés sienten y viven en esta *Verdad*, porque ellos vibran en *Frecuencia Divina*.
     En Unión con TODO...

> "Lo que uno ama en la infancia se queda en el corazón para siempre"
> **Rousseau**

Y así aprendemos TODO...

Y así vamos creciendo y "aprendiendo" sin querer, que hay algo dentro de nosotros que no es adecuado. Inconscientemente, vamos <u>aprendiendo que aquello que deseamos no es bueno.</u>

Esto es lo que quiero que comprendas...
De qué manera tan sutil comenzamos, muy despacio y desde muy pequeñ@s a relacionar y a creer que hay algo dentro de nosotros que no está "bien" y que no es bueno.

Este nivel de experiencias se queda grabado en nuestro campo emocional. Y por supuesto, a un nivel INCONSCIENTE.

     ¿Me sigues...?

Seguro que si haces un poco de memoria sobre tu *Vida*, podrás encontrar situaciones o momentos en los que las indicaciones o las órdenes de tus antepasados o tutores hicieron que te alejaras de algo que para ti, quizás, **podría haber sido importante o crucial en tu *Vida*.**

Tal vez tienes algún recuerdo desagradable de alguna prohibición o rechazo cuando eras pequeñaj@.

Lo que trato de decirte es que, sin querer y de manera inconsciente, al recibir de nuestros familiares o tutores las primeras correcciones en la *Vida*, APRENDEMOS que dentro de nosotros hay algo que no está "bien".

Si quieres, puedes escribir ese recuerdo o imagen aquí.
Te ayudará...

_____

_____

_____

_____

_____

Y AHORA VAMOS UN POCO MÁS ALLÁ

Podrás comprender fácilmente que un bebé de 18 meses no tiene un año y medio de existencia, sino que a ese año y medio de *Vida* hay que sumarle nueve meses de gestación, que es el tiempo en el que ese bebé ha estado sintiéndose UNO con mamá y con el UNIVERSO.

¿Me sigues, *Amor*...?

Imagina que tú eres ese bebé. Entonces súmale, a todos estos posibles aprendizajes de rechazo de los que hemos hablado, **todas las sensaciones que "mamá" haya podido sentir durante su embarazo y que con total seguridad has captado tú por estar en su vientre.** Me refiero a emociones, sensaciones, vivencias que pudo sentir o que sabes que llevaba ella en su *Corazón*, en su memoria y en su experiencia a lo largo de esos 9 meses de tu gestación.

Piensa que **los campos energéticos del bebé, es decir, los tuyos, están muy delicada e íntimamente ligados a los de mamá**, con lo que, imagínate qué cantidad de información habrás recibido de tu madre sin que fueras o seas consciente de ello. Y por descontado, **vinculándolo todo a ti**, porque ya sabes que para ti, siendo un bebé, no existía diferencia entre mamá y tú.

Aprendiste e integraste mucha información inconsciente que provenía de tu madre estando en su vientre, relacionándola contigo, aunque esa información no te correspondiera, porque le pertenecía o le pertenece a "mamá".

¿Te haces una idea de esto…?

Esta batería de experiencias y memorias emocionales que el bebé puede llegar a sentir, integrar o asumir como suyas, sin serlo, es lo que en Biodescodificación se conoce con el nombre de **Proyecto Sentido**.

Ahora solamente me gustaría que seas *Consciente* de que tú, ya desde bebé, en el vientre de tu madre o fuera de él y en los primeros años de tu *Vida*, *aprendiste y grabaste en tu consciente e inconsciente mucha información que de alguna manera te marcó o ha podido marcar tu Vida.*

Ya sabes que todo este aprendizaje pasa a formar parte de ese 97% que realmente te dirige inconscientemente. Este apartado del capítulo trata de mostrarte que aprendemos **a este nivel** y **desde este nivel** de sutileza.

Y que sin querer, muchas de estas sensaciones, creencias y aprendizajes que has recibido tú puedes haberlos considerado tuyos o relacionados con tu energía. Puedes haber sentido que eras *Tú*…

Cuando seguramente, no te correspondían ni siquiera tenían nada que ver contigo directamente.

Eran de *mamá*…

¿Me sigues, *Corazón*…?

4.- APRENDEMOS A RECHAZAR LA SOLEDAD

La soledad es inherente al ser humano.

Nacemos en un cuerpo *aparentemente* separado de todo lo demás y aunque *La Realidad* es que *Todo está Unido*, crecemos creyendo y sintiendo una profunda soledad en nuestro *Corazón*.

Realmente <u>es una sensación</u> que nos va a acompañar durante toda nuestra *Vida* hasta que seamos capaces de trascender la materia, hasta que podamos sentir y percibir la *Verdad que Existe* más allá del plano material.

Por eso es tan importante que aprendamos a <u>aceptarla</u> y a reconocer lo necesaria que es para nosotros, porque realmente **La Soledad** es la que nos va a permitir esos momentos de *Conexión con el Alma* para poder **Escuchar la Verdad de lo que Somos**.

Por diversas razones educativas, sociales e incluso religiosas siempre se ha inculcado el miedo a la soledad. Se ha querido mostrar de mil maneras que es algo desagradable, que hay que evitarla y que el hecho de estar rodeado de gente es sinónimo de bienestar y felicidad.

Todos sabemos que esto no es verdad. Ni el estar rodeado de gente nos hace felices sin más, ni el hecho de estar en soledad es sinónimo de malestar.

La soledad no es otra cosa que la posibilidad de estar con *Uno Mismo*.
La posibilidad de estar *Contigo*...
Y si te fijas, es algo de lo que huye casi todo el mundo.

¡Cómo se ha podido desvirtuar su verdadero significado...!

<u>Se tiene miedo a la soledad</u>, se tiene pánico al silencio, se huye de la experiencia de estar a solas frente a ti, de esos instantes en los que estás solo contigo, sin más...

Y este miedo se aprende.

La soledad no es ni buena ni mala, aprendemos desde pequeños a asociarla a algo agradable o desagradable, pero realmente no tiene nada que ver con las experiencias con las que la hayamos podido relacionar.

Es importante ser consciente de esto, porque los mecanismos del inconsciente se han apoderado de **Este Tesoro**.
Y digo tesoro porque realmente siento que la soledad lo es...

El Valor más preciado que tiene un Ser humano es Su Propia Energía.
Y en la *Vida* se nos enseña de mil maneras cómo alejarnos de *Ella*.
Se nos enseña a tenerle miedo a los momentos de soledad y esto nos aparta de nuestra *Sagrada Energía*.

Un bebé que está en calma, no echa de menos la presencia de alguien a su lado **permanentemente**. Hay espacios de tiempo en el que está tranquilo, sereno, vibrando con su *Energía*.
En Armonía.
En Calma...

Este es nuestro estado natural.
Este es el estado de *Paz* que podemos sentir cuando estamos con nosotros mismos, porque realmente esa es *Nuestra Sagrada Energía*.

El poder disfrutar y estar consigo mismo en Armonía y en Paz es una de las experiencias más importantes y necesarias en la Vida de un Ser.

Pero no se enseña a los niños a disfrutar de ellos mismos, no se les ayuda a valorar esos tiempos de armonía con su propia energía.
Todo lo contrario...

Aprenden desde muy corta edad a alejarse de esta experiencia, a tenerle miedo y a necesitar la presencia permanente de un adulto de referencia.
Incluso se les alerta con frases amenazadoras:

- "¡Me voy... Y te quedas sol@...!,
- "¡Si no te portas bien te quedarás sol@ en tu habitación!"

El miedo a la soledad es aprendido. El miedo a estar sol@ se aprende. El poder pasar ratos contigo mismo, tomarte tiempo para ti, poder conectar con lo que te gusta, estar sol@ y disfrutar con ello es **uno de los legados más valiosos** que podemos recibir de aquellos que nos educan o de aquellos que nos aman.

En general, los profesionales que trabajan en ámbitos educativos conocen la importancia que tiene el hecho de que un ser humano aprenda desde muy temprana edad a estar sol@.
Es fundamental **para su desarrollo integral.**

Educar a un niñ@ para poder estar consigo mismo es más que necesario porque es muy importante e imprescindible que conecte con su *Ritmo, con sus deseos, con su particularidad*. Es necesario facilitarle a un niñ@ el autoconocimiento, concederle la oportunidad de disfrutar de su propia *Energía* propiciando esos momentos de estar consigo mism@.

Es brindarle la posibilidad de aprender a respetarse a sí mism@ y permitirle la conexión con su *Gran Verdad*.
Él mismo…
Ella misma…

Y educar en ello, es un acto de *Amor*.

La soledad se puede asociar a sensaciones desagradables, pero del mismo modo, **se puede vincular con la más *Sagrada de las Experiencias*.**

Tan solo quiero que seas *Consciente* de esto, porque si te privaron de la capacidad de estar sol@, te privaron de *Ti…*

Y ahí es donde nace tu soledad.

No existe mayor soledad que tu ausencia.
Y <u>a estar sin ti se aprende</u>, porque no es tu estado natural.

5 - APRENDEMOS A HACER LAS COSAS POR Y PARA OTROS

Pasada la primera etapa de la *Vida* en la que se graban un sinfín de sensaciones a nivel inconsciente, **el niñ@ crece** y comienza a concebirse separado de lo que experimenta y va dándose cuenta de que hay un OTRO y un YO...

Empieza a observar que los adultos reaccionan de diferentes maneras ante sus "monerías" o sus diferentes acciones y actitudes. Los niñ@s son *muy hábiles* en esto y captan rápidamente cuando algo agrada o desagrada a los OTROS que están en contacto con ellos.

De este modo cada niñ@, a su manera y dependiendo de sus circunstancias, se convierte en un "maestro que llama la atención" y así, para que le atiendan o le muestren afecto, empieza a realizar todo tipo de acciones, algunas más sutiles que otras, tratando de moldear y cambiar su naturalidad y su manera abierta y espontánea de hacer las cosas, porque va viendo que si actúa de un modo *particular*, obtiene cambios o beneficios de los adultos que l@ cuidan.

¿Qué sucede entonces...?

Pues que el niñ@ aprende a hacer algo **porque "ese algo" alegra a quién le cuida**, o porque consigue la atención de la persona que se encarga de él o de ella, o incluso porque se siente beneficiad@ o refrendad@ por el adulto después de hacer lo que ha aprendido a hacer.

¿Me sigues, *Corazón*...?

Sin advertirlo, este modo de relación se va trasladando a otros ámbitos de la Vida. **Y aprendemos a contentar a otros con nuestros actos.** Deseamos profundamente que los seres a los que amamos sean felices. Y cuando esta realidad no se da, hacemos malabares para devolver la felicidad a los seres a los que amamos.

Muchas veces a costa de la nuestra...

En un principio no advertimos hacia dónde nos conduce esto. Es un pequeño juego que divierte a todos. Aprendemos a contentar a otros y simplemente lo hacemos porque vemos reír a las personas a las

Escucha

que amamos y sentimos que proporciona momentos agradables a quienes nos escuchan y observan.
Pero conforme vamos creciendo, los matices van cambiando.

El paso del tiempo hace que nuestros gustos se vayan perfilando de manera diferente a nuestros padres y a nuestra familia. Y en ocasiones desearíamos hacer otras cosas que nos definen como **seres únicos** que somos, pero la inercia y la tendencia a llamar la atención de los que amamos nos lleva, sin querer, a renunciar a eso que nos apetece porque precisamente eso <u>no hace feliz</u> a los que nos han cuidado desde pequeñ@s.

Los años van pasando y lo que antes de pequeñ@s hacía gracia, tal vez ahora ya no la provoca. Y nuestro inconsciente sigue intentando una y otra vez buscar la felicidad de los seres a los que amamos.

¿Y qué sucede...?

Quizá esto parezca increíble o apartado de la realidad, pero lo cierto es que he hablado con mucha gente que durante años contentaron de esta manera a los miembros de su familia y a su entorno más inmediato.

Y el paso de los años les hizo crecer y desear cosas diferentes a las que aprendieron, pero en muchas de las decisiones personales que necesitaron tomar se vieron *condicionados* porque no coincidían estas con los deseos de su familia, porque eso que deseaban con todo su *Corazón* no hacía felices a sus padres o no estaban dentro de los cánones de los que fueron sus cuidadores o tutores.

Al principio el niñ@ es pequeñaj@ y no nota tanto las consecuencias de estas acciones o "aprendizajes" que hacen felices a los adultos, pero cuando se va haciendo mayor y necesita tomar decisiones por sí mism@, va viendo que quizá ya eso no agrada tanto a quien le cuida, quizá eso ya no agrada tanto a los adultos que están en contacto con él o con ella.

Lo que comienza siendo un juego para hacer reír, llevado a extremos, se convierte con los años en <u>un camino que busca el reconocimiento de los demás, la aceptación de otros</u> y eso inevitablemente acaba apartándote de **tu** *Vida* y de **tus verdaderos deseos.**

Esto es inevitable porque, sin querer, aprendes a hacer las cosas **por** el otro o **para** el otro; a hacer a los otros felices antes que a ti mism@.

Y de esta "inadecuada" manera, aprendes muy sutilmente a tomar ciertas decisiones en tu *Vida,* decisiones que puedan hacer felices a otros antes, quizás, que a ti mism@.

Aprendes a tener **miedo** a decidir lo que a ti te hace feliz. Aprendes a sentirte **culpable** de elegir lo que te llena y te realiza y acabas priorizando y eligiendo, quizás, lo que otros miembros de la familia desean para ti.

Afortunadamente esto no sucede en todos los casos, pero sí le pasa a una considerable mayoría de personas.

Esta es la principal razón por la que decidí escribir *Este Libro.*
Por tantas decisiones y opciones que el *Ser humano* toma en la *Vida en aras del Amor* a otros, cuando realmente lo que sucede es que se ha visto empujado a tomarlas por otras muchas razones que reciben otro nombre.

He hablado en consulta con mucha gente que tiene miedo a hacerle daño a los seres a los que ama. Gente que acaba tomando decisiones que pueden, directa o indirectamente, afectarles a ellos mismos con el fin de evitarle sufrimiento a otros familiares o seres a los que ama.

Esto, en ámbitos de sanación cuántica, se denomina **fidelidad al clan**.

Es una actitud que explica cómo un *Ser* es capaz de renunciar a aquello que le hace feliz o a aquello que realmente necesita su *Alma* por no "fallarle" a la familia, por no hacerle daño a alguien cercano o a algún *Ser* al que ama.

Y lo que me parece más delicado y en cierto sentido "peligroso" es lo que sucede en el *Corazón* y en la mente de estos Seres que, por amor, renuncian a sus deseos. Después de abandonar aquello que deseaban profundamente, **acaban creyendo** que apartarse de sus sueños y de sus necesidades es una correcta decisión.

Para poder elegir y optar por algo que en el fondo no desean, terminan auto-engañándose y creyendo que lo que acaban de rechazar, realmente no les hacía felices.
Se conforman y se "lo creen"...

Y esto es lo más grave de todo.

> Si quieres tener éxito, debes respetar una regla:
> "Nunca te mientas a ti mismo".
> ***Paulo Coelho***

Reflexiona sobre esto y mira a ver si tienes algún recuerdo o sentimiento relacionado con una experiencia así. Algo que hayas vivido o algo a lo que recuerdes haber renunciado porque no le hacía feliz o no le agradaba a algún familiar tuyo con el que tuviste o tienes todavía alguna relación directa.

El poder escribirlo seguro que te ayuda...

_____
_____
_____
_____
_____
_____
_____
_____
_____
_____

Es importante que seas honest@ contigo mism@.
La Verdad acaba poniéndole el nombre a las decisiones que tomas.

Y las define...

6.- PARA CONCLUIR...

... este capítulo de **Aprendizajes**, te resumo las ideas principales que te he comentado hasta ahora:

1.- **Tu parte consciente** tiene un margen de acción de un **3%** sobre tus decisiones y tus acciones.

2.- **Tu parte inconsciente** consigue hacerse con un **97%** de tu *Vida*, de tus elecciones y decisiones.

3.- **Aprendes conscientemente** aquello que deseas integrar porque lo consideras adecuado o acertado, por las razones que sean. Aprendes conscientemente cuando deseas voluntariamente que sea así.

4.- **Aprendes también de una manera inconsciente**. Hay aprendizajes que *ni siquiera adviertes que están integrándose en ti* y con el tiempo te das cuenta de que se manifiestan en tu comportamiento y en tu manera de pensar y de vivir, aunque no desees que sea así.

Te lo confirmo...

He constatado que mucha gente, mientras es joven, **cree ser y sentir** de una manera muy diferente a sus padres. Viven su *Vida* creyendo que son diametralmente opuestos a sus progenitores y con el tiempo acaban empleando con decreto frases que desde siempre han usado sus padres.

También los hay que se descubren haciendo cosas que creyeron que nunca harían en su *Vida* y que son reflejo de la educación y de los aprendizajes inconscientes recibidos de su familia o tutores.
Es así...

Y a esto me refiero cuando hablo de que integramos **aprendizajes inconscientes**.

En ellos incluyo todo aquello que hemos escuchado, observado, vivido, integrado en toda nuestra *Vida,* incluso al margen de lo aprendido junto a nuestra familia. Me refiero a ese conjunto de experiencias sensoriales, sonoras, visuales y corporales vividas a lo largo de nuestra *Vida* y que inconscientemente se han colado en nuestra experiencia y en nuestra mente.

5.- **Recibes información y la graba internamente aunque estés dormid@** o no estés prestándole atención conscientemente.

Es importante evitar quedarnos dormidos por costumbre viendo la tele o escuchando según qué conversaciones o información, porque entra directamente al inconsciente sin el filtro de lo que deseamos.
Sobre todo es importante cuidar esto en los niñ@s.

6.- **Aprendes igualmente por miedo y por culpa**. Integras, como adecuados, patrones y creencias que no tienen que ver realmente contigo, tomando decisiones en base a estas dos variables. Es lo que en Psicología se conoce como **procrastinación**, es decir, situaciones en las que la culpa y el miedo realmente toman el control sobre tus decisiones y deseos.

7.- **Tienes a nivel inconsciente el impulso de ser fiel a tu clan familiar**, a tu grupo de referencia o a aquellos seres con los que te vinculas profunda y emocionalmente en la *Vida*. Aunque esto no responda a lo que realmente te hace feliz.

8.- **También aprendes, recibes e intercambias aprendizajes por sintonía o empatía**, por similitud, resonancia o vibración semejante con los que entras en relación, física o cuántica.

9.- **Puedes incluso comunicarte, aprender** o **recibir información de otros planos existenciales** diferentes al físico, desde otras coordenadas de tiempo y espacio.

> "La educación consiste principalmente en lo que hemos aprendido"
> **Mark Twain**

Y tú dirás...

¿Por qué me explicas la manera en la que aprendemos...?

- Porque vivimos esta *Vida* **creyendo que lo controlamos todo**.

- Porque se desconoce **el poder que tiene el inconsciente**.

- Porque es necesario **tomar decisiones desde la *Libertad*** y no desde los bienintencionados deseos de otros.

- Porque **necesitamos ser *Conscientes*** de todo lo que asimilamos y que se nos cuela inconscientemente.

- Porque **necesitamos cuidar** todo lo que escuchamos, vemos, comemos y dejamos entrar en **nuestros campos de energía**.

- Porque es necesario **saber cómo la culpa y el miedo se cuelan** en las decisiones que se toman en aras del *Amor*.

- Porque es necesario **colocar las creencias de nuestros antepasados en su justo lugar** sin permitir que ello condicione negativamente nuestras decisiones.

- Porque es necesario **ser *Consciente* de que somos *Uno***, que nuestras energías no están separadas.

- Porque tenemos que **conocer todas las vías de intercambio** de información.

- Porque es vital **saber que estamos conectados**, en este plano y con otros.

- Y porque recordándote que **pasado, presente y futuro coexisten** seguro que podrás sacar mil y unas conclusiones más aparte de estas que te he mostrado.

Necesitamos **Ser *Conscientes***.

Simplemente eso...

> "El sabio, no se sienta para lamentarse,
> sino que busca la manera
> de solucionar el daño".
>
> ***Shakespeare***

VICTIMISMO

Se oye hablar del victimismo y sobre él se ha escrito mucho, pero parece que el ser humano no ha terminado de comprender profundamente a qué se refiere.

Me detengo en este capítulo para explicarte lo que es y cómo el victimismo puede llegar a destrozar TU PODER PERSONAL.

Quiero que tomes consciencia de cómo funciona y cómo se genera su campo de acción, porque <u>sólo así podrás dirigir tu *Vida* hacia donde tú quieras dirigirla</u>.

Para ello **te propongo otro reto**. Ya me conoces en este sentido...

Trata de buscar entre todos tus recuerdos aquellos sueños que no lograste alcanzar, aquellos proyectos o ilusiones que tuviste desde niñ@ y que te hubiera gustado conseguir y no has logrado hacer realidad.

Tus anhelos rotos, tus deseos incumplidos, todo aquello que deseaste y no conseguiste hacer realidad.

Si así lo sientes, puedes hacer una lista y apuntarlos en la página siguiente en donde tendrás espacio para ello.

También te ayudaría muchísimo el poder añadir sucesos de tu *Vida*, acontecimientos relacionados con <u>algo que deseabas profundamente</u> y que no resultaron como soñaste.

Escribe al lado **quién crees que fue el responsable de que no se llevaran a cabo**, quién se supone que hizo que eso no se materializara ni se llevara a buen término.

Hazlo... Te ayudará.
Es otra manera de conectar *Contigo* y con esos rinconcitos del *Corazón* en donde algunos recuerdos pudieron quedarse encerrados hace tiempo.

DESEO NO CUMPLIDO	RESPONSABLE DE ELLO

Esta es la definición que da literalmente el diccionario de la RAE.

Victimismo: Es <u>la tendencia a considerarse víctima</u> o hacerse pasar por ella.

Todos sabemos que hay personas a las que les encanta sentirse víctimas de algo. <u>Eso les da identidad</u>. Es un rol que asumen como propio y se presentan al mundo como víctimas de su *Vida* y de sus circunstancias.
Son personas que se identifican con **ese rol.**

En este sentido, la televisión, el cine, el teatro y la literatura a lo largo de la Historia nos han enseñado a ensalzar arquetipos y patrones vinculados al sufrimiento, considerando esto como algo honorable y digno de admiración.

Esto ha hecho que <u>generaciones enteras valoraran estos patrones de victimismo</u> grabándolos en el inconsciente. Son arquetipos que han hecho que admiremos a aquellos que sufren y que ensalcemos las decisiones que toman desde el sufrimiento.

Parece que el llanto y el dolor le parecen muy respetables al inconsciente. Incluso cree necesitarlos.

Trata de reflexionar sobre ello, porque es estremecedor...

¿Cuántos actores del cine, personajes de la literatura, del teatro y de la televisión se han convertido en deseados y venerados iconos simplemente porque reflejaban sufrimiento y dolor?

Fueron y siguen siendo valorados solo por el rol de víctimas que reflejaron. Se convierten en arquetipos, héroes admirados solo por el hecho de soportar sufrimiento.

Para que te hagas una idea, millones de personas desean sufrir porque eso <u>les hace sentirse importantes, más respetados y más dignos de admiración</u>. Este rol de sufrimiento ha alimentado el deseo de muchas generaciones que han necesitado sentirse tan "amados" como esos admirados iconos.

El victimismo representa el apego o el gusto que siente alguien por "revolverse en el sufrimiento". Y creo que te estás dando cuenta perfectamente:
"El victimismo se aprende".

<u>Se aprende a ser víctima y a sentirse víctima.</u>
El victimista se queja excesivamente, porque "como ha sufrido tanto", trata constantemente de hacérselo saber al que le escucha, buscando una y otra vez su compasión y su admiración.
Cree que así llamará la atención de los demás, provocando en ellos admiración y soñando que eso vendrá acompañado de AMOR.
Ahí está el enganche del victimismo...
Realmente la persona fantasea con que su actitud victimista atraerá la atención de otros que acabarán dándole amor.
Y eso no es real...

Esta es la necesidad del victimista.

Necesita Amor y cree que si se muestra ante el mundo con ese sufrimiento, lo van a valorar y a admirar por ello.
Es un personaje que interpreta, es un rol con el que se identifica.

        Buscando que **Lo** quieran...
           Buscando que **La** quieran...

> "Si actúas como una víctima, es muy probable que seas tratado como tal".
> **Pablo Coelho**

Otro aspecto importante del victimista es su tendencia a culpar a todo el mundo. Cualquiera puede ser el responsable de lo que le ocurre.

Cualquiera menos **Él** mismo...
        menos **Ella** misma...

Son personas que tienen la tendencia a no crecer. Los eternos **Peter Pan**.

Todo es "más fácil" cuando hay alguien que te resuelve la *Vida*, cuando hay alguien que se encarga de ser responsable de tus asuntos. De esta manera tú sigues siendo el eterno niñ@ al que los demás le resuelven sus problemas, sus circunstancias y su *Vida*.

Seguro que conoces a alguno.
Me refiero a hombres o mujeres, adult@s que no quieren crecer y que delegan en otros, una y otra vez, la responsabilidad de las circunstancias con las que se enfrentan. No quieren crecer porque eso supone hacerse responsable de *Su Propia Vida*.
        Hay quienes viven en este rol...

Del mismo modo, también nos encontramos con personas a las que les encanta responsabilizarse de todo y son las que encajan perfectamente con los *Peter Pan*.
        Es la combinación "perfecta".

Uno se encarga de todo y el otro delega todas las responsabilidades. Las "culpas de todo" así siempre las tiene el otro...

Y Peter Pan vive "feliz".

¿Me sigues, *Corazón*...?

Todo victimista lleva un Peter Pan dentro, porque no es madur@ como para darse cuenta de que el único responsable de lo que le suceda es
Él mismo...
Ella misma...

Intento describírtelo claramente por si deseas desterrarlo de tu *Vida*, de tu pensamiento y de tu realidad, porque **realmente el victimismo no aporta NADA constructivo.**

Cuando éramos pequeñ@s recibimos un sinfín de información que está en nuestro inconsciente, información que pudo condicionar nuestra *Vida* y nuestras decisiones pero **depende SOLO de ti que esa información siga estando ahí o no.**

Ya somos adult@s para decidir lo que queremos que dirija y sustente nuestra manera de pensar y de *Ser*. Podemos elegir la manera de vivir y todo aquello que realmente deseamos que se manifieste en nuestra *Vida*.

El victimista se lamenta y se queja de todo permanentemente, haciendo ver que los demás son los responsables de sus desdichas. Culpa y responsabiliza a cualquier persona de su entorno de sus fracasos y de todo lo que les sucede.

Le cuesta mirarse a sí mism@ y darse cuenta de que ya es un adult@ que tendría que estar luchando por sus propios sueños y circunstancias.

Me hace recordar una anécdota en la que al preguntarle a un alumno mío de 11 años dónde estaba el trabajo que tenía que presentarme hoy para subir nota, me contestó:

"Es que mi madre no me lo metió en la mochila..."

Ante mi asombro por la respuesta, empezó a llorar y a responsabilizar a su madre de que nunca le metía en la mochila lo que necesitaba traer al cole.

¿Qué te parece...?

Pues este es el perfil de un victimista. <u>El responsable es mi madre</u>, porque ella "nunca" hace <u>lo que realmente tengo que hacer yo</u>.

Y no lo ve... No lo ve por esa inmadurez que conlleva la "comodidad" de ser el eterno niñ@.

Y así sucede en todas las situaciones del día a día. *No mira hacia adelante siendo responsable de sí mismo, sino mirando siempre a su "mamá" a ver si ha traído "el trabajo" que tiene que presentar "Peter" en Su Propia Vida.*

Cada uno de nosotros **somos absoluta y totalmente responsables de nuestras circunstancias,** de todo lo que hacemos, de lo que decimos, de lo que sentimos o pensamos. Responsables de las decisiones que queremos tomar.
Unas veces nos equivocaremos, por lo tanto aprendemos de ello.
Otras acertaremos, por lo tanto aprenderemos de ello.

Y este es el camino de salida del laberinto del victimismo.

Si tú realmente crees que **alguien** tiene la culpa de lo que te sucede, estás enfocando equivocadamente la reflexión.
Creer esto, es estar en el victimismo.
                        ¿Me sigues, *Corazón*...?
Sé que la tendencia es decir:

- *"¡Nooo...!¡Yo no me hago la víctima...!"*
Es que fulanito o menganita es la responsable de todo esto...

Pues si realmente crees que las cosas funcionan así, te vendrá de perlas lo que te voy a contar ahora.

Si te has atrevido a hacer el reto que te he propuesto al comienzo de este capítulo, trata ahora de reflexionar con todo esto que hemos hablado para darte cuenta de a quién has responsabilizado de no haber logrado tus sueños.

Si TÚ no crees que TU VIDA está en TUS MANOS, no vas a poder transformarla.
                        Esta es la clave...

Si responsabilizas de lo que te sucede en la vida a los demás, a tus padres, a tu pareja, al dinero, al gobierno, a Dios, a tu vecino, a tu jefe, al despertador que no sonó... con toda seguridad está funcionando en ti este patrón inmaduro.

El victimismo es:

- **La excusa perfecta** para no hacer aquello que tienes que hacer tú.
- Es **la excusa perfecta** para no crecer.
- Es **la excusa perfecta** para no salir de tu situación, porque como la culpa la tienen los otros...
- Es **la excusa perfecta** para fracasar y no ver qué tú tienes la responsabilidad de ello.

Si tú culpas a otra persona de algo que te sucede a ti, pones el foco de atención en que ese otro lo ha hecho mal, y ahí ya tienes **la excusa perfecta** para que nada cambie, porque si la culpa la tiene otro, tú ya no tendrías que hacer nada para mejorar.
... Se supone que sería el otro el que tiene que cambiar algo.

¿Verdad?

Y esto no es así...
Este patrón realmente <u>es una forma de auto-sabotearse el éxito y la felicidad</u>, culpando a los demás de lo que te ha sucedido. Así dejas de poner la energía en ti y en tus fuerzas que es donde verdaderamente la tienes que poner.

Si culpas a otros de lo que te sucede en la *Vida* y por lo tanto, crees que otros, con su "mala" intención, han hecho que tus sueños no se cumplan, con total seguridad estás en el victimismo.

Seguro que en tu lista has puesto a más de un responsable de todos los sueños que no has podido cumplir hasta ahora. Incluso puede que sigas leyendo y que te empeñes en confirmar que tú no tuviste ninguna responsabilidad en eso que te sucedió.

Yo sé que escuchar esto puede, como mínimo, sorprender.
Pero si no tomas consciencia de que realmente **ERES TÚ el principal responsable de tu Vida**, no lograrás aquello que deseas, porque seguirás en la queja permanente, porque seguirás delegando lo que tienes que hacer tú, porque seguirás poniendo en manos de otras

personas aquello que no van a realizar por ti, entre otras razones porque **tú eres quién debes hacerlo**.

Si delegas tu poder en otros no cambiará nada, porque los demás no van a cambiar nada por ti, porque has de hacerlo tú.

Cuando entiendes esto, la *Vida* te cambia.
Después de todos los años de experiencia que he vivido como docente, me atrevería a decir que **el victimismo** es una de las "graves enfermedades" del *Ser* humano.

Te hace abandonar tu poder personal...

El victimismo hace que tú le des tu poder a otra persona.
El victimismo hace que tú creas que el poder está fuera de ti.
El victimismo hace que tu corazón se llene de resentimiento creyendo que otros tienen la culpa de tu situación.
El victimismo hace que tu vida completa pase ante tus ojos sin pena ni gloria.
El victimismo destruye tu poder personal. Tus dones...
El victimismo destruye la fe en ti.
El victimismo te hace creer que hay "buenos y malos" en la película y como es lógico ya sé donde te colocas tú.
El victimismo es tu peor enemigo.

Hará lo posible por que no te enfrentes a tus miedos.
Hará lo posible por castrar todas tus habilidades y potencialidades.
Hará lo posible por acomodarte.
Hará lo posible por hacerte creer que no vales.
Hará lo posible por hacerte creer que no tienes fuerza.
Hará lo posible para despistarte de tu *Camino*.
Hará lo posible por convencerte de que la culpa la tienen los demás.

Y por supuesto, tampoco culpes al **victimismo** de tus fracasos, porque volverías a buscar el responsable fuera de ti.

El victimismo no es una entidad etérica que está ahí rondándote.

El victimismo eres TÚ, con tu actitud.
El victimismo no es otra cosa que tu actitud.
Una "enfermedad" como cualquier otra que tú podrías generar dentro de ti.

UNA HISTORIA

Yo les solía contar a mis alumnos la historia del **excursionista sediento**.
Es un pequeño relato que refleja perfectamente este perfil victimista.

Cuentan que un grupo de excursionistas, volviendo al campamento después de una larga travesía por el desierto de Gobi, decidieron pernoctar bajo las estrellas porque se les había hecho de noche antes de lo previsto.

Exhaustos por tantas horas de caminata se recostaron cerca de unas dunas y completamente rendidos empezaron a quedarse dormidos a los pocos minutos.
Cuando todos descansaban plácidamente se oyó una voz que decía:

- *¡Ay...!¡Qué sed tengo!*

Pasados unos segundos volvió a repetirlo:

- *¡Ay...!¡Qué sed tengo!*

Era uno de los excursionistas que **sin descanso repetía una y otra vez** la misma frase. Tanto insistió que consiguió despertarlos a todos.

Resultaba tan molesta esta <u>queja permanente</u> del excursionista que uno de ellos, agotado por todo lo que estaba sucediendo, se levantó y le acercó agua para que bebiera y así poder conciliar el sueño lo antes posible.

El excursionista sediento se bebió rápidamente el agua que le habían llevado y, ya calmado, se recostó nuevamente para continuar descansando.

A los pocos segundos, cuando todos habían vuelto a dormirse plácidamente se oyó de nuevo:

- *¡Ay...! ¡Qué sed tenía...!*
  ¡Ay...! ¡Qué sed tenía...!

¿Qué te parece...?
                    Así funciona el victimismo...

No busca soluciones a sus necesidades y se queja constantemente de todo.

RETOMAMOS EL RETO

Y volviendo al reto que te he planteado, es importante que reflexiones sobre quién tiene la responsabilidad de que tus sueños no se hayan cumplido. Eres tú el principal responsable de ello.

Seguramente en algún momento de tu *Vida*:

Tú le diste tu poder a otra persona.
Tú creíste que el poder estaba fuera de ti.
Tú delegaste en otros lo que tú tendrías que haber asumido.
Tú no decidiste aquello que realmente deseabas.
Tú te relacionaste con personas que no fueron las adecuadas.
Tú dejaste de tener fe en ti.
Tú creías que era el camino correcto.
Tú mism@ generaste esa realidad.
                    Nadie más...

La responsabilidad personal y existencial de tus circunstancias la tienes siempre tú. Si realmente tienes sueños que no has podido alcanzar, se debe **únicamente** a ti.

Todos tenemos un *Sagrado Poder Interior* que puede dirigirnos hacia lo que deseamos construir y materializar en la *Vida*.

En el Tercer Libro de esta Trilogía explico cómo movilizar

Este Poder que llevamos dentro.

Si deseas volver a conectar con él y retomarlo, primero has de **darte cuenta de cómo funciona el victimismo**, de cómo hace que pongas la responsabilidad fuera de ti y por lo tanto, de qué manera te hace abandonar tus sueños y alejarte de ti.

¿Me sigues, *Corazón*...?

El Poder de TU VIDA está en tus manos.

Quiero abrir *Consciencia* en este sentido, porque **deseo profundamente que el *Ser humano* se despoje de este patrón** para lograr la *Libertad* que siempre he deseado para todo *Ser* sintiente.

***Tu Vida* merece manifestarse de la mejor manera** y las reflexiones que comparto contigo en *Este Libro* te pueden ayudar.

Responsabilizarte de tu *Vida* te haría darte cuenta de que está en tus manos el poder de transformarla y mejorarla.

Y entonces:
Harás lo posible por enfrentar tus miedos.
Harás lo posible por desarrollar tus habilidades y potencialidades.
Harás lo posible por darle forma a tu valor.
Harás lo posible por creer en tu fuerza.
Harás lo posible por andar y realizar tu propio *Camino*.
Harás lo posible por convencerte de que tu Vida está en tus manos.

> "Lo que hay que cambiar en una persona
> es la consciencia de sí mismo".
>
> ***Abraham Maslow***

CONSCIENCIA

Cuando en la *Vida* necesitas **tomar decisiones importantes**, tienes que *Ser Consciente* de cómo te encuentras, de qué es lo que te mueve a tomar esa decisión y por qué te inclinas por una opción y desestimas las otras.

La mayoría de la gente cree estar segura de poder tomar decisiones en su *Vida* desde la *Libertad* y cree igualmente tener la certeza de estar eligiendo, aquello que realmente desea, por *Amor*.

Si de verdad tuviéramos en cuenta todos los condicionantes aprendidos desde pequeñ@s y fuéramos conscientes del poder que tiene el inconsciente en nosotros, reconoceríamos que es casi imposible que las decisiones que tomamos a lo largo de nuestra *Vida* sean escogidas desde la *Libertad*.

Recuerda que los aprendizajes inconscientes influyen en el 97% de nuestras decisiones y muchas de ellas están relacionadas con patrones y arquetipos aprendidos familiar y culturalmente.

¿Me sigues, *Corazón*...?

> "Hasta que no hagas consciente lo que llevas en tu inconsciente, este último seguirá dirigiendo tu vida y tú le llamarás destino."
>
> ***Carl Gustav Jung***

Y tú dirás...
¿Qué podemos hacer nosotros...?

¡El inconsciente ganará la partida y ya está...!

Pues no.
Si llevas al consciente todo lo que inconscientemente te está condicionando, **comienza el proceso del despertar**.

Mucha gente vive como un autómata, reproduciendo los mismos patrones aprendidos, los mismos hábitos de siempre y las mismas actitudes que adoptaron sus antepasados ante la *Vida*.

Este apartado trata de recordarte lo necesario que es hacerte *Consciente* de lo que vives, de lo que piensas; consciente de lo que te sucede, de lo que deseas de verdad, de lo que te condiciona, para poder realmente elegir aquello que deseas, aquello que solo tú sueñas y aquello que necesitas hacer realidad.

El primer paso es **poder escuchar otros puntos de vista** sobre una misma situación, otras maneras de interpretar la realidad, diferentes a las que tú has aprendido o conocido hasta ahora.

Yo siento profundamente que a lo largo de la Historia y de las diferentes etapas vividas por el ser humano se ha utilizado, se ha mal "usado" y se ha **malentendido lo que verdaderamente es el *Amor***.

Muchos de los sacrificios que en el mundo entero se han hecho en *Su Nombre*, realmente han sido justificados desde otras perspectivas que no son precisamente las que brinda el *Amor*.
Piénsalo...

No me refiero solo al Amor de pareja. Estoy haciendo referencia a todas las situaciones de la *Vida* en las que un ser humano se puede ver envuelto y movilizado por *Amor*, cuando realmente el motor es otro, bien distinto.

Se le ha puesto el nombre de *Amor* a diferentes situaciones destructivas, crueles, ilógicas y vejatorias. Denunciables situaciones en las que se le ha vinculado con la soledad, con el desgarro y el esfuerzo, con la pena y el sacrificio.

Se le ha relacionado una y otra vez con el sufrimiento, considerando que a mayor dolor, mayor *Amor*...

El ser humano ha deformado *Su Sagrado Sentido*.
Lo hemos arrebatado la *Libertad* que le pertenece y lo hemos limitado, encerrándolo en celdas de oro y diamantes, cárceles de auténtico des**amor**.
¿Por qué ha sucedido esto...?

¿Qué ha hecho que el ser humano se aparte del *Verdadero Sentido del Amor*...?

En la *Segunda Parte* del *Libro*, voy a hablarte, **una a una,** de todas esas circunstancias en las que el ser humano se ve impulsado a tomar decisiones por *Amor*. Son situaciones que yo he vivido en primera persona o a través de seres muy cercanos a mí.

Algunas de ellas son muy delicadas, **profundas y dolorosas,** y por ello trataré de describírtelas con el mayor respeto y delicadeza posible, ya que no trato de juzgarlas.

Solamente quiero que tu *Consciencia* se amplíe, que puedas ver otros puntos de vista diferentes a los tuyos y puedas sacar de ello tus propias conclusiones.

A estas alturas de mi *Vida* y con las experiencias que he vivido, puedo asegurarte que:

- El Amor **te hace feliz** y no debería entristecerte.
- El Amor **te da fuerza** y no debería agotarte.
- El Amor **te hace crecer** y no debería estancarte.
- El Amor **te hace creativo** y no debería aburrirte.
- El Amor **te desarrolla** y no debería limitarte.
- El Amor **te da cada vez más energía** y no debería debilitarte.
- El Amor **te da certeza** y no debería hacerte dudar.
- El Amor **te da coraje y valor**, y no debería acobardarte.

Estoy convencida de que una gran mayoría de personas consideraría esto que acabo de decirte como grandes verdades relacionadas con el *Amor*.

Si esto es así, y creo que TODOS, absolutamente TODOS estamos de acuerdo...

¿Por qué tantos seres se deterioran en el nombre del Amor?
¿Por qué tantos seres continúan ligados a situaciones destructivas en el nombre del Amor?

Muchas veces puedes creer que lo que estás viviendo día a día en tu *Vida* es normal pero si lo analizas más profundamente ves que hay detalles que quizá merecen otro calificativo.

Cada día vivimos situaciones que imaginamos llenas de *Amor*, cuando realmente y de manera inconsciente, están llenas de otras intenciones.

No sé qué situación puedes estar viviendo actualmente, pero sea cual sea, **pregúntate** si realmente te permite vivir la *Vida* que deseas.

Trata de colocarte frente a alguna circunstancia que ahora mismo pueda preocuparte o inquietarte, la que sea que estés viviendo AHORA y respóndele a tu alma:

- **¿Esta situación te hace feliz?**   SÍ / NO
- **¿Te da fuerza y confianza en ti?**   SÍ / NO
- **¿Te hace crecer y te apoya en aquello que sueñas?** SÍ / NO
- **¿Te aporta *Dignidad*...?**   SÍ / NO
- **¿Te ayuda a ser independiente?**   SÍ / NO

<u>Mucha gente vive</u> en la inercia, <u>haciendo cosas por pura imitación</u>, conformándose con la *Vida* que tienen y repitiendo patrones de comportamiento que les han enseñado sus padres, sus superiores, sus tutores, sin cuestionarse si lo que hacen **es adecuado o no para sus sueños.**
    Simplemente lo reproducen, como autómatas...

Tan solo quiero hacerte reflexionar para que te contestes con *Honestidad* si lo que haces diariamente en tu *Vida* te llena y te aporta *Dignidad*, si te convierte cada día en mejor persona, si te engrandece o **te hace brillar**, porque sería el <u>reflejo del *Amor* con el que realmente estás viviendo</u> tu *Vida*.

Si es así, te felicito desde lo profundo de mi *Corazón*, porque *Todos* vamos hacia esa **magnífica vivencia del *Amor y de la Plenitud***.

Si resulta que por el contrario lo que estás viviendo no te genera *Vida*, pues colócate frente a ello, *Corazón* mío. Obsérvalo, reconócelo, **ponle el nombre que tienes que ponerle** y, cuando sientas que esa situación necesita cambiar, <u>ármate de valor y fuerza y toma decisiones.</u>

Cuando tomas *Conciencia* de dónde estás, de lo que te rodea, de si realmente eso que vives te construye y te acerca a tus sueños, comienza un proceso de cambio que, inevitablemente **le pone fecha de caducidad a la situación que puedas estar viviendo**. Pero tienes que observarlo y contestarte sin miedo, decirle a tu *Corazón* si esa situación que vives ahora te está haciendo realmente feliz.

Solo quiero, *Corazón mío,* darte *Luz* en aquellas circunstancias que **envuelven tu *Vida* ahora** y en las que puedas sentir que no avanzas, que estás en un bucle que se repite una y otra vez; quizás te aclare las ideas sobre alguna situación que pueda estarte frenando ahora personalmente y que quizás no te esté permitiendo olvidar, transformar o trascender aquello que necesitas.

Espero que estas reflexiones que aquí te planteo te puedan ayudar en este sentido.

Escúchalas y obsérvalas, **sin juicio**.

No te olvides que te las brindo desde el Profundo *Respeto y Delicadeza* con el que puede hablarte *Mi Corazón*.

En aras del AMOR

REFLEXIÓN

La herida es el lugar
por donde la Luz entra en ti

Rumi

> "De la misma manera que el agua
> se convierte en hielo,
> el *Ser* adopta todas las formas del Universo"
>
> ***Ramiro Calle***

El ORDEN DIVINO

Me gustaría **aclarar** esto antes de continuar.

"Todo está en ORDEN DIVINO"

La gran mayoría de personas, al oír esta frase tienden a relacionarlo con algún concepto religioso, cuando el ORDEN DIVINO realmente **no tiene nada que ver con lo que las religiones nos han "enseñado" a lo largo de la Historia.**

El Orden Divino responde a una *Consciencia de Unidad*.
Hace referencia a un *Orden* que sucede en co-creación y en *Unidad* con *Todo*
    Trataré de explicarte esto ahora, *Corazón*.

Puede que se abran ante ti algunas puertas de comprensión de la *Existencia*.
    Así lo espero...

Siento profunda y claramente que el *Ser humano* ha buscado siempre y de manera innata **el por qué** de la *Vida*, ha buscado de dónde viene y adónde va, ha intentado siempre **encontrar respuestas** a tantas preguntas que se ha hecho su alma y ha tratado de encontrar **la razón de *Ser* y de *Existir*.** Ha buscado desde siempre el *Sentido de la Vida*.

    Y buscar ese *Sentido* es buscar a **Dios.**

Cuando hablo de **Dios** o de **lo Divino** no me refiero a ningún *Ser Superior etéricamente corpóreo*. Tampoco me refiero a ningún concepto ni a ningún dogma cristiano ni religioso.

Cuando hablo de *Dios* me refiero a la **Luz**, a la *Energía Divina* que habita en cada *Ser Sintiente*; me refiero a la *Común Esencia* que vibra en *Todo*, a la *Consciencia Universal y Sagrada* que somos *Todos*.

<u>Hablo de ti y de mí</u>, hablo de TODO lo existente.

ESO ES DIOS

A lo largo de la Historia, el propio concepto de *Dios* se ha vestido con diferentes ropajes conforme así lo pedían las distintas culturas y civilizaciones por las que *Su Energía* iba pasando.

Por eso, *Dios* y la *Energía Divina* ha recibido **mil nombres**...

Se le ha llamado *Luz, Consciencia Universal, Vida, Padre, Cosmos, Amor, Energía Vital, Universo, Creador...*
Pero Es lo mismo.

Llámalo como tu *Consciencia* y tu **Libre Corazón** necesite llamarlo, porque seguro que *La Esencia* a la que nos referiremos será *La Misma*, sea cuál sea su nombre.

Científicamente se ha demostrado que nuestro límite no es el corporal, que alrededor de nuestro cuerpo físico existen otros cuerpos energéticos que vibran hasta los niveles de lo inconmensurable.

¿Y qué supone esto...?

Supone que, si lo experimentas en lo profundo de tu *Consciencia* y de *Tu Corazón*, puedes llegar a percibir que Tú eres TODO.

Y TODO significa...

TODO

Si vamos más allá y trascendemos las limitaciones del nivel corporal y tomamos contacto con **Esta Energía que realmente Somos**, podemos llegar a sentir que somos *UNO con TODO*.

Reflexión

Y ESTO NO SON PALABRAS...

Esto supone profundamente que no hay diferencia entre *Tú y Yo*. Que no hay diferencia entre *TODO* lo que existe y *TÚ*.

Tenemos la falsa sensación de que nuestro cuerpo es independiente del resto de la *Existencia*, aunque científicamente se haya demostrado que esto no es así.

Tan solo existen límites y unidades corporales de materia, visibles por el ojo humano, aparentemente separados unos de otros, pero la realidad es que existen otros **campos de energía de no materia**, electromagnéticos y energéticos, ***Campos de Consciencia*** que fusionan TODO lo existente en una sola Energía Vibrante e Inteligente.

Esto es lo que Einstein denominaba *Campos Unificados de Consciencia*.

No hay separación.
    No hay separación entre TODO y TÚ...

        ¿Qué te hace sentir esto, *Corazón*...?

Esto supone que **toda la *Existencia* está UNIDA** y que evoluciona como un TODO inseparable.

Si trasladamos esto que la ciencia ha demostrado a un lenguaje cotidiano, quiere decir que **cuando algo te sucede en la *Vida*, no es por casualidad.**

> "El azar no existe. Dios no juega a los dados"
>
> **Albert Einstein**

Todo está íntima y profundamente relacionado y unido a ti, por lo que nada de lo que te suceda se escapa a tu *Consciencia*.

Hasta ahora, el ser humano ha creído que éramos seres individuales e independientes los unos de los otros y que los actos de una persona tan solo tenían que ver con ella misma y con lo que ella decidiera.

Hoy por hoy, la ciencia ya declara que todo lo que existe forma parte de una realidad ÚNICA. Que todo está unido y en relación, que todo lo que existe es indivisible.

Por ello, se consciente de que todo lo que sucede afecta a TODO lo demás, de que hay un nivel de frecuencia vibratoria donde es tangible esta UNIDAD. Tan solo se manifiesta en diferentes formas materiales, pero es la misma *Energía, Inteligente y Consciente*.

¿Me sigues, *Amor*...?

Te pongo un ejemplo...
Estás buscando piso y *casualmente* alguien te habla de uno que están alquilando en la zona que a ti te interesa.

¿Crees que esto es casualidad...?

Puedes creer que sí, pero sabiendo que **TODO está unido a ti** y que científicamente se ha comprobado... ¿Puedes imaginarte que esa información ha venido a ti porque formas UNO con TODO?

Solamente imagínalo.

Te pongo otro ejemplo más profundo y comprometido...
Ibas a subirte a un coche concreto y algo sucede que cambia tus planes y al final no te subes. Luego te enteras que dicho coche no ha llegado a su destino porque no ha tenido tu misma "suerte".

¿Puedes imaginar **por qué sucedió** aquello que hizo que tú no entraras en ese coche?
Eres UNO con el TODO.

Intenta responderte **por qué**...

De la misma manera puedo seguir poniéndote ejemplos que te harían reflexionar y pensar que todo lo que experimentas y vives tiene que ver contigo, tiene que ver con la *Unidad* que eres existencialmente, con algo que solo puedes comprender desde otros **planos superiores de Consciencia.**

Todo esto te lo explico para que comprendas a qué me refiero cuando digo que todo está en *Orden Divino*.

No me refiero a que hay un Dios supremo, "etéricamente corpóreo", que frente a una maqueta del mundo ordena y designa lo que desea que suceda.
> ***¡¡No, Corazón Mío...!!***

Esto no es así de ninguna manera, aunque en la mente de muchas personas todavía esté esta imagen.

Estoy intentando transmitirte que, *Todo* forma parte de una misma *Energía*, que evoluciona al unísono. Y que por esta razón, tú no subiste a ese coche porque debías continuar en este plano terrenal haciendo lo que estabas haciendo, del mismo modo que los otros *Seres* que sí se subieron, en otro nivel de *Consciencia*, necesitaron entrar en esa experiencia en la que derivó su elección.

> ¿Me sigues, *Corazón*...?

Todos formamos un sistema de *Energía* que se mueve en *Unidad* y que cuando unos optan por una elección, otros por vibración, equilibran ese *Todo*. Como sucede en las bandadas de aves...

Vuelan unidas por algo imperceptible, que las mantiene conectadas y en dirección hacia un lugar hacia el que se dirigen. Por momentos, algo varía y todo el conjunto adopta una nueva forma y continúan en vuelo.
También lo podemos admirar en un banco de peces, entre los que sucede esta armonía que organiza la energía en *Sagrada Conexión*.

Este es el *Orden* que establece la *Energía Divina*.
Este es el *Orden Divino* al que me refiero.

Vinculado a **Todos Nosotros desde la Unidad que Somos, desde la Energía que nos une de manera imperceptible,** que sucede a nivel cuántico, a nivel energético y electromagnético y por la que se suceden los acontecimientos de la *Vida en Pura Co-creación*.

Todo esto que te comento necesitaría explicar muchos más matices para llegar a comprender e integrar a qué se refiere este *Orden Divino*.

Seguro que tendremos oportunidad de hablarlo en otro momento o en otro foro.

Ahora, *Corazón,* solo trato de decirte que como *Todo* es *Uno*, el *Orden Divino* se manifiesta en la *Unidad* que *Somos. Todo* lo que sucede responde a un estado de *Unidad* de *Consciencia.*

¿Y por qué te digo esto...?

Para que comprendas que lo que te sucede en la *Vida* no es ajeno a lo que le está sucediendo a otros, aunque aparentemente lo parezca. No sucede nada al margen de ti.

¿Has oído alguna vez hablar del efecto *boomerang*...?

Todo aquello que tú lances al *Universo* te va a volver, con diferente forma y quizás en otro momento, pero **te vuelve**.
Sea cual sea tu energía.
Volverá a ti como reflejo de lo emitido...

Todo está unido, todo eres Tú.
Todo se mueve y evoluciona en conjunto, aunque la percepción humana crea que somos seres separados los unos de los otros.

Esto es el Orden Divino.
Y algún día comprenderás que es Tu propio Orden.

> "Cuando el oído es capaz de oír, entonces vienen los labios que han de llenarlos con sabiduría"
> **El Kybalion**

Hay otro matiz de este *Orden Divino* que me gustaría compartir contigo.
Trataré de explicarme mejor.

Ante una experiencia, no solo existe una *Verdad*.
Podemos creer que existen dos puntos de vista, pero en realidad habría muchísimos más. Tantos como maneras de ver la situación y la experiencia.

De este modo, para que la **UNIDAD de *Consciencia* que Somos** crezca y evolucione, debemos experimentar, comprender e integrar todos los puntos de vista de una misma *Realidad*.

Te pondré un ejemplo práctico...
Un niño, mientras juega con otro, tropieza sin querer y le hace daño.

Si observamos la escena desde fuera, nos daremos cuenta de que no ha habido mala intención por ninguna de las dos partes.
Pero si entramos en la experiencia y somos uno de esos dos niños con esa edad, posiblemente creeríamos que el otro lo ha hecho a propósito.
¿Comprendes a qué me refiero...?

Pues esto nos pasa en la *Vida* a diario.
Y solemos creer que el otro ha hecho algo con toda la mala intención que puedas imaginar, cuando en algunas de esas ocasiones, seguramente, habrá sido sin querer.

Cuando estos dos niños crezcan y maduren, se darán cuenta de que pueden tropezar y caer sobre otro sin que haya habido ninguna intención de hacer daño. Pero eso solo se comprende cuando has vivido y experimentado el otro punto de vista de la situación, porque eso **te hace comprender las circunstancias y la realidad del otro lado** de la experiencia.
¿Me sigues, *Corazón*...?

Con este ejemplo trato de explicarte que en este ORDEN DIVINO, nuestra existencia nos acerca, más tarde o más temprano, a **comprender ambos lados de una misma experiencia**.
Un punto de vista diferente al que ya conocemos.

En algún momento puntual de tu *Vida* puedes haber experimentado alguna vivencia concreta, quizás muy dolorosa, que te hizo colocarte y tomar partido, defendiendo a capa y espada una postura firme e inflexible.

El dolor y la incomprensión te hacen radicalizar tu postura y eres capaz de juzgar lo que ha pasado, argumentar quiénes crees tú que son los culpables y quiénes son las víctimas de lo sucedido.
Y allí te quedas encallad@ durante años...

Y la *Vida*, sin *Querer*, porque es así de delicada, te lleva a vivir el lado diametralmente opuesto de aquello que has detestado y odiado siempre. Te hace *Comprender* el otro lado de la experiencia.

¿Te ha pasado esto alguna vez...?

A eso también me refiero cuando hablo de ORDEN DIVINO.
Es todo aquello que atraemos, todas las circunstancias que vivimos desde un lado y otro de la *Experiencia*, porque vamos aprendiendo de la mano, aunque no nos demos cuenta de ello.

Somos parte de esa UNIDAD que somos con el TODO, para poder *Comprender* e *Integrar* con el tiempo, *la Sagrada Sabiduría Existencial*.

Es la única manera de **Comprender la Existencia**, atravesando todos los lados de una experiencia.

Este es el Camino de la Verdadera Compasión.

El Orden Divino

"Cada padre o madre debe recordar que un día su hijo va a seguir su ejemplo en vez de su consejo".

Charles Kettering.

LAS MADRES

¿Qué es *Ser Madre*...?
Esta es una pregunta muy difícil de responder.

Todos tenemos experiencias que nos llevan a sentir y a describir lo que para cada uno de nosotros es una *Madre.* Nuestra *Vida* y lo que en ella ha podido suceder hasta el día de hoy nos lleva, inevitablemente, a tener un perfil o arquetipo que defina y enmarque esta *Energía*.

Siento claramente que cada uno de nosotros tenemos una parte de la verdad sobre qué es ser *Madre*, aunque posiblemente habrá personas que consideren que solo ellas lo saben.

Desde lo que sé y siento profundamente, cada *Ser* lleva dentro de su *Corazón esta Verdad*, y por lo tanto, puede llegar a comprender la experiencia de lo que el *Ser Madre* abarca.

Así, **cuando hablo de *Madre*, no me refiero exclusivamente al sexo femenino.** Me refiero a cualquier *Corazón Sintiente* que lleve dentro tanto *Amor* como lo sentiría profundamente una *Madre*.

Digo esto por dos razones fundamentales:

- El *Ser Madre* **no es exclusivo de aquellas mujeres que han parido** y han dado a *Luz* desde su vientre.

- El *Ser Madre* **tampoco es exclusivo del sexo femenino**. No se refiere únicamente a lo que siente el corazón o la manera de amar de una mujer.

Conozco mujeres que no han parido hijos desde su vientre y son extraordinarias *Madres* llenas de *Amor y Compasión*. Del mismo modo que conozco hombres que viven profundamente desde el *Corazón*, dando a sus hijos tanto *Amor* como lo haría una *Madre*.

Dicho esto, **algo que me conmueve profundamente**, el *Ser Madre* no es exclusivo de algunos seres de esta Tierra, porque el *Ser Madre* es sentir internamente un profundo *Amor Incondicional*.

Por ello, en todo momento que en este Libro haga referencia a una Madre, estoy hablando de todo Ser Sintiente que vibra en Amor Incondicional, pertenezca o no a la especie humana y sea del género que sea.

A lo largo de mis 30 años como docente he conocido y tratado con muchas **Madres**: *Madres y Padres* que me han mostrado el lado *Profundo y Sagrado* del *Amor* a sus hij@s.

Tengo que admitir, en este planteamiento que te hago, que *el hombre* está dando grandes pasos en todo lo relacionado con la maternidad, aunque todavía la mujer, por varias razones, lleve mucha más experiencia en este sentido.

La Luz que hay en el Corazón del ser humano está transformando muy rápidamente todo esto. Es algo que, afortunadamente, ya vemos en la *Energía* y en el *Corazón* de muchos hombres que comparten con las mujeres el *Camino de la Maternidad*.

Desde aquí digo, abiertamente, que **Este Amor Incondicional se está abriendo a TODOS los *Seres Sintientes*** y que cada vez y con más frecuencia, me encuentro con hombres que sienten un *Profundo Amor* por sus hijos y que me muestran humilde y abiertamente el lado *Incondicional del Amor*.

Por eso he comentado antes que el ser *Madre*, cada vez está **desdibujando más sus fronteras femeninas** y se está integrando profundamente en el *Corazón* del ser humano.

Porque hay mujeres que no han parido hijos en esta *Tierra* y abren su corazón incondicionalmente hacia sus hijos adoptivos, del mismo modo que hay hombres, *Padres* biológicos, *Padres* adoptivos y

Padres homosexuales que me muestran el **Inmenso Amor que sienten hacia sus hijos**, biológicos o adoptivos...

Para mi *Corazón* es lo mismo.
Para mi *Consciencia* también es lo mismo.

El *Ser Madre* no tiene nada que ver con un *Vientre*...

Evidentemente el tener a un ser dentro de ti 9 meses te hace sentirlo de una manera profunda e intensa, envidiable para muchas almas que por diversas razones esta *Vida* les ha privado de ello, pero creo que esto no le da derecho a las mujeres-madres biológicas para sentirse *Madres* en exclusiva.

Porque conozco **vientres que han parido hijos no deseados** y conozco *Padres y Madres* sin vientre, que han entregado un *Amor profundo* a los que han sido sus hijos.
Esto es también *Ser Madre*.

Esta es *Mi Verdad* y la *Verdad* de miles de personas que sienten y **han sentido la Maternidad sin haber parido...**

Sin tener vientre.

Parto de este planteamiento con una certeza y una claridad que **no me hacen dudar ni un segundo de la Verdad con la que te estoy hablando.**

Ser Madre es *Ser Amor*...

Partiendo de esta base que, te repito, la siento profunda y claramente, te quiero comentar algo que me ha llamado especialmente la atención y que necesito comentarte. Es algo en lo que me he fijado desde siempre.

A lo largo de mis 30 años como docente, todas las *Madres* que he conocido, en mayor o menor medida, de alguna manera han sentido internamente y en el fondo de su *Corazón* una especie de "**culpa**" o preocupación en relación a los cuidados y a la educación que le han dado a sus hijos.

Por muy bien que sientan y crean que lo han hecho con ellos, existe en lo profundo de sus corazones la sensación de que podían haberlo hecho mejor.
Todas...
TODAS...

Parece que dentro del *Corazón* de una *Madre* nunca es suficiente.
Supongo que las *Madres* que puedan estar leyendo esto pueden sentirse identificadas con ello.
Parece que nunca es suficiente lo que se da a un hij@ y que siempre se tiene en el *Corazón* la sensación de que se podía haber hecho algo más.

Es muy curioso esto, por llamarlo de alguna manera.
Este aspecto lo he visto en **TODAS las *Madres***. Hay internamente un latente <u>sentimiento de culpa</u>.
¿Y por qué...?

Incluso las *Madres* que sienten que lo han hecho bien con sus hij@s, **que sienten que les han dado lo mejor de *Ellas*** durante la crianza, en conversaciones íntimas me han confesado que todo les ha parecido poco.
En lo profundo del corazón TODAS tienen la sensación de que podían haber dado aún más.

Y yo pregunto... ¿Por qué...?
¿Es esto *Amor*...?

Tan solo trato de propiciar la reflexión.

- Unas *Madres* contestarán directamente que sí.
- Otras, se pararán a pensarlo y contestarán igualmente que sí.
- Otras sentirán que es cierto que no dieron lo suficiente.
- Otras no podrán soportar la pregunta, porque sentirán que no lo han hecho bien.
- Otras ni siquiera se ocuparán de encontrar una respuesta.

Todas son *Madres*...

No hay madres buenas o madres que no lo han sido.
Cada una ha entregado **lo que <u>ha sabido</u>, lo que <u>ha podido</u> o lo que <u>ha sentido</u> que tenía que hacer**.

Mi reflexión es:
¿Por qué una *Madre* siempre tiene profundamente la sensación de que podía haber dado más?
¿Es que cuando das *Amor* tienes la sensación de no haberlo dado...?

Creo que todo el mundo está de acuerdo en que un niño ofrece y da *Amor*.
    ¿Verdad...?

¿Y habéis visto a algún niño que se preocupe por no dar más *Amor*...?
¿Habéis visto a algún niño sufrir porque tiene que seguir dando más *Amor*...?
    Yo no...

Y las *Madres* podréis decir: ¡Es que es diferente...!

¿Diferente el qué...?
    ¿El *Amor*...?

¿Hay un *Amor de Madre* y un *Amor de niño*...?

¡No nos engañemos! No llamemos *Amor* a lo que no lo es.

Que yo sepa solo hay *Uno*. Y es pleno. No hay distintos tipos de *Amor*.
Solo es UNO el que recibe ese nombre.

Si quieres puedes escribir algo aquí que te ayude a reflexionar.

EL ROL MATERNAL

Entre todas las miles de cosas que hemos aprendido, consciente e inconscientemente en nuestra *Vida*, también se encuentra lo que la *mujer* y la *sociedad* entiende o cree que tiene que ser una *Madre*.

Trata de recordar en tu experiencia y en tu *Vida* **qué valores aprendiste** en relación a cómo debe ser la actitud y la entrega de una *Madre*.

¿Qué modelos o arquetipos aprendiste que eran correctos en una *Mujer*?
　　　¿Qué perfil de *Madre* quisiste imitar?

¿Profesas o profesaste alguna religión que hizo que te inclinaras a ser un tipo de *Madre* concreta?

Date cuenta de cuántas mujeres aprendieron en su infancia que *Las Buenas Madres* debían olvidarse de sí mismas para entregarse por entero a sus *hij@s*...

Yo te digo abiertamente que **millones de mujeres** aprendieron esto. Generaciones enteras de mujeres renunciaron a su *Vida* para dedicarse por entero a los *hij@s*. Lo aprendieron consciente e inconscientemente. Son patrones aprendidos *con o sin* voluntad propia.

Miles de millones de mujeres en esta *Tierra* han recibido a lo largo de la historia **diferentes modelos y arquetipos** relacionados con lo que debe ser una *Madre* a imitar.
Y tras esta obvia realidad...
　　　　　　¿Qué sucede?

¿Qué unas culturas poseen la *Verdad* y otras no...?
¿Qué en función de la cultura o etnia en la que hayas nacido lo habrás hecho bien o lo habrás hecho mal...?

¿Es que habría *Madres* buenas y otras que no lo son...?

Abiertamente te digo desde mi corazón que NO.
Todo lo que se ha hecho está en ORDEN DIVINO.

No hay ninguna cultura, ni ninguna etnia o grupo social o cultural que tenga la VERDAD. La *Verdad* está en el interior de cada ser humano y como tal, lo que hayan hecho con sus *hij@s*, cómo los hayan educado o cualquiera que sean los valores que les hayan inculcado, TODO habrá sido correcto.

Todas las *Madres* que estén leyendo esto habrán hecho lo correcto.
Te hablo desde ese ORDEN DIVINO que es necesario para evolucionar y *Comprender la Existencia*.

TODO lo que hayan hecho como *Madres* habrá sido CORRECTO, porque los *Seres* implicados habrán necesitado aprender de ello.
Incluso tú, que observas todo este comportamiento.

Puedo hacerme a la idea de que esto que acabo de decir puede provocar malestar, desconcierto o, quizás, ira...

Puedo imaginar y sentir las incontables experiencias que habrás observado o de las que habrás tenido noticia a lo largo de tu *Vida*. Sé que hay muchísimos perfiles de *Madres*, todas ellas diferentes. Estoy segura de que habrás oído hablar de experiencias crueles de algunas mujeres con sus *hij@s*. Soy consciente de ello.

Yo te invitaría a que simplemente observes y escuches sin juicio las diferentes situaciones.

<u>Cada Ser ha hecho lo que ha sabido y ha podido</u>, en función de sus circunstancias. **No entres en el juicio.**
No conduce a buen puerto...

A nivel interno cada *Ser* hará su reflexión y eso es lo que verdaderamente transforma y hace evolucionar.

Ojalá pudiera aliviar la enorme **culpa** que llevan en su *Corazón* millones de mujeres, sintiendo que quizá no han sido buenas *Madres*.

Yo desde aquí, desde mi CORAZÓN, con todo el AMOR que siento, no necesito conocerte para sentir y saber <u>que todo lo que has hecho como **Madre** ha sido correcto.</u>
Sea lo que sea que haya sucedido y hayas hecho.

Ser Madre no es fácil.
Ser Madre es atreverse a cuidar LA VIDA.
Atreverse a ser valiente en millones de situaciones difíciles e imposibles.
Por eso, desde mi *Corazón* te digo, que todo lo que has hecho o hayas tenido que asumir o decidir... TODO, habrá sido correcto.

Con esto no quiero decir que no debamos aprender de lo que nos ha sucedido, o de cuáles han sido nuestros actos.

Siente este ORDEN DIVINO del que te he hablado y trata de *Comprender* todo lo sucedido con *Consciencia*.
Siéntete en *Paz* con tu labor como *Madre*, porque TODO responde a eso que hemos atraído en ORDEN DIVINO.

No hay manuales de cómo *Ser Madre*.

> "Creo que la conciencia es fundamental. Todo asunto deriva de la conciencia. Todo lo que hablamos, todo lo que consideramos como existente, es dictado por la conciencia."
> **Max Planck**

Desearía ahora hacerte reflexionar sobre cuántas *Madres*, haciendo lo que sentían que debían hacer, dejaron atrás sus propios proyectos de *Vida* para entregar, sin medida, toda su energía a sus hij@s, solo porque aprendieron que tenían que hacerlo.

No por *Amor*, sino porque eso era lo que se esperaba de ELLAS.

Hablo de esas mujeres que se sintieron empujadas a ser *Madres* cuando realmente hubieran hecho de su *Vida* algo muy diferente.

Conozco muchas mujeres que han dejado sus sueños a un lado para desempeñar su labor como *Madres*. No digo que lo hicieran sin *Amor*, solo digo que soñaban otras cosas para su *Vida* y se vieron impulsadas a renunciar a ellas mismas y a sus sueños en *aras de ese Amor* a los hij@s.
Dejaron sus ilusiones atrás para dedicarse exclusivamente a sacarl@s adelante.

Yo soy consciente de que **cuestionar esto**, es delicado.
No pretendo tener la *Verdad*. Solo deseo que te preguntes si renunciar a ti mism@ es AMOR...
       Si renunciar a tus sueños es AMOR.

Y **cada uno que sienta** lo que considere adecuado.

Yo solo te pregunto si dejar atrás tus anhelos y sueños es AMOR, para que *Tú* seas quién responda a esta pregunta.

Yo tuve una madre maravillosa. Y digo maravillosa porque lo era.
Pero dedicó su Vida a sacar a sus hij@s adelante.
Dejó sus sueños atrás, se olvidó de ella y de sus ilusiones personales. Dejó atrás sus proyectos y deseos para utilizar TODO su tiempo y TODA SU ENERGÍA en cuidar a los hij@s y a la familia.

Me hubiera gustado ver **qué hubiera sido de mi *Madre*** si le hubiera dedicado tiempo a ella y a su capacidad creadora. Me hubiera gustado verla triunfar en sus sueños y en sus deseos. Me hubiera gustado apoyarla en lo que a ella le hubiera hecho feliz, pero no lo hizo.

No la cuestiono, simplemente creo que ella aprendió que ser *Madre* <u>consistía en renunciar a ella misma</u> para dedicarse por entero a los hij@s y a la familia.

Ella creía estar haciéndolo bien...
       Y para ella, eso era *Amor*.

¿Y para ti, es eso *Amor de Madre*...?

¿Crees que tus hij@s aprenderán a quererse y a respetarse a ellos mismos si han tenido un modelo de *Madre* que no lo ha hecho, que ha renunciado a ella misma y a sus sueños?

Conozco muchas *Madres* que, resignadamente, se han contentado con el futuro de sus hij@s. Pero, cuidado...

Los hij@s imitan

Y aprenden imitando, captan tu energía, te observan, aunque no estén prestando atención a tus actitudes y a tu manera de *Vivir*.

Recuerda que aprendemos consciente e inconscientemente, y sé de muchos hij@s que <u>han aprendido a no quererse a sí mism@s</u> porque tuvieron **Madres** que no se quisieron a ellas mismas.

Puede que sea tu caso.

Muchas *Madres* han creído que sus hij@s no se daban cuenta de todas sus renuncias y de la soledad que predominaba en sus *Vidas*. Muchas *Madres* han creído que su tristeza no se notaba y que sus hij@s no captaban el profundo dolor y sufrimiento con el que vivían.

Millones de mujeres maravillosas que creyeron que ser *Madre* era renunciar a ellas mismas.
¿Es esto *Amor*...?

> "El niño reconoce a su madre por la sonrisa".
>
> **Virgilio**

Es cierto que llevamos siglos creyendo esto.

Me planteo que, en muchos de los casos en los que se ha dado esta renuncia, han prevalecido los **patrones heredados y aprendidos** de los antepasados, en los que muchas mujeres aceptaron y defendieron que esta renuncia y entrega a sus *hij@s* era *Amor*.
En muchas ocasiones, con una obvia y nítida obediencia religiosa.

Muchas mujeres creyeron, <u>temerosamente</u>, que este era un camino espiritual que las acercaba a lo divino y, por lo tanto, continuaron renunciando a sí mismas *en aras del Amor*.

Mujeres que, quizás internamente, **no deseaban asumir esta función** y que, en el fondo, llevan un profundo y delicado <u>sentimiento de culpa</u> que las ata, de por vida, a un inadecuado rol de *Madre*.

En otros casos, muchas mujeres necesitaron demostrarles a sus antepasados que *Ellas* podían **asumir la responsabilidad de sacar**

a una familia adelante. El hacerlo, aún a costa de *Ellas* mismas, parecía garantizarles el reconocimiento familiar, aunque en la gran mayoría de los casos, este reconocimiento nunca llegara a su destino.

Como ves, **maravillosas mujeres** que dedicaron toda su *Vida* a los hij@s y a la familia *en aras del Amor.*
¿Qué opinas de todo esto, *Corazón*...?

A muchas personas esto les encoge el alma.
Te dejo este espacio por si necesitas escribir algo aquí.

_____
_____
_____
_____
_____
_____

¿QUÉ PASA CON LAS MUJERES QUE NO HAN DESEADO SER MADRES?

No solo me refiero a las mujeres que han optado por vivir su *Vida* en pareja sin querer tener hijos, que desde aquí envío mi profunda bendición hacia lo que para ellas ha sido una decisión *Consciente* y por lo tanto, *Sagrada.*

Muchas mujeres han optado por no elegir ser *Madres* y plantearse la *Vida* desde otra perspectiva. Me parece loable, si es eso lo que su voluntad y su libertad deseaban.

Yo me refiero a las mujeres que, **en aras de lo aprendido**, en aras de lo que era correcto y debía hacerse, fueron fecundadas sin el deseo de ser *Madres.*
Conozco muchas mujeres que no solo no querían ser *Madres* y lo son, sino *Mujeres* que fueron forzadas a serlo.

Hay muchas más de las que se cree.

¿Y qué ocurre cuando <u>ven a sus *Hij@s*</u> en sus brazos sin tener sentimientos de *Amor* hacia ellos?

La multitud de sentimientos que se agolpan en el *Corazón* de esa *Madre* son tremendos. Se mezcla <u>el rechazo a la experiencia</u>, la sensación de no saber <u>cómo afrontar</u> la maternidad, la <u>culpabilidad</u> por no desear a un *Ser* tan puro como es un bebé recién llegado, <u>la sensación de no encajar</u> en ese arquetipo y <u>tener que aceptarlo</u> sí o sí, porque no hay otro camino y <u>tener que integrarlo</u> sea como sea.

Conozco muchas mujeres que me han descrito esta sensación ante hij@s no deseados.
    ¿Y qué se suele hacer ante esto...?

Pues te digo que la inmensa mayoría de las *Madres* que se han visto en esta situación <u>han intentado hacerlo lo mejor posible</u> y han tratado de suplir esa desgana, renunciando a lo que ellas deseaban profundamente, renunciando a sus sueños, para compensar esta falta de ilusión por ser *Madre*.
Muchas de ellas arrastran un sentimiento de culpa inmenso tan solo por el hecho de no haber deseado quedar embarazadas o no haber sentido algo especial al ver a sus *Hij@s* nada más nacer.

Si te ha pasado esto, supongo que te has tenido que sentir culpable muchísimas veces, quizás sintiendo que no tienes corazón o creyendo que le has podido fallar a los *Seres* que más te quieren.

No es así, *Corazón*...
Estabas en tu derecho de no desearlo, muy confundida quizás por todas la emociones que la concepción, el embarazo y el parto trajo consigo. Conozco muchas *Madres* que han sentido eso al ver a sus *Hij@s* y créelo, *Corazón*... Es más común de lo que puede parecer.
Es normal sentir todas estas sensaciones y emociones encontradas.

Estabas y, por si acaso lo sientes, estás ahora igualmente en tu derecho de no desear ser *Madre*... Por las razones que sean.

Aprovecho para decirte aquí, que si realmente ha sido así, no te culpes por ello. Eso, quizás pasó hace tiempo.

Siente profundamente, *Corazón*, que los *Hij@s* que han venido a este mundo a través de tu vientre también necesitaron tener una *Madre* como tú para aprender de ello.

Fuiste la *Madre* perfecta para ese ORDEN DIVINO del que te hablo, justo la energía que se necesitaba para que, todos los *Seres* implicados en esto, aprendieran y evolucionaran viviendo el otro lado de la experiencia.

Ya podemos decir abiertamente que no existe una sola *Vida*, que **encarnamos una y otra vez** hasta tener aprendidos e integrados todos los variados y múltiples matices de la *Existencia*.

Así que, si esta ha sido tu experiencia, comprende que todo ha sido correcto y que todo ha sucedido así para aprender. No te culpes por ello si te has visto reflejada como *Madre* en este caso.

Y si eres un *Hij@* que ha tenido una *Madre* que, por las razones que fueran no deseó serlo, no la culpes. Abre tu *Corazón* a comprender que tú necesitabas también de esta experiencia para expandir tu *Consciencia* y aprender lo que verdaderamente es el *Amor*.

Espero poder aliviar de alguna manera el dolor por haber sentido esto que describo cuando nacieron tus *Hij@s*, o cuando naciste tú, abrigad@ y envuelt@ en esta energía de *Madre* que quizás no deseaba serlo.

Todos los *Seres* necesitamos calmar y atenuar la posible culpa y el dolor que a veces pesa demasiado en nuestro *Corazón*.

Quizás tú necesitas no culparte por lo que llegaste a sentir por ellos al nacer. O tal vez ellos, a su vez, necesitaban experimentar lo que suponía la experiencia de tener una *Madre* que, quizá, no deseaba serlo.

Ser Madre no es fácil, en ninguna de sus facetas.

Pero no te culpes por ello, *Corazón*...

¿Y QUÉ SUCEDE CON LAS MADRES QUE QUISIERON ABORTAR?

¿Cuántas *Madres*, al enterarse de que estaban embarazadas desearon abortar en un primer momento?

Por las razones que sean...
Por los motivos que sean...

No juzgo el por qué desearon esto al enterarse de su nueva situación. ¡*Hay tantas razones* por las que una *Mujer – Madre* puede sentir la necesidad de hacerlo, que desde fuera **nadie debería juzgarlo**...!

Simplemente me pongo en el lugar de TODAS ellas.

¿Cuántas personas que pueden estar leyendo esto son *Hij@s* de *Madres* que desearon abortar en su momento y no lo hicieron?

Si realmente sientes que esto es así, **trata de comprender** la situación en la que pudo verse envuelta tu *Madre* cuando quedó embarazada de ti.
Envíale todo el *Amor* y la *Comprensión* que un *Ser*, en esas circunstancias que ella vivió, pudo necesitar.

Hay mucha gente que lleva inconscientemente esta **experiencia de rechazo** grabada en sus campos energéticos, aprendida e integrada a nivel cuántico desde el útero materno.

El bebé mientras está en el útero materno siente todo lo que su *Madre* siente, solo que lo integra y aprende a un nivel inconsciente. Cuando nazca y crezca, no lo recordará, tan solo sentirá que "no le quieren" sin saber de dónde proviene esta sensación y sin poder explicar por qué siente esto. Lo graba a un nivel inconsciente y ante una experiencia de desamor o de rechazo en su *Vida*, sufrirá la sensación de esa **memoria emocional** y conectará con que no es amad@.

Y todo será inconsciente.
¿Me sigues, *Corazón*...?

Si profundizaras en este tipo de experiencias podrías descubrir y acceder a muchos matices de información que guarda delicadamente tu inconsciente. **Son memorias emocionales aprendidas** en el útero materno durante tu gestación.

Desde antes de la concepción ya hay *Consciencia* y todos los *Seres* que van a encarnar, antes incluso de ser concebidos, asumen y aceptan, inconscientemente, todas las energías que se mueven a su alrededor y con más razón las que les abrigarán y envolverán dentro del vientre materno.

¿Te haces una idea de lo que supone esto...?

Los bebés son muy vulnerables y **están muy abiertos a la información energética que se encuentra a su alrededor**. Ya sabes cómo aprendemos e integramos lo que sucede, grabándose en nuestro inconsciente.

Si tú, al quedar embarazada, sentiste necesidad de abortar por las razones que fueran, aunque luego no se llevara a cabo, es algo que de alguna manera necesita saberlo tu *Hij@*. Sé que no es un tema fácil de abordar, pero te aseguro que es **profundamente liberador**.

Evidentemente, por encima de todo está tu *Libertad* y la decisión que desees tomar al respecto, pero puedo hablarte desde la experiencia de muchos casos de personas que, tras consultar su situación personal conmigo y trasmitirme esta sensación de rechazo que pudieron sentir al ser concebidos, llegaron a hablarlo abiertamente y sin miedo con sus respectivas *Madres* y, tras francas y liberadoras conversaciones con ellas desde el *Corazón*, sus Vidas cambiaron radicalmente.

Me pongo en el lugar y siento que puede ser delicado tocar el tema en según qué momentos o con según qué personas. Pero todos los casos que conozco de *Hij@s* que sentían que algo así había sucedido con ellos llegaron a **sanar ese dolor** con tan solo una conversación con sus *Madres* desde el *Corazón* y sin juicios por ambas partes.

El tiempo ha pasado y ahora seguramente, como *Madre*, bendices clara y profundamente la VIDA de tus *Hij@s*. Ya no estás en ese momento crucial en el que quizás deseaste cosas que no hubieras querido ni siquiera pensar.

Eran otros tiempos y ahora tus *Hij@s* necesitan escuchar desde un *Corazón* amoroso de *Madre* las circunstancias en las que pudiste verte involucrada y que te impulsaron a desear otra cosa en esos primeros momentos de embarazo.

Te lo digo con todo el *Amor* que hay en mi *Corazón*.

> "La Verdad os hará libres"
> **Juan - 32**

Conozco mucha gente que ha tenido estas experiencias. Te hablo de personas que, **sin saber por qué,** hubieran deseado morir porque **no se sentían querid@s,** personas que no acababan de entender de dónde venía ese fortísimo rechazo hacia ell@s mism@s.

Mis indicaciones en consulta les llevaron a hablar con sus respectivas *Madres* sobre el momento en que ellas quedaron embarazadas, sobre las circunstancias que envolvieron a su concepción y todas las experiencias que rodearon a este hecho.
Te aseguro que en todos los casos, *la Franqueza de las Madres* liberó el sufrimiento que llevaban inconscientemente sus *Hij@s*.

Puede parecerte increíble e incluso difícil de entender, pero la energía y la información cuántica funcionan así.

Todas las experiencias que grabamos en el útero materno tienen **carácter estructural** hasta el punto en el que el bebé graba la sensación como si fuera suya propia, convirtiéndose, como su nombre indica, en estructura de personalidad. Por eso se consideran estructurales, porque le confieren a la persona la sensación de creer que esa vivencia les pertenece o forma parte de ellos íntegramente.

Cuando ponemos *Palabras y Verdad* a las experiencias, todo se coloca en su sitio. Todas estas personas a las que me refiero experimentaron que las piezas del puzzle encajaban y que todo adquiría un sentido.

Sentimientos y sensaciones de rechazo hacia ellos mismos que no entendían de dónde procedían y tras estas conversaciones con las *Madres* todo se colocó en *su sitio*.

Un sitio en donde existe la *Verdad*.

No te culpes por nada de esto, sea cual sea tu experiencia. Y si eres el *Hij@* que ha vivido esto, <u>cúbrete de *Amor y de Luz*</u> y **bendice** TU VIDA y TU ENERGÍA, porque si has llegado hasta aquí, la *Madre* que has tenido, deseó que siguieras viviendo.

Te lo aseguro...

Hay estudios que reconocen que cuando una *Madre*, a nivel muy inconsciente, no desea verdaderamente a su *Hij@*, este acaba muriendo. Evidentemente, hay muchas razones por las que muere un bebé, pero una de ellas es por el rechazo inconsciente de la *Madre*.

Así que si realmente has llegado hasta aquí, Ella deseó cobijarte ***de la mejor manera que pudo y supo.***

Siéntelo profundamente, porque es así.

Por todo esto, si eres una de las *Madres* que deseó abortar en su momento, por las razones que fueran, aunque luego no lo hicieras, <u>**perdónate**</u> también.
TODO sucede desde un ORDEN DIVINO.

Conozco *Madres* que han vivido toda su *Vida* cargando con este dolor, cuando realmente no es necesario. Si es tu caso, deja atrás el pasado. Deja atrás lo que sentiste y lo que la situación pudo hacer contigo.

Cúbrete y llénate de Luz, a ti y a tus *Hij@s*. Bendice la experiencia y llénate de Amor.
Deja que el pasado se vaya definitivamente para que todo se coloque en un LUGAR DE LUZ y VERDADERO AMOR.

¿QUÉ SUCEDE CON LAS MADRES QUE ABORTAN VOLUNTARIAMENTE?

Esta decisión y todo lo que la envuelve también es delicado, porque en ello, entran en juego muchos aspectos: el miedo, la soledad, la culpa, los condicionamientos culturales, la religión, los padres, la realidad que se vive y envuelve todo.

Si en algún momento de tu *Vida* te viste en la necesidad de abortar, ahora me dirijo a ti, con todo el *Amor* que hay en mi *Corazón*.

Sé que no fue fácil tomar la decisión.

Muchas *Madres*, tras haber abortado, se ven invadidas por multitud de sentimientos: culpa, soledad, vergüenza, desencaje, miedo, sentimiento de ser mala persona...

Te digo lo mismo de antes.
Mi *Corazón* no enjuicia lo que hayas hecho o sientas que debiste hacer.

Tan solo me gustaría aliviar el posible dolor que tu *Corazón* pueda sentir o la culpa que tu *Alma* pueda llevar por haber decidido esto en algún momento de tu *Vida*, porque si realmente sucedió, estaba también en ORDEN DIVINO.

Puede ser que esto que digo no resulte adecuado en algunos foros o sectores cristianos. Si realmente esto que digo inquieta a alguien, pido disculpas porque no es esta mi intención.

No pretendo herir ninguna *sensibilidad*.

Mi *Corazón* tan solo necesita decir que debemos abandonar **el juicio** hacia cualquier *Ser Sintiente*.

No nos compete a nosotros enjuiciar a *NADIE*.

TODO lo que nos sucede nos enseña y nos hace mejores personas. Nos hace integrar enseñanzas que no aprenderíamos en ningún otro lugar.
Yo solamente deseo que no te culpes.

Si acaso, deberíamos procurar tener nuestro *Corazón* limpio y nuestra *Consciencia abierta y clara*, para comprender y aceptar las decisiones que tomen otros *Seres Sintientes*.
<u>Enjuiciar estas decisiones no es correcto</u>, entre otras cosas, porque no son nuestras decisiones. Son opciones que han tomado otras personas desde el autentico derecho a hacer uso de su *Libertad*, creamos correcto o no.

El Orden Divino no aplica una "justicia humana".
Entre otras razones porque el ORDEN DIVINO se manifiesta desde un INFINITO AMOR.

Reflexión

Y de esto **el ser humano aún tiene mucho que aprender**.

> Desde aquí mi *Profundo Respeto* hacia cada *Ser Sintiente* y hacia TODAS las decisiones que sienta que debe tomar.

¿QUÉ SUCEDE CON LAS MADRES OBLIGADAS A ABORTAR?

Hay mujeres que quedan embarazadas sin querer y la noticia las sorprende y bloquea tanto que se dejan aconsejar por otras voces que tratan de sacarla de la angustia en la que se ve envuelta.

Muchas de ellas no saben qué hacer. Tienen miedo, están asustadas y recurren a las personas de confianza para que les ayuden en esos momentos.

Como puedes hacerte una idea, nadie puede decidir por ellas.
Si este es tu caso, nadie puede decidir por ti. Pero lo que realmente acaba ocurriendo es que, escuchando los consejos de otros, acceden a abortar sin desearlo conscientemente.

Hay también muchas mujeres que se ven obligadas a hacerlo porque sus parejas, hasta ese momento, no quieren asumir el compromiso de ser *Padres*.

Ellas se ven envueltas en largas y dolorosas discusiones que no llegan a ningún sitio que las serene y las tranquilice. Muchas de ellas se ven amenazadas o presionadas a abortar porque no tienen ningún apoyo al margen del que puede ser su pareja hasta ese momento.

Y por miedo, por obligación, por angustia y por culpa, acaban cediendo y "aceptando" hacerlo, en muchas ocasiones, <u>desconectadas de sus verdaderos deseos</u> sobre ello.

¿Y entonces qué sucede...?

Que el tiempo pasa y que muchas de ellas acaban tomando consciencia de que han hecho algo que quizás no deseaban hacer en lo profundo de su *Corazón*.

Y aquí se mezclan muchas cosas:
La impotencia, porque ya no se puede dar marcha atrás; **la rabia**, que se vuelca contra una misma por no haber tenido fuerzas para decidir lo que verdaderamente quería; **y la culpa** por haberlo hecho.

Si este es tu caso, solo puede decirte que te comprendo perfectamente. Que la situación no es nada fácil, ni antes de decidir, ni después de hacerlo.

Pero sí puedo asegurarte que todo **lo que vivimos en este plano vital es necesario** para que nuestra *Consciencia* crezca y nos ayude a evolucionar espiritualmente.

Muchas veces tenemos que aprender a través del dolor, porque nuestra *Alma* no sabría aprenderlo de otra manera.

Si este es tu caso, me gustaría abrazarte y decirte que no te culpes por lo sucedido. Que todo ha sido como tenía que ser. Que todo lo que nos pasa sucede en este *Orden Divino* en el que TODOS estamos implicados.

Y que ese *Ser* que estaba en tu vientre y que tuvo que irse de esa manera de este plano existencial necesitaba también experimentar lo sucedido. No te culpes, *Corazón*.

Tan solo observa qué te quiere decir la *Vida* con esta experiencia, porque quizás es necesario **que aprendas siempre a decidir por ti misma,** para que nunca más pongas en manos de otros las decisiones que tu *Alma* y tu *Ser* necesita tomar.

A veces la *Vida* no encuentra otra manera de hablar con nosotros.

Conozco también muchos casos de mujeres que habiendo quedado embarazadas entran en pánico por miedo a lo que piensen sus padres. Por miedo a decepcionar a quienes las han educado en ciertos valores "morales".

Y antes de que la noticia llegue a oídos de los familiares toman la decisión de abortar, pero quizás no por deseo propio, sino por **miedo** y por una inconsolable y profunda **culpa** que sienten frente a ellos.

Observa que tomas la decisión por otras razones que no son las que tu *Alma* necesita de verdad.

En este caso te diría que trataras de <u>observar el miedo y la culpa que se despiertan en ti</u>, para que puedas liberarte de ello lo antes posible. No eres culpable de lo que haya pasado.

Y también me gustaría decirte que seas consciente de que el *Amor* y el miedo no pueden coexistir.

Muchas veces se confunde el miedo y la obediencia con el *Amor* a nuestros antepasados. Y yo te diría que si sientes miedo, la relación que te une a esos seres no es *Amor*.
Es miedo...

> "No estamos en el mundo para realizar los sueños de nuestros padres, sino los propios."
> **Jodorowsky**

Piénsalo, porque lleva su tiempo...

ES IMPORTANTE SABER ESTO

Cuando un bebé o un *Ser* recién concebido se va de este plano vital, realmente <u>sucede por muchas razones relacionadas con el engranaje existencial</u> en el que estamos todos implicados. Me refiero a que las cosas suceden porque TODO está UNIDO.
No hay nada que ocurra al margen del resto de la *Existencia*.

Todo lo que sucede responde a una *Sagrada Red* de aprendizajes, fruto de la co-creación que entre todos llevamos a cabo.

De la manera más delicada posible me gustaría comentarte que cuando un *Ser* es abortado, puede quedar, sin querer, ligado a los campos energéticos de la que es su *Madre*.

Comúnmente se diría: "*Lo llevas en el aura*".

Esto puede suceder tanto en los abortos espontáneos como en los que son voluntariamente provocados.

El vínculo entre *Madre* e *Hij@* es tan *Sublime* y *Elevado* que, tras vivir una experiencia <u>tan rápida y directa</u> como puede ser un aborto, la *Energía* de ambos *Seres* pueden necesitar inevitablemente **un tiempo de acople** a la nueva situación.

Este período se reconoce en Psicología como un tiempo de "*duelo*", porque literalmente es así. Es un tiempo necesario para *reconocer, integrar, aprender, comprender, sentir, bendecir y dejar marchar*...

En poco tiempo es muy difícil <u>integrar la separación física</u> entre dos *Almas* relacionadas con esta *Sagrada Unión*, por lo tanto, sus campos de *Energía* seguirán UNIDOS hasta que esa separación energética acabe realizándose.

Es normal y necesario este período de *duelo*. Sucede también en otros planos de la existencia en los que abandonas la materia y precisas de un tiempo para acoplarte a la nueva situación.

Necesito comentarte esto porque, si estás viviendo esta circunstancia o de alguna manera la has vivido, <u>es importante comprender lo que sucede en todo el proceso</u>.

Sea cual sea tu vivencia, trata de atravesarlo con todas las emociones que necesites vivir, expresar, llorar, integrar y vivenciar. **Es importante que este período de duelo se lleve a cabo** para que cuando llegue el momento, se deje marchar a este *Ser* que debe continuar su *Sendero* en otros planos de *Luz* y *Evolución*.

Es necesario ser *Consciente* de esto, *Corazón*, porque si ha abandonado este plano vital, este *Ser* necesitaría continuar su Camino.

Sé que en el caso de los abortos involuntarios hay una profunda pérdida en el *Alma*, inconsolable e indescriptible. Pero, desde el *Amor* con el que *Mi Corazón* puede hablarte en este momento, te digo que hagas lo posible por dejar marchar a este *Ser* tan pronto como tu *Corazón* y tu *Consciencia* lo permita.

Me refiero a que hay casos donde la experiencia para la *Madre* es tan dura que, inconscientemente, no "puede aceptar" que la *Energía* de su *Hij@* continúe su evolución en otros planos vitales y se aferra a un recuerdo porque su *Corazón* no puede soportar esa inesperada pérdida.

Este lazo sucede incluso cuando la *Madre* decide, por las razones que sea, finalizar el proceso y en ocasiones le cuesta dejar marchar a ese *Ser* porque se instala en ella un profundo sentimiento de culpa tras haber elegido la opción de abortar.

Sea cual sea tu caso, *Corazón*, es muy importante **no alargar esta Unión más de lo debido** porque ambas partes deben continuar separadas. El *Hij@* debe seguir evolucionando en otros planos vitales de *Luz* y la *Madre*, tras esta vivencia, experimentará una transformación personal tan profunda que necesitará indudablemente su tiempo y su espacio personal.

Las *Madres* que han vivido procesos de aborto saben que tras esta experiencia hay un antes y un después.

Las *Madres* que han atravesado este proceso saben que, tras él, **inician un *Camino de Vida muy diferente* al que habían vivido hasta ese momento.**

Esta experiencia, deseada o no, transforma la manera de vivir y de concebir la *Vida*. Trae consigo una profunda reflexión a muchos niveles.

> ***Todo cambia.***
> ***La Madre cambia...***
> ***Su Vida Cambia.***

Es inevitable, tras una vivencia así.
Este tipo de situaciones abren en canal el *Corazón* y te conducen a una *Comprensión* mucho más profunda de la *Vida*.

Me gustaría que observaras y escucharas esto que voy a decirte desde la perspectiva de *La Libertad* y de *La Luz:* si conectamos con este **Orden Divino** del que te hablo, esta experiencia es un *Camino*, para algunos *Seres*, necesaria...

Me refiero a que **TODO está en ese Orden Divino** y por lo tanto, es importante llegar a comprender que *Ambos Seres* implicados en esta experiencia quizás necesitaban experimentarla y vivirla, para continuar aprendiendo, por separado, el otro lado de la experiencia.

¿Me sigues, *Amor*...?

No te digo que no sea dolorosa.
No te digo que sea necesaria para todos, simplemente trato de que abras tu *Corazón* y sientas que el entramado y **El Sentido de la Existencia** va mucho más allá de un solo ciclo vital. Que los dos *Seres* que se separan en esta vivencia necesitan experimentarla, cada uno desde su lado.

La propia **Energía de la Existencia** hará que os volváis a encontrar.

Aunque sea delicado decir esto, cada *Ser Sintiente* atrae las vivencias que su *Alma* necesita para evolucionar. *La Vida* no consiste en un solo ciclo vital. Vivimos una y otra vez diferentes experiencias en la *Tierra*. Venimos una y otra vez a este plano vital encarnando en diferentes realidades y formas, para aprender de todas las *polaridades de la Vida, de todas las situaciones*.

Y eso nos ayuda a *Elevar* nuestro nivel de *Consciencia*.

Reflexión

Estas experiencias relacionadas con el aborto forman parte de un bagaje de aprendizajes existenciales que nos toca vivir en algún momento de nuestra *Evolución*. Tener, a lo largo de nuestros procesos vitales, la experiencia de perder, en otra ocasión de rechazar y en otra ocasión de ser rechazado.
Solo así podremos hablar de *Sabiduría,* de *Luz* y de *Elevación*.

Abrirse a esto que te estoy comentando es abrirse a una **Nueva Concepción de la Existencia** en la que entran un sinfín de razones por las que realmente sucede todo en la *Vida*.

Si necesitas comentar esto o precisas más información al respecto que **pueda tranquilizarte, hacerte comprender o ayudarte en algo**, ya sabes que mi mail de consulta es:

angelesmanosdeluz@gmail.com

> Nuestras acciones y las decisiones que tomamos en la Vida nos enseñan hacia dónde se dirige verdaderamente el Amor.

LOS CAMBIOS QUE PROVOCA

No conozco a ninguna *Madre* que haya vivido un aborto y que no haya sufrido <u>cambios profundos</u> en su manera de pensar, en su manera de vivir, en su manera de sentir. Cambios en la relación, en la pareja, en la familia.
Cambios en *Ella Misma*...

Por eso en gran medida atraemos este tipo de vivencias, <u>porque de otra manera no alcanzaríamos esa *Comprensión*</u> que solo la concede esta experiencia.

Si has pasado por algo así, puedes atreverte a hablar con ese *Ser* que estuvo en tu vientre si lo necesitas. Hay *Madres* que sienten que ese ser tenía un nombre, hay otras que sienten que era un varón o quizás que su energía era femenina...

Dile en voz alta todo lo que quizás nunca pudiste decirle, todo lo que se quedó en tu *Corazón* y que necesitabas explicarle y expresarle. Quizás necesitáis los dos esa conversación.

Te escuchará desde donde esté...

Ya sabes que la muerte no existe, que solo accedemos a *Planos de Consciencia Superiores* y desde ahí continuamos con nuestro *Camino de Evolución*. Por eso, el poder dirigirte a ***Él*** o a ***Ella***, tal cual sientas su *Energía*, puede ayudaros a los dos.

Posiblemente no pudiste verbalizar tus sentimientos, tus emociones y tu dolor en ese momento en el que ocurrió todo y quizás ahora puedas **cerrar ese ciclo**, quedar en *Paz* y ayudar a ese *Ser* a que continúe su *Camino* y se desprenda de tu aura o de tu campo de *Energía*, si estuviera aún ahí.

Háblale desde el *Corazón*...
Aunque te parezca delicado, cuéntalo como un *Hij@* más, aunque ya ese *Ser* haya elegido estar en otro nivel de *Consciencia*.

Dale su lugar, **nómbralo si tenía Nombre**. Exprésale todo el *Amor* que sientes y que has sentido.
Y déjal@ marchar...

Dale el lugar que necesita tener y si puedes, cuando te sientas preparada, háblale a tus otros *Hij@s* de esta experiencia. Es importante para ellos. Para que no quede oculto y con el tiempo adopte otras formas...

¿Me sigues, *Corazón*...?

Conozco muchos casos de embarazos no deseados que terminaron en abortos, realidad que se ocultó en su momento pensando que nunca se sabría y que por ello se repitió en sus *Hij@s*, como ya sabes, llevad@s y encaminad@s por el inconsciente a repetir la experiencia.

Es importante hablar de todo esto, de las situaciones que viviste, de las circunstancias que envolvieron la experiencia. Las *Madres* creen que al ocultar una realidad de esta envergadura, los *Hij@s* quedarán libres de ello.

Y no es así...

Tan solo el *Ser Consciente* de lo sucedido es lo que te verdaderamente libera.

A todos...

POR ÚLTIMO

Cuando un *Ser* encarna, es acogido por un vientre. Está abrigado literalmente por la energía de las paredes de ese útero. Ya sabes que a nivel físico es el hogar que lo va a proteger hasta que ese *Ser* nazca o continúe su *Camino* de *Evolución*.

De este modo ese vientre representa la propia energía de ese Ser, de sus memorias existenciales y le conecta con su propia evolución kármica.

Tras una experiencia de aborto **el útero de la *Madre* queda grabado con la memoria de la experiencia**. Que de la misma manera tiene que ver con las memorias de ella, con su evolución como *Ser* y con su propia energía.

¿Me sigues, *Amor*?

Igual que sucede en una habitación, una casa, una sala de reuniones o un hospital, **el útero se carga de la energía de lo que ha sucedido ahí.** Un vientre materno se carga igualmente con las memorias de la energía que se ha movido ahí.

No te hablo de que sea buena o mala energía, ya sabes que en mi *Consciencia* esta frontera se desdibuja. Me refiero solo a la energía que se haya movido dentro de él, a la experiencia que en él ha sucedido.

- **Si ese útero ha perdido el *hij@* involuntariamente** la energía que queda en el vientre de la *Madre* está relacionada con pérdida, con dolor, con memorias de peligro y de muerte. Es lógico.

    Si deseas volver a tener hij@s, primero trata de aceptar que este *Ser* se ha ido y bendícelo como hemos hablado en este capítulo. Y luego llena tu vientre de Luz como indico más adelante. Es necesario volver a llenar de *Vida* y de *Creación* las paredes de este *Sagrado Lugar* que es tu útero para poder volver a engendrar pleno de *Amor*.

- **Si un útero al saber la noticia rechaza al hij@ aunque luego continúe y siga adelante con el embarazo,** ese hij@ recibe esa información y con total seguridad va a sentir en su *Vida* que no lo quiere nadie, que no sirve para nada, que está sol@ e incluso puede que tenga una personalidad complicada en cuanto a su autoestima.

    Si te sientes con fuerzas habla con tu hij@, con el que pudo vivir esta experiencia, porque aunque creas que no lo captó, lo recibió inconscientemente y está afectándole al 97% de su energía.

    No tengas miedo. Tú, pasados esos primeros momentos en que quizás deseaste abortar, integraste luego la llegada de este *Ser*, entre otras razones porque ha nacido, es decir, tú permitiste que en tu vientre creciera y se desarrollara, por lo tanto hay mucho *Amor en ti hacia ese hij@*.
    Díselo así, pero yo siento que debe saber que en esos primeros instantes de su *Vida* existió ese primer rechazo para que su *Ser* pueda entender por qué se quiere tan poco a sí mism@.

Hazle entender que solo sucedió por miedo, que trate de entender por qué situación pasabas tú; que no te juzgue y que si está viv@ es porque tu vientre lo acogió con un gran Amor hacia él o ella deseando su presencia y *Su Luz* en tu *Vida*.

- **Si ese útero en algún momento de tu Vida no ha querido cobijar a un hij@**, sé consciente de que la energía que queda, digamos, fijada en ese espacio es la de no querer tener hij@s. Aunque los desees posteriormente.
La energía se queda conectada con el lugar físico, con las paredes de útero en el que energéticamente ha sucedido eso.

   Puede ser que en un momento de tu *Vida* hayas optado por tomar esa decisión, pero como la *Vida* continúa, quizás sientas el impulso de tenerlos más adelante.

Por eso es muy importante dirigirte energéticamente hacia tu útero para que esas paredes de tu matriz queden **absolutamente llenas de Luz.** Imagina que todo el dolor acumulado en ese lugar se va deslizando poco a poco por los canales naturales de salida hacia la vagina, y que toda esa energía que sale de tu útero, todo ese dolor o experiencia sale de ti y la absorbe literalmente la *Tierra*, en su infinito *Amor de Madre*.

Conforme se vaya vaciando tu útero de esta dolorosa experiencia y vayan quedando limpias de energía sus paredes, recúbrelas de un color que a ti te parezca *Mágico y Sagrado*, puede ser *Dorado*, el color *Plata*, el *Celeste*, el *Violeta*... aquel color con el que desees que tu *Vientre* se sane y se transforme en *Luz*.

Para que todas estas memorias de dolor experimentadas en este lugar se transformen y desaparezcan.

Es importante bendecir **el útero**.

Date cuenta que es un *Lugar Sagrado*, un lugar vinculado a la *Creación*, en todos los sentidos. Si tú quieres generar un proyecto, realizar una hazaña, pintar cuadros, escribir libros, diseñar ropa...

Todo aquello que desees crear está vinculado al útero porque es un lugar de creación física y energética, por lo tanto es necesario que se limpie totalmente de todas las energías de pérdida, de culpa y de dolor.

¿Me sigues, *Corazón*?

Que quede limpio y lleno de *Luz Eterna*...

> En cada niño
> se debería poner un cartel que dijera:
> "*Tratar con cuidado. Contiene sueños*"
>
> **Mirko Badiale**

El AMOR A LOS HIJ@S

¿Qué es amar a un *Hij@*...?

Aquí habrá tantas respuestas como *Madres* existan en el Universo. **No hay un modelo a seguir o un manual** que te explique lo que es AMAR a un *Hij@*.

Lo que sí es cierto es que cada persona tiene un arquetipo a seguir, un modelo **al que ha deseado imitar siempre** y que conforma el perfil de lo que terminará haciendo como *Madre*, sin lugar a dudas.

Por eso párate a pensar cuál es tu arquetipo, porque te comportarás con tus *Hij@s* exactamente igual que el modelo al que deseas imitar o ya imitas.
Valora qué perfil de mujer *has copiado* y *a quién sigues*, para llevar a cabo tu papel de *Madre*.

Volvemos a la misma idea.
No se trata de juzgar lo que hace una persona o hace la otra. Trato de hacerte reflexionar sobre el *Verdadero Sentido del Amor* para que tú optes por el camino que haga de ti un *Ser Libre*.

NO QUIERO QUE MIS HIJ@S SUFRAN

Es absolutamente necesario comprender que una *Madre* desea que su *Hij@* no sufra. Esto es algo más que lógico y evidente.

Comprendo desde mi *Corazón* el profundo deseo de bienestar al que puede referirse una *Madre* en este sentido, porque como hemos dicho al principio, ser **Madre** es Ser *Amor*.

Yo os comento mi experiencia:

A lo largo de mis 30 años como docente, he tenido la grandísima suerte de trabajar con muchos alumn@s que se convirtieron, realmente, en mis grandes *Maestros*.

Durante estos años he recibido muchísimas bendiciones de tod@s ell@s y de sus respectivos *Padres y Madres*, experiencia a la que le debo gran parte de la *Conciencia* que *Soy* ahora. Me siento muy afortunada de haber podido crecer al lado de estos *Maestros* y de poder tener ahora, la sobriedad y la certeza que necesito para hablaros desde esta experiencia.

No solo he podido observar a mis alumnos durante un curso escolar, sino que también he podido valorar, con la perspectiva de 30 años, algunas de **las consecuencias que determinadas actitudes de sus** *Madres* **han dejado en ellos.**

A lo largo de todo este tiempo he tenido siempre presente que el *Amor* a un *Hij@* pasa por permitirle crecer.

¿Y qué significa esto?...

Te comentaré algunos aspectos que me parecen muy importantes:

1.- RESPETAR SU EDAD

En ocasiones cuesta reconocer que nuestros *Hij@s* van creciendo y que ya no son los bebés de hace años. En ocasiones he visto imágenes, yo diría delicadas, en las que resulta en cierto modo dañada la dignidad personal de los niñ@s.

Voy a contarte algo que sucedió ante mí, hace ya unos años, cuando yo era docente. Sonó el timbre al finalizar la jornada escolar y una de las *Madres*, con todo el *Amor* que salía de su *Corazón*, le trajo un biberón de leche a un alumno de 7 años.

Él se quedó muy sorprendido, pero no solo por el hecho de ver lo que había traído su *Madre* de merienda sino también porque sus amigos iban a presenciar la escena. Su *Madre* le pidió que se tumbara en el banco para tomárselo envolviéndolo en un pañal de tela para preservar su calor, permaneciendo a su lado hasta que lo finalizara.

Yo recuerdo aquella situación con *muchísimo pudor*, porque me ponía en el lugar de este niño, que ya con 7 años necesitaba, evidentemente, otro trato acorde a su edad, a su dignidad y a su condición.

No dudo en absoluto del **inmenso *Amor* que esa *Madre* traía en esa merienda**. Solamente comparto contigo la experiencia porque, en muchas ocasiones y a lo largo de mi carrera, me he encontrado con **situaciones similares** a esta, evidentemente en otro contexto y situación, pero en las que observaba igualmente que los *Padres-Madres* de algunos niñ@s, sin querer y, *en aras del Amor*, parecían no desear que sus *Hij@s* crecieran.

Sé que estos casos están envueltos en circunstancias que podrían justificar este excesivo proteccionismo, pero trato de ir un poco más allá y hacerte reflexionar. Tan solo intento ponerte un ejemplo de a qué me refiero cuando hablo de *Amar a los Hij@s en su edad*.

Muchas veces hacemos cosas, sin pensar en las **posibles consecuencias para otros**.

¿Comprendes a qué me refiero, *Corazón*...?

Lo digo con todo el *Amor* que sale de mí porque **es difícil educar** y en esta *Vida* todos aprendemos a hacerlo equivocándonos muchas veces.

Por eso te comento lo importante que es que un *Hij@* se sienta respetado en **su edad.** Es una maravillosa manera de *Bendecir su Dignidad.*

Es muy delicado hablar de todo esto, porque no hay un manual para ser *Madre o Padre.* Comparto estas reflexiones contigo para poder ampliar y comprender los delicados senderos en los que aprendemos a *Educar* a nuestros *Hij@s.*

A *Amar,* se aprende *amando...*

2.- EVITAR QUE SE EQUIVOQUE

Mi experiencia como docente me ha dejado muy claro, después de tantos años de servicio, lo importante que es **equivocarse para aprender**. Mis referencias provienen del ámbito educativo, pero todos mis aprendizajes en él puedo trasladarlos, indiscutiblemente, a los demás ámbitos de la *Vida.*

Hay cosas que el Ser humano no aprende si no se equivoca.

Y eso es así...

Ese afán de proteger y de evitar situaciones necesarias en la *Vida* es algo que se manifiesta con mucha frecuencia en la educación de lo *Hij@s.*
Es muy difícil dejar que un *pequeño* se equivoque, porque creemos que evitándole esa equivocación aprende igualmente.

Y mi experiencia me dice todo lo contrario.

Hay aprendizajes que solo se integran cuando la experiencia te sacude emocionalmente. Hay cosas que solo se aprenden cuando verdaderamente "has metido *la pata*".

Es más, los grandes descubrimientos de la ciencia han sido fruto de un error. Y si reflexionas en tu propia *Vida*, las grandes equivocaciones te han conducido inevitablemente a los mayores aprendizajes.

Cuando te hablo de dejar a los *Hij@s* equivocarse, evidentemente me refiero a **permitirles tener esa vivencia de acuerdo a su edad**. No se trata de abandonarl@s sino de acompañarl@s en las pequeñas caídas que, con toda seguridad, les van a enseñar a levantarse por sí sol@s.

Comprendo lo que significa que un *Ser* no quiera ver sufrir a otro al que ama profundamente. Lo entiendo perfectamente. Pero para mí, dentro del *Amor* está el **permitir que los *Hij@s* aprendan por sí solos.**

Este tema es muy delicado. Te hablo desde la experiencia que me ha dado la *Vida* a nivel personal y profesional, y que me otorga la suficiente entereza como para compartir, abiertamente, estas reflexiones contigo.

Si no dejamos que nuestros *Hij@s* se equivoquen, no van a aprender lo que tienen que aprender. Creemos que si lo hacemos por ellos, les vamos a evitar un sufrimiento.

Y es que **si no lo aprenden**, cuando tú ya no estés, se lo van a encontrar de frente. Y a una edad, quizá, no apropiada...

¿Me sigues, *Corazón*...?

Yo he visto a muchas *Madre*s tratar de resolver los conflictos de sus *Hij@s*, incluso a edades muy tempranas. Tratando de hacer lo que realmente deberían hacer ellos y enfrentándose en discusiones o malentendidos con otros niños, siendo ellas las adultas.

¿Puedes comprender que esto le hace un flaco favor a tus *Hij@s*?

No digo que dejes a tus *Hij@s* solos con sus problemas, sino que intentes que, a su manera, **sean ellos los que enfrenten** sus pequeños conflictos de acuerdo a la edad.

Evidentemente, si hay problemas ya más serios que se escapan a su control, obviamente hay que intervenir, sea como sea. Pero si las situaciones les permiten asumir pequeños retos y desafíos, te aseguro que si los enfrenta, tu *Hij@* saldrá fortalecid@.

Simplemente trato de que reflexiones sobre todas aquellas cosas que se hacen por *Amor a los Hij@s*, creyendo que es lo correcto.

En estos casos, para mí el *Amor* está en dejar que ell@s se enfrenten por sí sol@s a sus cotidianas situaciones, porque eso les va a conferir la seguridad de poder **caminar con firmeza** en la *Vida*.

Es una maravillosa manera de lograr que tu *Hij@* aprenda a desenvolverse por sí sol@, que aprenda a creer en sí mism@.

> "A los hijos se les debe enseñar a pensar, no qué pensar".
>
> **Margaret Mead**

Hay algo en relación al concepto de "fracaso" que me gustaría comentarte.

Entendemos por **frustración** la respuesta emocional que tenemos cuando no se cumple aquello que deseamos.

Y es necesario que, desde pequeños, aprendamos que a veces las cosas no salen como soñamos o esperamos. Ya sabes que en esta *Vida*, vamos camino de experimentar y aprender **los otros lados de la *Experiencia*.**

Por supuesto que es vital y necesario potenciar la imaginación y **los sueños de nuestros *Hij@s***, ayudándoles a creer profundamente que con dedicación y empeño pueden llegar a materializarse. Pero, también es igual de necesario enseñar a nuestros *Hij@s* **la aceptación de las cosas que nos suceden**.

No me refiero al conformismo, porque esto conlleva unas connotaciones derrotistas con las que no comulgo de ninguna manera.

Me refiero a preparar a tus *Hij@s* para que aprendan que la *Vida* a veces parecerá ir en contra, que a veces los sueños se apartarán sin querer de su camino y que en ese mismo momento las situaciones que quieran ir a su favor, quizás también tiendan a estancarse.

Tenemos que **prepararl@s para poder enfrentar esto**, porque la Vida, sí o sí, les va a poner frente a los más duros retos y *Amar* a tus *Hij@s* también sería prepararlos para que cuando llegue ese momento no decaigan a la primera de cambio, para que puedan aceptar y encajar las circunstancias tal cual llegan.

Si les ayudamos a aceptar desde temprana edad esas pequeñas frustraciones en las que, sin saber por qué, no salen las cosas tal y como esperamos, estaremos poniendo los cimientos de un adult@ con *Entereza e Integridad* frente la *Vida*.

Recuerda que me refiero siempre a experiencias acordes a la edad de tus *Hij@s*. Y por supuesto, SIEMPRE su *Mirada* y su *Corazón* dirigidos hacia SUS SUEÑOS.

Pase lo que pase...

Cuando hablo de aceptar las frustraciones no me refiero a resignarse ante una derrota, me refiero a aceptar que **el *Camino hacia la Victoria* no es fácil.** Y que para alcanzar aquello que soñamos es necesario atravesar circunstancias, a veces muy duras, y otras, francamente inimaginables. De este modo estaremos preparando a nuestros *Hij@s* para ser *Valientes* a cada paso.

Y es posible...

Si les evitamos estas experiencias de "pequeños fracasos" en su andadura, me temo que les será muy difícil mantener la *Fe* y el *Valor* en aquellos momentos en los que la *Vida* lo requiera.

El umbral de frustración debería ser alto para un adult@ al que se le ha permitido atravesar y vivir de pequeñ@ estas experiencias, porque habrá aprendido a lo largo de su *Vida* que esas "frustraciones" realmente se han convertido en "grandes oportunidades" para fortalecer su *Carácter*, el aplomo y la determinación ante la *Vida*.

Se conocen muchos casos de **personas famosas por sus logros** quienes, siendo niños, se vieron obligad@s a soportar grandes frustraciones. Y ellos mismos cuentan que eso les ayudó posteriormente en sus *Vidas* para seguir creyendo que sus sueños eran posibles.

Sin embargo, en nuestro entorno más directo, todos nosotros **conocemos casos de niñ@s sobreprotegid@s** por sus familias y que, llegad@s a la edad adulta, se han visto realmente imposibilitad@s para enfrentar la *Vida* tal cual llega.

¿Me sigues, *Amor*...?

Si un *Hij@* tuyo no aprende a aceptar pequeñas frustraciones acordes a su edad, se convertirá en un adult@ frágil de carácter que, quizás, se hunda a la primera de cambio, porque no ha aprendido a relacionarse con la frustración.

Este es un aprendizaje necesario para TODOS.

Es serio esto, porque me he encontrado con muchos adult@s que, en consulta personal, me han demostrado que su umbral de frustración es muy bajo. Frente a experiencias diarias de la *Vida*, cotidianas y sencillas, se mostraban derrotad@s y sin valía personal.

Estamos hablando de la **autoestima** y de la **capacidad para poder enfrentarse a la *Vida*,** con todo lo que conlleva. Todos ellos fueron muy protegid@s en su infancia y se les evitó el enfrentamiento a pequeñas situaciones que podrían haberles forjado su fortaleza y carácter ante la *Vida*.

Si tu *Hij@* desde pequeñ@ siente que "mamá" o "papá" le resuelven el conflicto SIEMPRE, cuando ya no esté ni "mamá" ni "papá"...

¿Qué crees que sentirá tu *Hij@*...?

Que no sirve para enfrentar la Vida sol@...

¿Me sigues, *Corazón*?

Si aún estás a tiempo y puedes aportarles a tus *Hij@s* estas experiencias, dejando que sean ell@s los que logren superar algunas situaciones sencillas en su *Vida*, por supuesto, **siempre acordes a su edad**, forjarás en ell@s una *Fortaleza Interna* que les permitirá enfrentarse a situaciones serias y difíciles en la *Vida*.

Con toda seguridad...

Esto me habla de *Amor*.
Enseñar a tus *Hij@s* a que vivan en la *Certeza* de que ell@s mism@s lo pueden lograr.

Esta *Vida* en la que co-existimos, realmente es una PROFUNDA, INTENSA y DURA escuela. Es un lugar en el que no nos queda más remedio que atravesar las diferentes etapas, los distintos niveles de aprendizaje y los delicados **momentos claves** que contienen la *Sabiduría* que hemos venido a aprender a esta *Vida*, para poder continuar adelante.

¿Si intentamos evitarle a nuestros *Hij@s* que se equivoquen una y otra vez, en qué clase de adult@s crees que se convertirán?

Piénsalo Corazón...

Y luego decide *cómo* y *qué* hacer con *Ell@s* por Amor.

3.- <u>RESPETAR SUS DISTINTAS ETAPAS Y MOMENTOS</u>

Todas las *Madres* que conozco, y te puedo asegurar que después de más de 30 años de docencia conozco unas cuantas, coinciden en **llevar siempre en su *Corazón* una cierta inquietud por el bienestar de sus *Hij@s*,** consciente o inconscientemente.

Esto lo comprendo, hasta cierto punto. Entiendo que si algo en la *Vida* de tus *Hij@s* muestra ciertos problemas, te inquietes en cierto sentido y estés preocupad@ por lo que pueda sucederle a *Ell@s*.

Pero lo cierto es que observo, curiosamente, que todas las *Madres* muestran siempre esa inquietud por lo que se refiere a la *Vida de Sus Hij@s*, incluso cuando todo parece funcionar con **normalidad.**

¿Por qué existe esta inquietud, si aparentemente todo está en *Orden*...? ¿Por qué hay una tendencia a estar alerta incluso a pesar de que todo parezca avanzar adecuadamente?

¿Es que el Amor necesita de esta inquietud...?

Si una *Madre* no se inquieta por la *Vida* de *sus Hij@s*...

¿Significa que no l@s ama?

Me resulta curiosa esta tendencia porque aparece en todas *Ellas*, pero necesito hacerte reflexionar si realmente esta preocupación no será un aprendizaje cultural, religioso o social de lo que debería hacer una *Madre* con los *Hij@s*.

¿Es esto *Amor*...?

¿Si muestras inquietud significa que amas más a *Tus Hij@s*?
¿Si todo va bien de dónde viene esa inquietud?

¡Viene del miedo..., no del *Amor*!

El Amor es una cosa y el miedo otra. Y hemos relacionado siempre estos dos términos, creyendo que si tememos por lo que les pase a otros, estamos amando mucho.

No digo que no sea correcto, solo me hace pensar que hemos aprendido que **el que más se preocupa, es el que más ama...**

Y esto no es así...

Tan solo quería que reflexionaras sobre ello.

Si hubieras nacido en otra cultura, esta "ilógica" inquietud y preocupación por los *Hij@s* cuando la *Vida,* aparentemente les va bien, no se mostraría. Es importante observar **este matiz aprendido** de excesiva preocupación por los *Hij@s*, porque "mayor inquietud no equivale a mayor *Amor*".

Y esto que te digo lo sé de primera mano.

Hay muchas *Madres* que me muestran su inquietud cuando las cosas le van mal a sus *Hij@s*. Puedo comprender esto, evidentemente. Pero cuando la situación parece no ser adecuada, **podría ser una opción muy positiva el hecho de confiar en la *Vida*.**

Y me gustaría hacerte una pregunta desde esta perspectiva...
Cuando las cosas aparentemente no salen como esperábamos...
¿Cómo sabes que lo que le está ocurriendo a tu *Hij@* no es para bien?

Todos nosotros hemos analizado algunas situaciones de la *Vida* y con el paso del tiempo comprendemos que TODO eso que nos ocurrió fue para nuestro bien.

Trata de ampliar tu *Visión* para que cuando alguno de tus *Hij@s* pueda estar pasando por un momento difícil, confíes en que <u>eso le puede abrir puertas a otros ámbitos de la *Vida*</u> que hasta ahora quizás no se había planteado.
¿Cómo sabes que no será para su bien?

> "Debemos enseñarle a nuestros hijos a soñar con los ojos abiertos"
> **Harry Edwards**

A veces ocurre que muchas de las *Madres* amplifican y agrandan lo que realmente les está pasando a sus *Hij@s*, porque añaden con su imaginación problemas que **aún no se les han presentado.**

Y muchos de estos problemas, con total seguridad, no llegarán a sus *Hij@s* en la Vida, y te lo digo con total seguridad, pero las *Madres* ya los tienen en su imaginación, funcionando.

¿Es esto *Amor*...?

¿El *Amor* te lleva a imaginar estas cosas?

¿O es el miedo...?

> El Amor no puede convivir con el miedo...
> Uno de los dos se va.

En estos casos se ve claramente que esa preocupación **es algo aprendido cultural o familiarmente** y que <u>no llega a ser reflejo de lo que les está sucediendo realmente.</u>

Ten en cuenta esto que te digo, porque te puedes ahorrar mucha angustia y puedes evitar un desgaste innecesario de energía, tan solo controlando esta "caprichosa" imaginación que lo único que pretende es apartarte de la *Paz* y del adecuado lugar en el que realmente tienes que poner *Tu Sagrada Energía*.

Algunas de las *Madres* no son capaces de aceptar que **sus *Hij@s* han de atravesar estas etapas de dificultad en la *Vida*.** No me refiero a graves problemas sino a etapas que se pasan a nivel personal, familiar, laboral o existencial.

Es similar al proceso en el que los niñ@s superan pequeñas frustraciones pero ahora hablamos de un nivel superior de madurez, en el que precisan igualmente enfrentarse a sus momentos vitales y crecer emocionalmente acordes a su edad.

A veces se desea tanto el bienestar de los *Hij@s* que, en aquellos momentos en los que los vemos pasando por situaciones delicadas, quisiéramos evitárselas. Pero claramente son circunstancias y etapas que ellos mismos necesitan trascender.

Es importante aceptar y asumir algunas vivencias que, aunque aparentemente sean duras o difíciles de atravesar, les hacen crecer, madurar y trascender experiencias y aprendizajes necesarios en la *Vida*.

Yo puedo comprender que en cierto sentido te inquieten estas etapas, pero preocuparse más allá de lo real o de los límites adecuados a la edad, desde luego no me parece que se llame *Amor*.

Puede llamarse sobreprotección, miedo, ansiedad, culpa, imaginación poderosa...

Como te parezca más adecuado, pero no se llama *Amor*.

4.- CREER EN TUS HIJ@S

Ser *Padre o Madre* es difícil. Ya hemos comentado que no existe manual que te enseñe cómo hacerlo, pero lo cierto es que **Ser *Hij@* tampoco es fácil.**

Hay muchos condicionantes que entran en juego en una relación entre *Padres, Madres e Hij@s*. Y depende de cómo sean estos, la balanza de la *Vida* se puede inclinar hacia lo constructivo o hacia lo que puede llegar a hacer daño

Reflexión

Cuando un bebé llega a este mundo ya sabes que se siente UNIDO a TODO. No tiene la sensación de estar separado de aquello que percibe.

Su única referencia directa es "mamá", por eso la manera en la que el bebé <u>percibe y siente al mundo</u> será tal cual lo percibe "mamá" en esos momentos.

Los miedos y sensaciones de la *Madre* frente al mundo serán los que adopte y asuma inconscientemente su bebé. Más adelante, según sea la relación con "papá", entrarán en juego otros condicionantes que igualmente marcarán la manera de enfrentarse al mundo.

Ambos son muy importantes, por eso quiero que seas consciente de que en la *Vida* de un *niñ@*, los *Padres* son **la referencia.**
Es <u>crucial e importantísimo</u> tener esto en cuenta.

Es necesario que, como *Madre o Padre*, guardes siempre calma ante las situaciones, que muestres siempre un enfoque positivo ante las adversidades y que seas capaz, siempre, de ver el vaso "medio lleno" y que abandones las actitudes de preocupación añadida, porque eso no ayuda a los *Hij@s* que están viviendo y atravesando un período de aprendizaje.

Según sea la manera en que un *Hij@* siente que sus *Padres* enfrentan la *Vida*, así la concebirá y se enfrentará a la suya. Lo que para unos *Padres* es la *Vida*, del mismo modo será para sus *Hij@s*.

Por eso es tan importante darte cuenta de que lo que puedan llegar a sentir tus *Padres* hacia ti, será lo que tú sientas hacia ti mism@.

¿Comprendes lo importante que es esto?

Para un *Hij@* es de vital importancia sentir que *Sus Padres* **creen en él o en ella**. Porque de la misma manera creerán ell@s en sí mismos.

¿Y a qué me refiero con esto?

Pues que para ti, como *Hij@*, es importantísimo que *Tus Padres* crean en tu *Potencial*, en tu capacidad para enfrentarte a la *Vida*. Que tus *Padres* lleguen a apreciar eso que tú tienes de especial, que crean en tu *Fuerza Personal*.

Es necesario sentir que *Tus Padres* creen en tus posibilidades para salir adelante y para afrontar las diferentes etapas de tu Vida.

En definitiva, sentir que creen en Ti.

Si tú mantienes <u>esta inquietud permanente</u> por lo que les pueda pasar a tus *Hij@s* estás diciéndoles, inconscientemente, que no confías en *Ell@s*, que no los ves capaces de salir adelante por sí mismos en la *Vida*, que no confías en sus habilidades para sobrevivir. Les estás enviando el mensaje inconsciente de que la *Vida* es muy peligrosa y que ellos no van a sabe desenvolverse sin ti.

Y sin querer, les estás diciendo con tus preocupaciones que no crees en *Él*, que no crees en *Ella*.

Los Hij@s van creciendo y ya no son tan niñ@s como tú los puedas ver y es necesario que aprendan a desarrollar estrategias para vivir y para desenvolverse en la *Vida* sin ti, sin mamá o sin papá.

Ya sabes que generamos la realidad en la que nos movemos y si tu inconsciente está constantemente manifestando inquietud por algo que tú temes que les pueda pasar a *Tus Hij@s*, con total seguridad te digo que estás moviendo el campo cuántico para que así sea.

> El Amor a los Hij@s pasa por confiar en Ell@s, confiar en lo que les depare su Vida, confiar en que Ell@s mismos podrán salir adelante en sus circunstancias y bloqueos.

Eso es *Amor*...

CREER en que tus *Hij@s* sabrán y podrán hacerlo.

Conozco muchas *Madres* o *Padres* que <u>temen mucho más de lo que confían</u>.

Y eso es muy delicado...

"Si yo, siendo niñ@, veo a mi madre o a mi padre con miedo a lo que me pueda pasar, ten por seguro que acabo sintiendo miedo yo también, porque si mis padres, que son "mi sostenimiento", tiemblan de miedo, yo temblaré igual o más...".

Reflexión

¿Ves cómo funciona el inconsciente...?

El Amor a los *Hij@s* pasa por confiar en *Ell@s*.

Por confiar y mostrar confianza.

Yo he tenido muchas veces a alumn@s delante de mí llorando y diciéndome que saben que sus *Padres* no confían en él, o que no confían en ella. Y eso es muy doloroso para un *Hij@*.
Te confieso que eso l@s destroza...

La información que realmente están recibiendo *Ell@s*, es:

"No soy capaz de hacerlo por mí mism@..."
"No saldrá bien..."

Sin embargo, si *Ell@s* reciben de sus *Padres* la *Calma*, la *Esperanza* y la *Fe* en que todo marchará adecuadamente y que todo se va a desarrollar de la mejor manera, ten por seguro que no solo se resolverá todo más rápidamente, sino que **la fortaleza interna que van a adquirir los *Hij@s*** en esta experiencia será uno de los mejores regalos que llevarán consigo durante toda su *Vida*.
No es broma esto...

Medítalo tranquilamente, porque tus *Hij@s* no solo **necesitan que creas** en *Ell@s* sino que también **lo merecen**.

UN APUNTE PARTICULAR SOBRE ESTE TEMA

Puedo hacerte reflexionar en una particularidad más que muestra directamente la tendencia de algunos *Padres y Madres* a no querer ver a sus *Hij@s* crecer.

En esta cultura en la que vivimos, en aras de lo correcto, se sigue alimentando a los *Hij@s* con leche y derivados lácteos durante largo tiempo, diría durante toda la *Vida*, cuando realmente el *Ser* humano, pasados unos meses o escasos años de *Vida*, ya no es un lactante.

Este debate está sobre la mesa, desde hace tiempo, en algunos ámbitos alternativos relacionados con la salud y en algunos sectores de la población. Muchos pediatras están empezando a plantearse la ingesta de lácteos pasados los primeros años de *Vida*.

¿Por qué...?

Se sigue creyendo en la falsa información de que la leche es el principal alimento que aporta *calcio* al cuerpo y a los huesos.

Según diversos estudios de nutrición se descubrió hace tiempo que los lácteos solo debían de ser administrados a los lactantes. Nutrir a los adultos con este tipo de alimentos lo que principalmente traería consigo a la mayoría de consumidores serían más enfermedades, entre ellas alergias, intolerancias, problemas digestivos, dermatitis, inflamación de las mucosas, cálculos... y un sinfín de problemas físicos y de salud considerables.

La medicina naturista relaciona directamente la ingesta de alimentos con una emoción concreta y en el caso que nos ocupa, **el consumir lácteos o derivados, no siendo lactante, influiría directamente en la capacidad para tomar decisiones,** puesto que el inconsciente relaciona a los lácteos con la necesidad de la *Madre*, que es la que "tomaría las decisiones alimentando a un lactante".

¿Me sigues, *Corazón*...?

Toda esta información <u>se movería a un nivel inconsciente</u>.

Obsérvalo y valóralo desde una perspectiva más amplia, comprendiendo que aquel que se "nutre compulsivamente de lácteos y derivados" <u>no ha madurado lo suficiente</u> porque, inconscientemente, "seguiría siendo un lactante".

Medítalo...

Puede hacerte reflexionar sobre aspectos muy interesantes del comportamiento humano. Incluso puedes atar cabos relacionándolo con algunas etapas de tu *Vida* en la que hayas tenido la necesidad compulsiva de tomar lácteos, o quizás hayas sentido un rechazo manifiesto a ingerirlos.

Es lo mismo...

Son las dos caras de una misma moneda.
En todos los casos se mueve, **a nivel inconsciente,** el rol de la *Madre* bien por exceso o por defecto.

Hay quien manifiesta una clara alergia al ingerirlos, otros necesitan consumirlos con cierta necesidad y otros los rechazan porque su sabor les resulta desagradable.

Cuando los lácteos se consumen con cierta dependencia, representan a nivel psicológico la. Es muy importante observar esto.

Este hábito alimenticio bien demuestra una peculiar "necesidad" de que "mamá" esté presente en "mi" *Vida* o por el contrario una imperiosa necesidad de alejarse de una *Madre* excesivamente dominante, sobreprotectora o como se ha acordado en llamar en algunos foros, *Madre* tóxica.

> Ya sabemos que cada persona es diferente y cada caso tiene sus particularidades, pero a grandes rasgos, las emociones inconscientes de un Ser se reflejan en su perfil de nutrición y en los hábitos básicos de su alimentación.

La excesiva protección de algunos progenitores hacia *sus Hij@s* suele ir directamente relacionada con esta actitud alimenticia que se tiene o se ha inculcado en *Ell@s* desde pequeños y que, inconscientemente, les confiere una tendencia a cierta fragilidad en la toma de decisiones y un perfil cercano a aquellas personas que no son capaces de crecer, madurar debidamente y afrontar según qué etapas en sus *Vidas*.

Es simplemente un apunte más a tener en cuenta en todo lo que estamos reflexionando y que no deja de arrojar algo más de *Luz* a un sinfín de manifestaciones que hemos aprendido y considerado adecuadas y necesarias en la educación de un *Hij@*.

Son hábitos y modelos aprendidos que siguen considerándose correctos y que acaban describiendo lo que para algunas personas es el *Amor*.

5.- RESPETAR SU PROPIO CAMINO DE VIDA

Ahora entramos en otra reflexión más profunda, Corazón...
Es obvio que las Madres y los Padres desean lo mejor para sus Hij@s. No me cabe la menor duda.

Y deseando profundamente lo mejor, en muchas ocasiones no se delimitan con claridad los sutiles espacios personales y no se advierte hasta dónde llega la delicada frontera energética y personal que debe existir entre ambos lados.
Trataré de explicarte esto de otra manera.

Desde lo profundo del Corazón, las Madres y los Padres que Aman a sus Hij@s tratan, inconscientemente, de enfocarl@s hacia lo que ellos creen que es lo mejor. Es lógico.

L@s invitan a recorrer aquellos caminos que a ell@s personalmente les han dado resultados. Prueba de ello son los Hij@s que continúan con un antiguo negocio familiar o los que repiten generacionalmente las profesiones de sus Padres o Madres.

Puedo comprender perfectamente que lo que se desea es garantizar un oficio, una economía y un lugar estable en este mundo. Esto lo puede justificar cualquier Corazón humano que desee lo mejor para otro.

Antiguamente el futuro de los Hij@s era la prioridad principal para cualquier responsable de un clan familiar. El estudiar una carrera parecía garantizar un futuro estable y feliz para los descendientes, pero actualmente las cosas han cambiado mucho.

El estudiar una carrera no garantiza un oficio estable, ni siquiera garantiza un puesto de trabajo. La gente joven acaba aceptando contratos temporales en espera del milagro que parece nunca llegar.

Y paralelamente también nos encontramos con gente que ha desarrollado sus máximos potenciales individuales sin necesidad de haber terminado ni estudiado una carrera.

¿Qué te quiero decir con esto...?

Quiero decirte abiertamente que puedes orientar a tus *Hij@s* a encontrar su propio camino personal y laboral, ayudándoles a **conectar con sus propias habilidades y sus propios dones.**

Cada *Ser* viene a este mundo con capacidades únicas, diría exclusivas, que habría que reconocer y potenciar. Ya no solo para que pueda llegar a ser feliz con lo que hace, sino para que pueda compartir con el mundo todo *su Potencial.*

Acompañar a tus *Hij@s* en su propio camino de *Vida* es ayudarles a que descubran cuáles son sus habilidades y, aunque no estemos de acuerdo en ello, apoyarles para que sean felices con lo que hacen, que sean *Ell@s* mismos los que decidan a qué se quieren dedicar.

> "La función de un hijo es vivir su propia vida, no vivir la vida que su padre o madre cree que debe vivir".
>
> **A.S. Neill.**

A veces *Los Padres* intentan que sus *Hij@s* hagan lo que ellos creen que deben hacer, en lugar de aceptar y entender que ese *Ser* no les pertenece.
El *Amor* sería precisamente respetar sus decisiones y la dirección hacia la que se desea encaminar. Dejar que elija en *Libertad* lo que desea para su *Vida.*

Hay muchos *Padres y Madres* que creen que los *Hij@s* deberían continuar con sus negocios, gestionando sus patrimonios familiares o incluso desarrollando aquellas profesiones que ellos no pudieron ejercer cuando eran jóvenes.

Es real que hay *Padres y Madres* que sienten que esto debe ser así. Yo puedo comprenderlo, puedo entender que se piense de esta manera, pero por encima de todo, los *Hij@s* necesitan vivir su propia *Vida.*

Y QUÉ PUEDEN HACER LOS PADRES FRENTE A ESTO

Se suele dejar en manos de la escuela la orientación de las preferencias laborales y profesionales de los alumn@s. Y es cierto que la escuela juega un papel importante en todo esto, pero el núcleo principal de apoyo a los *Hij@s* en todos los sentidos, debe ser la familia.

Y sé de lo que te hablo...

Te comento todo esto, porque tengo contacto con muchas *Madres y Padres* que me muestran su inquietud porque sienten que sus *Hij@s* terminan la escolaridad y realmente están desconectados de lo que desean ser de mayores. No saben qué quieren hacer en la *Vida*. Tienen muchas dudas y mucho miedo en relación a su futuro laboral.

Esto acaba generando adultos autómatas que consiguen finalmente un trabajo alejado de sus verdaderos intereses por el mero hecho de tener que subsistir económicamente en un mundo y en una sociedad como la nuestra.
                     Y esto es delicado...

El Sistema Educativo, con todos mis respetos, va camino de preparar y de ayudar al alumnado a encontrar sus valores y grandezas, pero aún hace falta tiempo, porque en muchos lugares todavía no se les enfoca lo suficiente a desarrollar sus dones, sus habilidades y sus particulares destrezas.

Y en este sentido me gustaría hablarte de Gardner.
Howard Gardner es un psicólogo, investigador y profesor de la Universidad de Harvard que planteó que no existe una inteligencia única en el ser humano, sino una **diversidad de inteligencias** que definen y marcan potencialidades y habilidades únicas en cada ser humano y que resultan ser absolutamente necesarias y gratificantes para cada individuo.

Ahora te voy a explicar brevemente en qué consisten las 8 inteligencias de las que habla él, porque seguro que verás a alguno de tus *Hij@s* reflejado en ellas y así quizás puedas ayudarl@ a encontrarse consigo mism@ y con su particular manera de brillar en esta *Vida*.

Él hablaba de 8 inteligencias que ahora te voy a reseñar.
Evidentemente no van en orden. Es simplemente una manera de enumerarlas.

1.- La Inteligencia lingüística: Los niños que manifiestan conexiones mágicas con esta inteligencia serían aquellos que tienen facilidad para leer, escribir, hablar en público, contar cuentos o chistes, hacer crucigramas... Suelen ser grandes comunicadores y pueden tener facilidad para aprender un idioma extranjero. El lenguaje escrito y el oral forman parte de su día a día. Seguro que estás pensando en alguien concreto que es feliz haciendo esto que acabo de contarte.

Plantéate que estas inteligencias están **referidas a todas las personas de cualquier edad,** no solo a los niños. Quizás, mientras lees esto, podrás incluso comprender muchas cosas de ti que hasta ahora no les encontrabas sentido.
Y verás por qué...

Si hay algo que te hace conectar con algún recuerdo de pequeñ@ cuando eras realmente feliz haciendo alguna actividad de estas, trata de ahondar en ello. Te lo digo con todo mi *Corazón*, porque puede ser que sea **el hilo conductor que te lleve de vuelta a lo que deberías haber hecho desde siempre,** desarrollar esas habilidades innatas en ti y quizá, ahora es el momento de retomarlo.
Aún estás a tiempo...

2.- La Inteligencia lógico-matemática: la mostrarían los niños con habilidad para solucionar problemas lógicos, disfrutan resolviendo jeroglíficos, problemas de lógica y símbolos matemáticos. Tienen habilidad para comprender conceptos numéricos fácilmente y son muy ágiles en el cálculo mental. Son capaces de usar los números eficazmente e investigar usando razonamientos inductivos y deductivos.

¿A que has imaginado a alguien que puede brillar en estas habilidades?

3.- La Inteligencia espacial: la desarrollan las personas que tienen mucha facilidad para imaginar espacios o realizar dibujos de dos y tres dimensiones. Comprenden y parecen relacionarse con facilidad con los conceptos y espacios amplios y limitados. Observan el mundo y los objetos desde diferentes perspectivas y son buenos fisonomistas. Reconocen fácilmente caras, escenas y matices.

Tienen buena memoria fotográfica y son capaces de recordar imágenes, fotos, objetos y detalles en lugar de palabras. Tienen igualmente facilidad para resolver rompecabezas y dedican el tiempo libre a dibujar y disfrutan con ello.

¿Conoces a alguien con estas características...?
Piensa que si cada ser humano desarrollara su inteligencia, sería un genio en su especialidad.
    Cada uno brillando en su estrella...

        ¿Me entiendes ahora...?

4.- La Inteligencia musical: sería en la que brillan las personas con gran facilidad para la composición, la interpretación y la valoración de todo tipo de música y sonidos.

Suelen ser personas sensibles, que captan fácilmente los diferentes ritmos, timbres, tonos y cadencias de la propia *Vida*. Suelen tener una gran capacidad de escucha. Les gusta cantar, escuchar música, tocar algún instrumento y componer alguna pieza para manifestar su manera de sentir y de vivir.

¿Te puedes imaginas a alguna persona que conoces desarrollando al máximo estas habilidades?

5.- La Inteligencia corporal: la muestran aquellas personas con capacidad para expresar con su cuerpo, ideas, sentimientos y diferentes estados de ánimo.
Su desarrollo motriz es muy bueno. Suelen practicar normalmente algún deporte y utilizan herramientas tanto de trabajo como creativas con cierta facilidad.

Pueden ser amantes del baile y de la danza. Les gusta moverse, son hábiles en su fuerza motriz, ágiles, flexibles, rápidos, con equilibrio y buena coordinación óculo – manual: (tiro con arco, golfistas, jugadores de billar...)
Estas personas <u>pueden aprender y pensar con más claridad</u> cuando están en movimiento.
    ¿No te parece muy interesante este último apunte?

6.- La Inteligencia intrapersonal: la muestran aquellas personas que tienen facilidad para conocerse a sí mismos. Comprenden, entienden y explican con facilidad sus propios sentimientos.

Suelen ser introspectivos y por lo general, prefieren trabajar independientemente, pensar en su futuro, reflexionar, establecer unas metas y lograrlas. Además, tienen una buena percepción de sus fortalezas y sus dificultades y piensan profundamente en cosas importantes para sí mismos.

7.- La Inteligencia interpersonal: la muestran las personas que suelen estar atentos a los intereses de los demás, les preocupan las intenciones, los sentimientos y las motivaciones de otros.

Empatizan mucho con los demás. Les gusta conversar, aprender en grupos y trabajar o hacer actividades con otras personas. Es una inteligencia muy valiosa para aquellos que trabajan con grupos numerosos.

Podríamos decir que es una inteligencia social, que permite relacionarte con otros, atendiendo, respetando y valorando sus intereses y motivaciones. Suelen disfrutar siendo líderes en sus grupos.

8.- La Inteligencia naturalista: la desarrollan las personas que respetan, valoran, aprecian y se interesan por el estudio y el conocimiento de la naturaleza en general.

Muestran mucho interés por las especies animales, vegetales y minerales o quizás por los fenómenos relacionados con el clima o la Geografía. *Gardner* incluyó esta categoría por considerarla una de las inteligencias esenciales para la supervivencia de la *Vida* y su evolución en el planeta.

Podría comentarte más detalles sobre esto, pero creo que es lo suficientemente descriptivo como para que comprendas el **perfil humano y profesional** que marcaría cada una de ellas.

¿Por qué crees que te cuento todo esto?

En muchas ocasiones, y segura estoy de que te ha pasado a ti también, me he cruzado en la *Vida* con magníficos **escritores** y **poetas** detrás de un despacho de oficina, quemando su *Energía* y apagando su *Luz*, día tras día.

Me he encontrado con magníficos **bailarines, deportistas y extraordinarios comunicadores y fabulosos humoristas** ocupando puestos de trabajo en la construcción, sin que ese campo profesional tenga nada que ver con sus *Almas*.

He conocido también a magníficos **dibujantes**, **creadores** de increíbles **espacios** arquitectónicos, **voces** extraordinarias que podrían hacer temblar y poner en pie a un estadio completo, empaquetando mercancía en una empresa de distribución local.

Seres Maravillosos, Irrepetibles y Únicos que podrían brillar con *Luz* propia y que, en algún lugar del *Camino*, se desconectaron de su *Sagrada Inteligencia*.
  ¿Me sigues, *Amor*...?

En los últimos años como docente tuve la dicha de tener un alumno diagnosticado con TDAH. Digo **dicha** porque ya sabes que para mí, mis *Alumn@s*, han sido y serán siempre mis *Grandes Maestros*.
Este alumno me enseñó algo muy valioso y que me gustaría compartirlo contigo en este momento.

Por si no sabes lo que es el TDAH se refiere a un síndrome que hace referencia a un considerable déficit de atención. Las personas con TDAH pueden mostrarse despistados y nerviosos, con una cierta inquietud corporal y con tendencia a la dispersión y al desconcierto en el trabajo diario.

Por supuesto estoy en contra de los diagnósticos que etiquetan sin más y encasillan el comportamiento y la actitud de un *Ser* humano, en este caso, limitando las expectativas de su recuperación.

Para mí *Este Alumno*, del mismo modo que tantos *Otros* que he tenido con distintos diagnósticos, **se llaman por su Nombre**, que es la única *Vibración ante la que me rindo y me inclino*.

Para que te hagas una idea, teníamos en clase un día ya fijado para hacer un examen de Lengua de un tema concreto. Y él, *Cielo mío*, llegó ese día habiéndose estudiado un tema de Sociales relacionado con la Edad Media. Sin saber cómo ni por qué, ese fin de semana decidió estudiarse ese tema del Medievo para venir el lunes a clase a hacer el examen.

Cuando me explicó lo que le había pasado yo no daba crédito, porque no tenía nada que ver con el temario que habíamos dado hasta ese momento durante todo el curso.

Imagínate cómo se quedó al llegar a clase, que <u>me consta</u> que había estado todo el fin de semana centrándose en los esquemas del tema y con ayuda de su *Madre,* poniendo toda su *Energía* en estudiar.

¿Por qué te cuento esto...?

Porque esta puede ser una de las manifestaciones de un *Ser* diagnosticado con TDAH. Su inquietud y dispersión le hace <u>no centrarse en lo que estamos</u> haciendo porque **su verdadero interés está en otro lugar.**

Te comento esto para que comprendas que este alumno tuvo que sufrir muchísimo durante sus años de escuela, <u>tratando de concentrar su atención</u> en algo que seguramente no le motivaba para nada.

Este alumno daba muestras, desde hacía tiempo, **de unas magníficas habilidades para el humor.** Era capaz de hacernos reír con cualquier tontería. *Su Alma* estaba ya desde entonces totalmente *conectada con la Risa y el Humor.* Para que te hagas una idea, había subido varios videos suyos a una red social en la que disfrutaba ya de incontables seguidores.

Y yo te pregunto...
Si este *Ser* tiene esas *Sagradas y Maravillosas habilidades* como **humorista**... ¿Para qué necesita el Sistema Educativo "meterle" en unos cánones y en unas coordenadas de trabajo <u>que no puede seguir</u>, que no puede integrar, ni en las que encaja, aunque intentara dejarse la piel en ello?
                         ¿Me sigues, *Corazón*...?

Por qué tienen estos niñ@s que entrar en unos cánones educativos que no les ayudan en absoluto.Lo único que hacen es generar la sensación de incapacidad, cuando esto no es en absoluto cierto.

> "Todos somos genios. Pero si juzgas a un pez por su habilidad para trepar árboles, vivirá toda su vida creyendo que es un inútil"
>   **Albert Einstein**

Él no podía seguir, ni siquiera comprender el programa educativo que marcaba el Ministerio para su edad biológica, entre otras cosas, y a mi humilde parecer, porque también carecía de sentido para la mayoría del alumnado de esa edad.

Yo hablé este tema con su *Madre* muchas veces, con todo el *Amor* que salía de mi *Corazón*. Con franqueza le decía que su *Hijo* era un **artista del humor,** un **Ser Maravilloso y Único**, entre otras razones, porque es eso lo que sentía y siento de verdad.

Ella se emocionaba cuando oía estas palabras, porque era como abrirse a la *Grandeza de su Hijo, Grandeza que ella misma reconocía* en él.

Yo le decía abiertamente que el Sistema Educativo no da respuesta a niños tan especiales y únicos como él y que por eso, desde su labor de *Madre,* tenía que ayudarlo para que desarrollara esta inteligencia. Debía potenciar estos valores en él **para que pudiera llegar a lo más alto** haciendo lo que verdaderamente le hace feliz.

No tengo ninguna duda de que va a enamorar a medio mundo con *sus Ocurrencias y su Humor*.
¿Me sigues, *Corazón*...?

Y ahora te pregunto yo:
¿Qué sería para ti *Amar a tu Hij@* en este caso...?

¿Hacer que olvide *Sus Alas* entre las páginas de un incomprensible libro de Lengua o de Sociales...? ¿Dejar que su autoestima se quiebre bajo los dictámenes de amargos boletines de notas...?

¿O proporcionarle los **caminos adecuados** para que desarrolle todo su potencial y sea quien *su Alma desea Ser*...?

No esperes por la escuela, *Corazón*, porque ella necesita unos cuantos años más para poder ofrecer este nivel educativo al alumnado.

Te cuento todo esto porque me gustaría que, de alguna manera pudiera ayudar a alguien a quién conoces, o quizás a ti mism@. Que pudiera hacer posible que alguien, que no está profesional o personalmente en el lugar adecuado, pudiera replantearse *Su Camino de Vida*.

Mi Corazón está con Tus Hij@s, porque deseo profundamente que sean felices y que lleguen a desarrollar en este mundo su mayor y más *Sagrado Potencial*.

Esta conexión con el *Alma* de cada uno debería enseñarse en las escuelas y ser el alimento diario para cada ser humano, porque en definitiva estamos en esta *Vida, en primer lugar para conocer y amar quiénes somos y así poder desarrollar nuestros potenciales* y aprender a dar lo mejor de nosotr@s al mundo.

Y el actual Sistema Educativo aún debe evolucionar y aprender, entre otras cosas, de estas *8 Inteligencias* y de su *Magia*.

Si volvemos al inicio de esta reflexión, quizás *Tus Hij@s* ya desde pequeñ@s despuntan con una o con varias de estas inteligencias. Desde temprana edad, esto podría dejarse ver.

Te lo comento, *Corazón*, porque sería recomendable conectarl@ con estas habilidades e inteligencias desde muy pequeñ@s. Probar una y otra, ofertarles posibilidades a modo de juego porque, seguramente, encontrarán con facilidad *Su Lugar* entre ellas.

No esperes que *La Escuela* l@s guíe en este sentido, porque en la gran mayoría de los casos, no acertará a dar respuesta, a pesar de la incansable labor que están llevando a cabo muchos de los **profesionales de la enseñanza.**

Conozco muchos compañer@s de profesión que están tratando de devolver a las escuelas la *Humanidad* y la *Serenidad* que parece haberse perdido entre los miles de exámenes y las interminables actas de evaluación.

La docencia es una profesión bellísima y espero y deseo que gran parte de los magníficos profesionales que hay trabajando al servicio de la educación acaben provocando un verdadero cambio de *Consciencia* que termine por transformar las antiguas estructuras educativas del actual sistema *en aras del Verdadero Amor* al *Ser humano y a la Vida*.

Mientras tanto, acompaña a tus *Hij@s* en el camino de elegir y desarrollar su *Sagrados Potenciales*.

> Respeta que sea tu **Hijo** o tu **Hija** quién decida qué siente, qué desea hacer y qué le hace brillar con LUZ PROPIA en este *Vida*.

6.- PONER LÍMITES

Muchas de las personas que son ahora *Padres y Madres* vivieron en su infancia situaciones de mucha represión. Muchos de ellos crecieron sin libertad, sintiéndose limitados y controlados en muchos sentidos.

En cierto modo, esto provocó que muchos de ellos, tratando de no caer en el mismo error de sus antepasados, educaran a sus *Hij@s* sin límites.
Y, créeme, que las consecuencias no son nada positivas.

Un *Hij@* tiene que ser eso, un hij@, y por lo tanto, necesita sentirse sostenido por sus *Padres,* en todos los sentidos.

Muchos de los niñ@s que llegan a la escuela con problemas de comportamiento y de relación, suelen ser niñ@s a los que no se les ha enseñado límites. Suelen ser desafiantes, despectivos, tratando de echarte un pulso a cada instante.

Y realmente **lo que están pidiendo es que marques hasta dónde** puede llegar su comportamiento, que le marques hasta dónde puede perder el control, porque eso supondría que tú eres el adulto y por lo tanto estarías encargándote de cuidarlo y protegerlo.

Un niño que no tiene límites se siente constantemente en peligro, porque es un niño. Necesita sentir que hay un adulto que vela por él, que lo cuida y que se encarga de todo lo que pueda suceder más allá de ese límite que le marcan.
Es así de sutil y delicado…

Reflexión

No hablo de limitar su pensamiento, hablo de marcarle un margen de energía, un límite de respeto y de acción que le haría sentir que puede descansar y dejarse cuidar.

Poner límites a tus *Hij@s* les haría sentirse protegidos, a resguardo y serenos, porque ya hay alguien que vela por ellos.

¿Me sigues, *Corazón*...?

Esto sería *Amor*.

EL AMOR A LOS PADRES Y MADRES

Lo que te he contado hasta aquí tiene que ver con el **propósito de Vida** de *Tus Hij@s*, con aquello que han venido a desarrollar en esta Tierra y para lo que están existencialmente destinados a Ser.

Te ruego desde aquí que permitas que *Su Camino* sea el que él o ella desee recorrer. Es muy tentador intentar que los *Hij@s* retomen aquello que los *Padres o Madres* no han podido llevar a cabo en sus *Vidas*.

Si somos honest@s podemos ponernos en el caso de una *Madre* o de un *Padre* que no ha podido, por diversas razones, estudiar *medicina*; o no ha podido ser *bailarín/a*, o no ha conseguido ser *modelo* o ser *cantante* como hubiera querido y con el paso de los años, su vacío inconsciente le lleva a enfocar, podríamos decir *inconscientemente* a alguno de sus *Hij@s* a estudiar y a realizar lo que él o ella, por diversos motivos, no pudo llevar a cabo.

Y la guinda de este pastel sería que, ese *Hij@*, **por Amor a la Madre o al Padre** acabara creyéndose que le gusta la carrera de medicina y terminara haciéndose médic@ o ingresara en una academia de baile en la que tiene que acudir a interminables sesiones diarias de ballet, o terminara asumiendo inhumanas dietas de adelgazamiento para conseguir un puesto en el desfile de modelos de la ciudad donde vive, o frustrándose porque no consigue entonar musicalmente como desearía, cuando realmente lo que está haciendo es alejándose de sus **Verdaderos Sueños** e intentando seguir los pasos de *mamá o de papá: el camino que "sus padres" no pudieron recorrer.*

¿Me sigues, *Corazón*...?

Aquí intento hacerte reflexionar como *Madre* o como *Padre* para que estés atent@ a lo que sería respetar el *Verdadero Camino* de tu *Hij@*.

> "No limites a un hijo a tus conocimientos, ya que él nació en otra época".
> **Rabindranath Tagore.**

Sé que no es fácil, porque el inconsciente muchas veces nos juega malas pasadas. Ya sabes que se apodera del 97% de nuestros actos, pero aún así, trato de hacerte ver a qué me refiero para que en la medida de lo posible no ocurra esto con tus *Hij@s*.

Podría contarte muchos casos en los que realmente esto sucede. Es mucho más frecuente de lo que creemos.

Recuerdo un año en el que una compañera de trabajo, **profesora de música**, una mujer feliz, sonriente y encantadora, me confesó que años atrás había ejercido de abogada durante unos años en el bufete de su padre. Algo que me sorprendió enormemente puesto que el carácter alegre, desenfadado y divertido de aquella compañera estaba mucho más cerca del *Alma de un Hada del Bosque* que de una seria y tajante abogada criminalista.

Cuando me contó su historia, me confesó haber pasado algunos años en tratamiento psiquiátrico por una profunda depresión que sufrió mientras ejercía como abogada, puesto que ella no era en absoluto feliz en aquel trabajo. Conociéndola, te puedo asegurar que cuando me estaba contando su historia parecía estar hablando de otra persona y no de ella misma.

El Amor a su Padre le hizo ingresar en Derecho siendo muy joven y así, inconscientemente, tratar de hacerle feliz, puesto que el sueño de él era que alguno de sus *Hij@s* continuara en su bufete.

Me confesó haber tenido varios intentos de suicidio porque no entendía por qué se sentía tan desdichada, por qué llevaba meses sin poder parar de llorar y por qué no podía soportar mirarse al espejo cada día. No sabía por qué razón llevaba esa tristeza tan profunda en su *Corazón*, si realmente en su *Vida* lo tenía todo.

Ella no comprendía qué le estaba pasando.
        Lo tenía TODO, pero le faltaba su *Alma*...

No estoy diciendo en absoluto que su *Padre* la obligara a ello.
El *Amor* de ella por su *Padre* la encaminó equivocadamente por un sendero que creyó correcto hasta el punto de olvidarse de sí misma.

Cuando hablo del *Amor* que ella sentía por su *Padre* me estoy refiriendo a **todos esos matices sutiles** que suceden en un clan familiar, detalles inconscientes de los que hemos hablado en capítulos anteriores y que, sin necesidad de mediar palabra, todos los miembros de un clan familiar los sobreentienden.

Hablamos de los **mensajes que hay en el aire** y que se captan sin necesidad de usar palabras.

El impulso de un *Hij@* por ver feliz a sus *Padres* está siempre latente, porque eso es el *Amor:* el profundo deseo de *Ser Feliz* y de ver felices a los que amas.

¿Me sigues, *Corazón*...?

Afortunadamente, encontró el **Camino de vuelta a Casa** y pudo trabajar con un profesional de la *hipnosis* que le hizo reconectar con recuerdos en los que de pequeña no paraba de bailar y cantar; años de su *Vida* en los que fue feliz aprendiendo a tocar varios instrumentos musicales, años en los que soñaba que de mayor viajaría a diferentes países para conocer culturas, ritmos, músicas e instrumentos de distintas etnias.

Un *Alma* absolutamente contraria a lo que ella estaba acostumbrada a hacer diariamente como letrada criminalista. Ella intentaba cada día con todas sus fuerzas, desempeñar y defender con profesionalidad su labor como abogada, pero le era completamente imposible.

Imagínate, *Corazón*, **cómo podemos llegar a olvidar quiénes somos realmente**. De qué manera puede un ser humano desconectarse de sus sueños para dirigirse hacia otro camino totalmente equivocado y alejado de *Su Luz y de Su Ser*...

¿Cómo no iba a desear morir?

Era su *Alma* la que lloraba y pedía a gritos irse de aquí para volver a estar en *Coherencia* con *La Energía Sagrada que la conectaba con Ella misma*.

Apartarse del *Camino Personal* e intentar hacer feliz a otros es un gravísimo error que pasa factura a la larga, con depresión o con una grave enfermedad física, emocional o, incluso, mental.

Conozco muchos casos de jóvenes en estas circunstancias que optaron por aquellos caminos que sus *Padres* no supieron llevar a cabo y vivir cuando eran jóvenes. Simplemente te comento todo esto tanto si eres *Padre o Madre* de un *Ser* que pueda estar atravesando esta experiencia, como si eres un *Hij@* que, *en aras del Amor a tus Padres*, te alejas de lo que *Tu Alma* realmente necesita.
Esto es serio...

"Nada tiene una influencia psicológica más fuerte en los hijos que la vida no vivida de un padre."
Jung

El *Amor a nuestros Hij@s* pasa por **renunciar a nuestros propios deseos** para escuchar *Los Suyos*.

Te muestro aquí unos versos del poeta **Khalih Gibran** que te harán reflexionar mejor sobre todo esto:

Tus hijos no son tus hijos,
son hijos e hijas de la vida
deseosa de sí misma.

No vienen de ti, sino a través de ti,
y aunque estén contigo,
no te pertenecen.

Puedes darles tu amor,
pero no tus pensamientos, pues,
ellos tienen sus propios pensamientos.

Puedes abrigar sus cuerpos,
pero no sus almas, porque ellas
viven en la casa de mañana,
que no puedes visitar,
ni siquiera en sueños.

Puedes esforzarte en ser como ellos,
pero no procures hacerlos
semejantes a ti
porque la vida no retrocede
ni se detiene en el ayer.

Tú eres el arco del cual tus hijos,
como flechas vivas son lanzados.
Deja que la inclinación,
en tu mano de arquero
sea para la felicidad.

Maravillosas palabras recogidas en su obra **El Profeta**.

UN ARQUETIPO DE MADRE

Me gustaría hablarte ahora de alguien elevadamente especial.
Diría **arquetípico**...

Ella es un *Ser* que durante milenios ha encarnado y sigue encarnando el modelo del **Amor Incondicional.** Te hablo de innumerables generaciones que la han considerado como ejemplo de la *Madre Compasiva y Amorosa.*

Una mujer que existió, igual que tú y que yo, con los mismos miedos, las mismas debilidades, desasosiegos y luchas que cualquier otra *Madre* que siente y vive desde el *Corazón.*

Me refiero a María, la Madre de Jesús...

No pretendo en absoluto referirme a ella como un modelo religioso. Ni trato de abanderar ningún dogma cristiano o espiritual. Tan solo deseo llevar la atención a lo que *Su Energía* supone para incontables generaciones que la adoran y veneran.

¿Estarías de acuerdo en esto?

Una *Mujer* que perdió a su *Hijo* en las circunstancias que todos conocemos y que, podríamos considerar, tan crueles como desgarradoras y que, según afirman los Evangelios, en su lecho de muerte, lo acogió con TODO *el Amor, el Dolor y el Desgarro* con el que una *Madre que Ama Incondicionalmente a su Hijo* podría sostenerlo en tales circunstancias.

Me viene a la mente la maravillosa **Piedad** *de Miguel Ángel.*

Incontables veces el Arte ha recreado la imagen de *María* amparando el cuerpo de su *Hijo* tras el descenso.

Podrás preguntarte para qué te cuento esto.
Pues precisamente porque me parece el ejemplo adecuado para referirme a un modelo arquetípico de *Madre*, que, sin lugar a dudas, *RESPETÓ* el *Camino* que decidió vivir, recorrer y atravesar su *Hijo.*

Y te repito una vez más que **no pretendo entrar en valoraciones religiosas**, tan solo te hablo desde el *Delicado y Elevado Ideal Compasivo* que representa esta *Madre* para la Humanidad entera.

La Pietá di Michelangelo Buonarroti
https://www.pinterest.es

Para mí, esta imagen de **La Piedad** no solo representa el *Profundo Dolor de un Madre sosteniendo el Cuerpo sin Vida de Su Hijo*, sino que le muestra al mundo el INFINITO AMOR y RESPETO que una *Madre* puede llegar a sentir por **la *Vida* que eligió vivir *Su Hijo*.**

La Verdadera Aceptación del Camino *que deseó elegir Su Hijo en Vida*.

Representa el *Infinito Amor* con el que una *Madre* comprende que la *Vida de su Hijo es del Hijo*, y el *Infinito Amor* con el que una *Madre*

Reflexión

RESPETA todo aquello que su *Hijo* ha necesitado vivir, sean cuales hayan sido las consecuencias.

Y ahora te pregunto...
¿Cuántas *Madres* conoces tú que respetarían de verdad el *Camino de sus Hij@s*...?

Cuando hablo de *Madre*, ya sabes que me refiero a la *Energía de Amor Incondicional*, no al género.

¿Cuántas *Madres* o *Padres* crees tú que respetarían estas decisiones realmente...?
El *Camino* que desean *Vivir* sus *Hij@s*, no el que sus *Madres* consideran el mejor.
 ¿Cuántas imaginas tú que aceptarían ese **Camino**...?

 Fueran cuales fueran sus consecuencias...

Esta respuesta es muy delicada, porque hay muchas *Madres* que admiten que necesitarían aconsejarles porque *Ellas* "saben" de la *Vida* mucho más que sus *Hij@s*. Muchas de ellas consideran que, entrar a decidir según qué cosas, es lo correcto.

Hay *Madres* que sienten "adecuado y necesario" el incidir en *La Vida de sus Hij@s* y mostrarles el *Camino* a seguir, con un sinfín de "bien-intencionados consejos".

 Esta realidad la hemos vivido todos.

Y es que el ser humano ha aprendido, a lo largo de la Historia, que **decidir por otros** es *Amor, que* **elegir lo que tú consideras mejor para otros** es *Amor*.
 La famosa frase de "*Lo hago por tu bien*..."

¿Tú sientes que eso es *Amor*...?

Quizás has aprendido que el *Amor* es entrar en las decisiones del otro, elegir por alguien lo que tú crees que es mejor, influir en *Sus Sueños* haciéndoles creer que es una locura, hacerles cambiar de opinión sobre algo porque tú consideras que es mejor para *Ell@s*.

Evidentemente, cuando alguien hace esto es porque cree que está AMANDO, porque cree que hacer esto, es AMOR.

¿Tú qué crees...?

... Que "**María, debería haber amado más a su Hijo**" y orientarle a que viviera otro tipo de *Vida* diferente a la que *Él* necesitaba vivir o a la que su *Alma* le pedía *Vivir*.
                    ¿Eso sería haberle AMADO más...?

Yo te digo, desde lo profundo de mi *Corazón*, que EL AMOR INCONDICIONAL fue **respetar** lo que *Su Hijo* necesitaba hacer, **respetar** las decisiones que *Él* necesitaba tomar, **respetar** el *Camino* que su *Alma* le pedía Vivir.
                    Eso es AMOR.

Creo que necesitamos reflexionar sobre lo que verdaderamente es AMAR.

Yo simplemente quiero hacerte ver que muchas veces las *Madres* deciden lo que deben hacer sus *Hij@s* y evidentemente lo hacen en aras del *Amor*. Son decisiones y acciones que se realizan creyendo que eso es AMOR, pero para mí "decidir por el otro", en muchas ocasiones, tiene otros nombres.

No dudo en absoluto que estas actitudes son **inconscientes**, pero para mí son acciones que no se llevan a cabo por *Amor*, sino por miedo, por control, por culpa, por envidia, por apego, por dependencia...

Sé que amas a tus *Hij@s*, sé que desearías darles y ofrecerles lo mejor. **Eso también es *Amor*,** pero trata de reflexionar sobre esta *Libertad* que necesitan *Ell@s* para *Vivir* y elegir cómo desean que sea su *Vida*.

La *Suya*...
        No la que tú no pudiste vivir.

> Esta reflexión tan solo es para ti, como *Madre*, para ese rincón *Honesto*, *Puro* y *Claro* que hay en tu *Corazón*, porque te va a ayudar a ti, en primer lugar y si te contestas la *Verdad*, les ayudará a Ell@s sin lugar a dudas.

Cuando te hablo de *María* como arquetipo del *Amor Incondicional*, sin tratar en absoluto de abanderar ninguna causa religiosa, me habla de una *Clara Aceptación del Camino de su Hijo*, a pesar del dolor que pudo llegar a sentir *Su Corazón*.

Según indican también las *Escrituras* lo respetó hasta sus últimas consecuencias. Y con esto me refiero a que, en ningún momento, intentó alterar o desvirtuar el *Compromiso* que Él tenía con el *Ser humano y con la Vida*.

Esto para mí, es Amor.

Todos los datos históricos y bibliográficos que existen sobre la persona de *María*, la definen como un *Ser* que *mostró Infinito Respeto por la decisión que necesitaba tomar Su Hijo y* fue *Él* quien **decidió qué hacer** con *Su Vida* y **cómo vivirla**, el *Camino* por el que optó y las consecuencias que todo ello trajo consigo, incluyendo el *desenlace* que ha llegado al conocimiento de toda la Humanidad.

Ella no trató de desviar la atención hacia otro *Camino* que no fuera el que *Él* decidió.

Y tú podrás decir:
　　　　　¡Es que *Él* era el *Hijo de Dios*...!

Y yo te pregunto: ¿Y tu *Hij@* no lo es...?

Te hablo de *Ellos* como seres humanos y divinos a la vez.

Te hablo de una *Madre* que sintió que *La Vida de su Hijo* no le pertenecía y que un *incondicional acto de Amor Profundo* hacia *Él* fue, sin duda alguna, respetar *Su Sagrado Camino*.

No estaban exentos de sufrimiento. Sufrían, amaban, temían, dudaban, tenían sus necesidades. *Ellos* vivían una realidad tan humana como la tuya y como la mía.

¡Y sí...! **Era un *Hijo de Dios*.**
    ¡Un Hijo de Dios como Tú y como Yo!
                              Como tus Hij@s.

La *Realidad Divina* está manifestada en todo **Ser Sintiente**. **No solo en *Ellos* dos.**

Es importante <u>dejar atrás estos conceptos</u> que nos alejan del *Verdadero Lugar* donde vibra y se mueve nuestra *Energía Divina*.

Ellos dos son Seres de muy Elevada Frecuencia, son indiscutiblemente **Grandes y Elevados Maestros del Amor Incondicional**. Y no solo *Ellos* pueden llegar a alcanzar estos estados de *Amor*, de *Desapego* y de *Respeto* por el o*tro*.
                        Este es el *Mensaje de Este Libro*

La Vida es un *Don Sagrado*...
Por eso el *Camino* de *Tus Hij@s* también es *Sagrado*.

        Y respetarlo, le hablaría al mundo de Amor.

Tan solo deseo hacerte reflexionar sobre esto para que, en la medida que puedas y lo sienta tu *Corazón*, permitas desde un **Amor Profundo, que tus *Hij@s* tomen en su *Vida* las opciones que necesiten y sientan que deben tomar.**

LA FIDELIDAD AL CLAN

En un grupo familiar se establecen relaciones muy estrechas e íntimas, tanto, que en el análisis de sistemas familiares, desde la perspectiva *transgeneracional*, se contempla un fenómeno que se define como "fidelidad al clan".

¿Y qué quiere decir esto...?

Pues que el *Amor* que se establece en un clan familiar es tan *Grande*, tan *Poderoso* y tan *Fiel*, que algunos de sus miembros, consciente o inconscientemente, pueden sentirse **profundamente comprometidos con otros miembros del clan.**

Este tema es tan extenso que daría para escribir una trilogía completa, solamente hablando de ello.

Te lo comento para que te hagas una idea de la intensidad de las relaciones en un grupo familiar y de **cómo se establecen los vínculos entre los miembros de un clan**, porque existencialmente son *Pactos de Amor*. Y dichos pactos, explícitos o no, son capaces de mantenerte unid@ al clan no solo durante un ciclo vital, sino que según sea el compromiso, puede vincularte a ese clan en varias encarnaciones hasta que lo que esté pendiente sea liberado.

¿Puedes hacerte una idea **del calibre del compromiso** del que te estoy hablando...?

Si unimos esta información con lo que te he comentado anteriormente, el vínculo que sostiene un *Hij@* por *Amor* a sus *Padres* en el seno familiar, puede llegar a ser muy fuerte y poderoso.

Cada vez que hablo de esto me estremezco porque la gran mayoría de las personas desconocen **el grado de intensidad con el que se establecen estos compromisos** a nivel familiar. Y es que muchos de ellos son inconscientes. Si tú deseas distanciarte de esa energía o de ese vínculo, no resulta fácil.

Estos compromisos pueden manifestarse explícitamente o pueden estar sucediendo de manera inconsciente.

Y esto es serio y desde luego, susceptible de análisis.

Te concreto algo más...

¿Recuerdas que te comenté anteriormente que la manera en la que los *Padres* ven el mundo, así lo verán los *Hij@s*?
Pues la realidad es así de literal.

Esta unión de *Padres e Hij@s* en un grupo familiar se manifiesta igualmente en la manera de pensar, de vivir y de concebir el mundo. Los arquetipos y patrones educativos de nuestros antepasados influyen directamente en la manera en la que percibimos el mundo.

Es importante y necesario hacer una reflexión en relación a esos patrones familiares aprendidos que sientes que no te ayudan a avanzar en tu *Vida*. Observa qué expectativas tienes frente a tus sueños y qué miedos se te presentan cuando los pones en marcha.

Valora si te aterra dar pasos en tu *Vida* o si sientes que te ofrece aventuras maravillosas, siente si te enfrentas confiad@ a ella o por el contrario no te fías de las oportunidades que te pueda traer, porque muchas de estas ideas o creencias son aprendidas en el clan familiar y, con total seguridad, se manifiestan inconscientemente en ti.

Observa qué tienen que ver con tus *Padres* **estas ideas o parámetros** que frenan tus proyectos. Valora si tienen que ver con sus miedos, con sus desconfianzas y con sus expectativas.

¿Por qué quiero que observes esto, *Corazón*...?

Porque deseo que seas *Consciente* de en qué medida has podido simplemente imitar los miedos o maneras de concebir el mundo de tus *Padres* o de tus antepasados. Porque quiero que diferencies sus expectativas de las tuyas y porque quiero que te des cuenta de que si *Tus Padres* no creen en ti o no confían en la *Vida*, *Tú* tampoco vas a hacerlo...

Y esto es serio.

Te quiero **LIBRE**...
Te quiero **CONSCIENTE**...

Y deseo que, en la medida de lo posible, reflexiones sobre todas las variables que han podido influir en ti y en tu *Vida en este sentido*, porque **el *Amor* empieza por UNO MISMO y por bendecir y retomar el *Camino*** que quizás un día abandonaste sin saber por qué.

Desde tu percepción de *Hij@* puedes trascender y bendecir TODO lo que has recibido de tus *Padres* y del clan en general, **creando otra perspectiva diferente** de la *Vida* para empezar a *Construir* TU MUNDO, quizás, al margen de lo aprendido.

Puedes integrar todo lo positivo que te haya podido aportar la educación, bendecir *la Fuerza, la Fe, la Fortaleza y la Claridad* que te haya podido aportar el clan familiar en algún sentido, pero también puedes plantearte si quieres **dejar atrás todos los patrones limitantes**, todos los miedos que sin querer se han inculcado en tu educación desde pequeñ@ y que aún llevas contigo.

> "Nunca andes por el camino trazado pues te conducirá por donde otros ya fueron".
> ***Alexander Graham Bell***

Abandona todos los pensamientos que pongan en duda tu *Capacidad* y tu *Fortaleza* y construye **una nueva Realidad para ti**, por derecho y por merecimiento.

Eso es *Amor*...

La *Fidelidad* que un *Hij@* puede llegar a sentir por sus *Padres* es tan *Grande*, tan *Firme, tan "ciega"* e *Incondicional* como puede ser la de unos *Padres* a sus *Hij@s*.

Te recuerdo que son **Pactos de Amor**, generados antes de venir a este mundo, para aprender desde diferentes perspectivas los entresijos y rincones de una misma experiencia.

Hay *Amor* en la unidad familiar, aunque no sea perceptible. El encuentro dentro de un mismo clan viene dado por un *Amor Incondicional* que asume el compromiso antes de encarnar para seguir creciendo juntos en este complejo entramado de la *Existencia*.

Aunque te parezca que os odiáis, que es imposible vuestra comunicación familiar, que ojalá no os volvierais a ver nunca más, piensa que debajo de todo esto existe un *Delicado y Firme Pacto de Amor* antes de venir a este mundo, que **os mantendrá unidos hasta que los ciclos vitales y vuestra *Consciencia* os permita trascender** todo aquello que está aún pendiente.

Hay ocasiones en las que ese *Pacto de Amor* te pide que perseveres, sosteniendo alguna situación familiar difícil y delicada que necesita de tu *Incondicional Apoyo y Energía*.

Pero en otros momentos, ese *Amor*, lo que te puede pedir a gritos es que lleves a cabo un PROFUNDO CAMBIO y una clara transformación de todos aquellos condicionantes aprendidos a nivel familiar para poder así **romper con una interminable cadena de desaciertos generacionales** que te ruegan que, con rapidez y honestidad, lleves a cabo UNA CLARA Y PROFUNDA TRANSFORMACIÓN en tu *Vida*.

¿Comprendes a qué me refiero...?

Esa ruptura también es Amor.

Muchas veces oímos decir que a la familia no la eliges, sino que es la que te ha tocado y es precisamente por las relaciones tan dolorosas y difíciles que a veces se establecen en el clan.

Pero mucho más allá de esta frase, se encuentran estas relaciones invisibles, estos *Previos Pactos de Amor* que nos han traído de vuelta a esta Tierra, siendo parte de un mismo clan y en espera de trascender todo aquello que aún está pendiente.

Es así...

Este es el *Amor* que late bajo las apariencias de una *Madre* despistada, sobreprotectora, inconsciente o deprimida; de un *Hij@* ejemplar, discapacitado o rebelde; o de un *Padre* ausente, violento o presa de alguna adicción.

El *Amor* subyace debajo de cualquier relación que hayamos tenido con nuestros progenitores, porque ese *Amor* que está bajo nuestras apariencias individuales es el **Amor que conforma la VIDA y es el que da coherencia a ese ORDEN DIVINO** del que te he hablado y que nos UNE a TODOS en este *Sagrado Entramado de la Existencia.*

Busca siempre ser lo más *Honest@* posible con todos los aspectos relacionados con tu familia, con todos aquellos patrones que a ti te parezcan ya obsoletos, caducos y que necesiten una renovación.

Deja atrás todo aquello que ya no resuene contigo y bendice todo lo que has recibido de la familia, doloroso o no, trascendental o no, porque todo lo que ha venido a través de *Ellos*, es algo que necesitabas vivir tú.

El *Amor* nos UNE para poder seguir aprendiendo.

> "Hay un tiempo para dejar que sucedan las cosas y un tiempo para hacer que las cosas sucedan"
> **Hugh Prater**

En ocasiones nuestra Vida nos pide que "*movamos pieza*" y que tomemos las decisiones que debamos tomar.

Nos mueve el *Amor*, aunque no nos demos cuenta.

QUÉ SUCEDE EN UNA SEPARACIÓN

Cuando una pareja decide o necesita separarse es porque **el ciclo ya está terminado**, porque hay algo que ha cambiado y la relación debe coger nuevos rumbos.

Te pongo varias situaciones en las que un *Hij@* puede verse implicado:

A - No me separo por miedo a perder a mis *Hij@s*

Hay ocasiones en las que uno de los miembros amenaza con llevarse a los *Hij@s* o con buscar la manera de hacer que el otro no l@s vuelva a ver. Es triste afirmar que estas cosas ocurren, pero es así.

En consulta personal me he encontrado muchos de estos casos en los que, presionad@s por estos chantajes, continúan con la relación soportando más violencia enfermiza.
Estos casos se dan con mayor frecuencia de la que desearíamos.

Y no solo *Mujeres* me han relatado estos hechos. También hay *Hombres* que viven estos chantajes y que en algunos casos, han sido "amenazados" por sus parejas con presentar falsas denuncias de malos tratos. Es obvia a priori, al menos de momento, la inferioridad de condiciones en estos casos.

¿Qué hacer ante esto...?
Objetivamente no deja de ser **violencia**. Se trata de exigir que la otra persona permanezca a su lado, sea como sea.
                                   Sea como sea...

Y en muchos casos se decide continuar con una relación por *Amor* a los *Hij@s*.

Es importante comentar que de la misma manera que sucede este tipo de chantajes, también hay personas que creen que sus parejas l@s aman si son capaces de "exigirle" de esta o de otras maneras más violentas que no se vaya, cuando realmente lo que están es viviendo y permitiendo una relación altamente tóxica y basada en errores y conceptos equivocados sobre el *Amor*.

Es cierto que, en algunos sectores de la sociedad se ha aprendido que esto es correcto.

Si te encuentras en una situación así, trata de buscar un buen abogad@ que te oriente sobre cuáles son los pasos correctos a seguir para tratar de garantizar cuanto antes una *Vida en Paz*, lejos de este tipo de violencia y chantaje enfermizo.

El Amor Libera, no oprime.

El Amor es conectar con *Tu Fuerza Interior* y decidir *Vivir* con la *Dignidad* que mereces *Tú y Tus Hij@s*. Es importante por el bien de *Ell@s* que *Tu Luz* y *Tu Ser* recuperen *La Paz* lo antes posible.

B - No me separo para que mis Hij@s no sufran

He conocido casos en los que ambos miembros de la pareja podrían libremente tomar la decisión de separarse pero uno de los dos afirma que no deberían hacerlo para que los *Hij@s* no sufran.

He oído muchas veces **esta excusa** que no hace otra cosa que desviar la atención y demorar una decisión que, quizás, debería haberse tomado hace tiempo ya. Evidentemente, cada *Ser* tiene la *Libertad* de hacer con su *Vida* y con su *Realidad* lo que considere conveniente, pero es cierto que muchas parejas continúan juntas sin quererse, creyendo que esto no afecta directamente a los *Hij@s*.

Yo te aseguro, con el mayor *Amor* que sale de mi *Corazón*, que cuando uno llega a esta situación, la separación es manifiesta, aunque sigáis viviendo juntos. Y vuestros *Hij@s* os ven, os sienten en cada una de las situaciones de la *Vida*.

Esta es la realidad...

Muchas *Madres y Padres* creen que se puede disimular una separación en estos términos y esto es **imposible**.

Los *Hij@s* verdaderamente están sufriendo porque ven que sus *Padres* no tienen nada que ver el uno con el otro, pero continúan

viviendo bajo el mismo techo, tratando de autoengañarse.
O de disimular...

¿Engañando a quién...?
¿A los *Hij@s*...?

Ell@s ya se dieron cuenta de esta ruptura vuestra mucho antes que vosotros mismos.
A *l@s Hij@s* no se les puede engañar.

Esta situación aceptada por ambos miembros de la pareja realmente es un autoengaño, porque no vais a conseguir hacerles ver a vuestros *Hij@s* otra cosa distinta, más que la realidad.
Y la realidad es que ya no tenéis nada que ver el un@ con el otr@.

Por mi profesión y por otras diversas razones he escuchado a muchos de *Vuestr@s Hij@s* llorar **desconsoladamente** mientras vivían esta relación en casa de sus *Padres*.
No soportaban el desamor que había en el aire. No soportaban cómo os evitabais, no soportaban la falta de diálogo, no soportaban la mentira que se respiraba entre vosotros.

No soportaban este engaño.

Los *Padres y Madres* creen que si seguimos conviviendo está todo solucionado. Y realmente no es así. No solo no es así, sino que es una situación que en muchos de los casos les hace más daño aún.

Muchos de *Ell@s*, rotos de dolor, me han dicho muchas veces...

- ¿Pero por qué no se separan ya...?

- ¿Es que no se dan cuenta que se odian...?
- ¿Es que no se dan cuenta de que no es Vida esta manera de vivir...?

- ¡No quiero volver a mi casa...!
- ¡Ángeles, es que no puedo soportar cómo se miran...!

Y podría seguir diciéndote muchas más expresiones de dolor que provienen del *Corazón de Hij@s* de parejas ya rotas, pero que siguen viviendo bajo el mismo techo, para evitar hacerles daño a *Sus Hij@s*.

Reflexión

Y no quisiera hablar aquí de los *Hij@s* que acaban manifestando diabetes en estos casos. He visto mucho, mucho sufrimiento en *niñ@s* que viven esta situación.

Es muy importante que reflexiones sobre esto, porque no es que les haga daño esta situación, es que les perjudica, que es distinto...

Es más delicado y grave de lo que pueda parecerte.

¡Y créeme, sé de lo que te estoy hablando...!

Aparte de sufrir mucho, *l@s Hij@s*, subliminalmente lo que están aprendiendo es a aguantar situaciones que no les hacen felices.
No te olvides que los *Hij@s* no obedecen, IMITAN.

Y si es así, *Tus Hij@s* lo que están aprendiendo realmente es a comportarse en la *Vida* como lo estás haciendo Tú.

Están **aprendiendo** a permanecer con una pareja que no les hace felices, porque eso es lo que están viendo en ti. Están **aprendiendo** a ser una persona mediocre que se conforma con una vida infeliz, porque eso es lo que están viendo en ti.

Están **aprendiendo** a renunciar a su *Vida*, a no hacer de ella algo único, digno y mágico, porque lo que ven en ti es que no crees que tu *Vida* pueda ser algo diferente a lo que es.

En estas situaciones a lo único que aprenden *Tus Hij@s* es a no ser felices, porque realmente están aprendiendo a hacer lo que haces tú.

Créeme que conozco muchos casos de estos que te cuento. Y por fortuna, **algunos de ellos han roto la inercia y han decidido separarse**, a pesar de este erróneo concepto de la "familia unida".

Y todos, absolutamente TODOS los casos, me han reconocido que estaban equivocados.

- *¿Por qué no lo habían decidido antes...?*
- *¿Por qué dejaron pasar años preciosos de su Vida enganchados en aquel autoengaño...?*

Trata de reflexionar en qué situación estás tú o en qué situación pueda estar alguien que necesite aclarar estos conceptos. Y si estas palabras pueden ayudarle a salir del laberinto, pues *Bendita la Luz* que pueda llegar hasta Ell@s.

EN SITUACIONES EN LAS QUE TE QUEDAS VIUD@

Me he encontrado a nivel personal y profesional con casos de *Padres o Madres* que se quedan viud@s con *Hij@s* de corta edad a su cargo.

Por experiencia, sé que los *niñ@s* comprenden perfectamente toda la situación solo que **la viven de diferente manera a un adulto.** Por todas estas relaciones que se establecen en el clan familiar y de las que hemos hablado, *Ell@s*, a un nivel inconsciente también tratan de equilibrar el dolor de esa pérdida con su energía y, aunque en alguna ocasión pueda parecer que no se están dando cuenta de lo que ha ocurrido en la familia, te aseguro que **a nivel energético lo están sosteniendo.**

Dará la cara más adelante, en alguna otra ocasión o situación de su *Vida*, pero no creas que al ser pequeñ@s no se dan cuenta porque esto no sucede así nunca, aunque tu *Hij@* sea un bebé en el momento de la pérdida de tu pareja.

Sostienen la experiencia a un nivel cuántico. Ya sabes que formamos *Un Todo Energético* al margen de nuestro cuerpo físico y lo que ahora parece no afectarles, acaba manifestándose más adelante en sus *Vidas*.

Esta es una situación en la que el dolor por la pérdida de tu pareja es *hondo y profundo*. Si tienes niñ@s pequeñ@s, seguro que en ocasiones el dolor resultará inconsolable y eterno. Créeme que conozco casos muy cercanos a mí.

Es una etapa en la que debes **seguir como sea para adelante y sacar fuerzas** de donde no las tienes para que *Tus Hij@s* no sufran más de lo que ya sientes que están sufriendo.

Esto a veces sucede en algunos procesos de separación que han sido realizados de manera rápida, sin esperarlo y sin que la otra persona tuviera tiempo para asumir la nueva situación. Evidentemente, si comparamos el dolor de cada una de ellas no tienen nada que ver, pero quiero que sientas ese pequeño paralelismo.
En el fondo es una pérdida. En *Vida*, pero una pérdida...

En la gran mayoría de los casos donde ha habido un fallecimiento, el adulto que ha perdido a su pareja tiende a no expresar su dolor. Es lógico.

A veces puedes creer que si tú sufres más se lo puedes aliviar a tus *Hij@s*. Y así "te esfuerzas" en asumir emocionalmente mucha más angustia de la que te corresponde, cuando realmente <u>esa sobrecarga en la emoción no les alivia</u> a *Ell@s*, en nada.
Es más, posiblemente te vean más triste de lo normal y, desde un silencio respetuoso, no deseen que tú lo sepas.

Es más doloroso el remedio.

Así que, **en primer lugar**, si estás viviendo un proceso parecido o similar a este, desde el *Verdadero Amor que vibra en tu Corazón*, **no te cargues con más angustia y más dolor** del que se manifiesta realmente en la experiencia, porque eso no ayuda a nadie. Cuenta con los amigos, habla con ellos, desahógate y trata de aliviar esa sobrecarga que seguramente os ayudará a atravesar todo el duelo.

Siento profundamente que es una situación muy delicada y difícil de trascender, no me cabe ninguna duda. Tan difícil como cualquier otra experiencia vital que te exija sacar **Fuerzas de lo Profundo de Tu Corazón.**

Si este es tu caso, trata de vivir esta experiencia con toda la *Calma y la Paz* que te sea posible. Os volveréis a encontrar, en otro lugar y en otro tiempo, confía en ello, *Corazón*. Tan solo es un período vital concreto, pero os volveréis a encontrar.
Esto es seguro…

También te diría que si esta vivencia ha llegado a vuestras *Vidas* es, sin lugar a dudas, porque *Vuestra Alma* está preparada para esta nueva etapa. Si no, ten por seguro que aún no la habrías atraído a tu *Vida*.

Yo sé que esto que te estoy diciendo puede resultarte desconcertante. Nadie quiere pasar por una situación así. Lo sé…

Pero existe ese *Orden Divino*, que te repito que ordena y recompone las situaciones en un *Orden Perfecto de Luz*.

Reflexión

Hay gente que lo llama *Dios*, otros *Universo*, otros *Energía Cósmica*. Científicamente se le ha denominado *Inteligencia*, otros son capaces de decir que la *Vida* les trae esta experiencia...

Recibe mil nombres.

Y para mí se llama *Orden Divino,* no porque venga de un Dios que lo decide, sino porque **viene de *Toda Energía* que lo compone**, es decir viene de ti y de mí. Esa Energía de la que todos formamos parte y que nos lleva secuencialmente a vivir los procesos personales y vitales necesarios para nuestra evolución existencial.

Nada ocurre por casualidad. Ya dijo Einstein que todo esto no era fruto del azar, que Dios no jugaba a los dados.

Sé que es muy difícil, pero en la medida que puedas, trata de conectar con el *Sosiego,* con la *Calma,* tener presente siempre una energía de *Paz.*
La respiración tiene un poder muy grande y en los peores procesos del ser humano trabajar con ella es muy reconfortante.

Si respiras profundamente cada vez que sientas angustia, poco a poco podrás dar pequeños pasitos que te ayudarán a comprender e integrar la experiencia desde otra perspectiva mucho más *Serena* que si la vives desde la inquietud.

Te he comentado todo esto, en parte para que puedas relacionar esta información con lo que quiero explicarte ahora.

Cuando en la pareja uno de los dos se va, cualquiera que sea la causa de su ausencia, pueden pasar varias cosas.

Te voy a explicar dos de ellas:

1.- Puede suceder que uno de los *Hij@s,* sin ser consciente de ello, pase a desempeñar el rol de la pareja desaparecida.

Con esto hay que tener mucho cuidado, porque a nivel energético, es muy fácil que uno de los *Hij@s* pase a ocupar el lugar de la persona que se ha ido.

Si falta la *Madre*, posiblemente uno de los *Hij@s*, chico o chica, da igual, pasará a sentirse con la necesidad de dar protección a la familia en forma de abrazos, de cuidados, de ternura, de encargarse de hacer la comida y alimentar a la familia, de esperar a que se duerman los demás para poder irse a descansar.
En definitiva, desarrollar el rol de la *Madre* que ya no está.

Y si falta el *Padre*, algún *Hij@*, chico o chica, tenderá a estar pendiente de que no falte nada en casa, de tomar algunas decisiones ahora que la familia está sumida en una emoción delicada, de procurar traer dinero a casa lo antes posible como lo haría un cabeza de familia, de proteger a los miembros del clan como lo haría una energía masculina.
En definitiva, desarrollar el rol de *Padre* que ya no está.

En principio parece que esto es lo normal, y biológicamente sería la tendencia natural de un clan que ha perdido a un@ de sus miembros. Si te das cuenta, esto sucede en un proceso de separación de parejas, igualmente.

El hecho de asumir este rol se da porque desaparece un@ de los adult@s encargad@s de la custodia y cuidado del clan y por eso, para garantizar la continuidad del mismo, otro de los miembros, en este caso un menor, es decir, uno de los *Hij@s*, pasa energética e inevitablemente a ocupar su lugar.

Puedes pensar en algún caso que conozcas que esté atravesando esta experiencia que te describo y verás cómo uno de los *Hij@s* ha pasado a desempeñar el rol del adulto fallecido o ausente.

Aunque esta asunción de roles sucede de una manera totalmente inconsciente y energética, necesito decirte que si estás atent@ a ello, es importante, en la medida de lo posible, **evitar que el menor o el Hij@ asuma una función que no le corresponde**.

A priori no parece perjudicar a nadie y, en cierto sentido, es lógico que en los primeros momentos y hasta que la unidad familiar se recoloque, los componentes del clan traten de equilibrar la pérdida de la mejor manera que puedan y sepan.

Pero mi reflexión va más allá. <u>Una vez pasados los primeros momentos en los que queda claro qué es lo que ha pasado y cuál es</u>

la nueva situación, te propongo que los menores sigan siendo *Hij@s* y el *adulto* que ha quedado a su cargo, asuma, en la medida de lo posible, el rol de la pareja ausente.

Conozco muchos casos que reflejan las consecuencias de estas situaciones y aunque a priori no parezcan revertir mayores consecuencias, las secuelas que quedan en un menor por asumir roles de adulto son muy delicadas. Precisamente por eso, porque los menores son niñ@s y lo que tienen que vivir es eso, ser *niñ@s* cuidados y protegidos por adultos y no al revés.

Con todo esto trato de hacerte reflexionar si esta es tu situación o conoces a alguien que, sumid@ en su dolor o quizás sin ganas de seguir adelante, se refugie en la energía de sus *Hij@s*. Y es que sin querer, *Ell@s* pueden acabar desempeñando labores de adulto y sosteniendo energéticamente el dolor emocional de su *Madre* o de su *Padre*.

Tengamos mucho cuidado con esto, porque un niñ@ debe ser eso, un niño, hasta que su edad y la lógica madurez de sus experiencias l@ lleven a crecer progresivamente y no antes de lo que necesita y merece.

Permitámosle a los *niñ@s* ser *niñ@s* mientras tengan edad y la adecuada madurez para ello.

Desgraciadamente hay muchos casos donde no queda más remedio que asumir roles de adultos y crecer a pasos agigantados, dejando la infancia escondida en algún rincón de los recuerdos. Aunque sé que esto puede ser a veces inevitable, desde aquí insto a los adultos a que cuiden este aspecto y a que reflexionen sobre ello.

Protejamos debidamente al menor, y no solo físicamente.

Puede ocurrir también que:

2.- El adulto que queda a su cargo los sobreproteja exageradamente.

¿Qué sucede en este caso?

El *Amor* a los *Hij@s* y el deseo profundo de que no sufran más de lo que ya han sufrido por la pérdida, hace que el adulto que queda a su cargo les evite cualquier tipo de esfuerzo y frustración.

Esto en principio parece ayudarles en el proceso de adaptación a la nueva situación, pero realmente **le hace flaco favor a su evolución y al proceso que necesitan atravesar naturalmente**.

Es cierto que según la edad, es necesario proteger y dulcificar en cierto sentido la dureza y la gravedad de la experiencia, pero lo que no es adecuado es sobreproteger a los *Hij@s* hasta tal punto de permitir que el adulto se convierta en algo similar a su "esclavo".

- *¡Dame, toma, tráeme, no quiero, porque sí, para mí, prepáramelo, esto no me gusta, cámbiamelo, llévalo tú, cómpramelo... !*

Intentando que los *Hij@s* no sufran más, se les sobreprotege, malentendiendo el *Verdadero Sentido del Amor*, y llega un momento en el que **se acomodan a un estilo de *Vida*** en el que mamá o papá, según esté, siempre les resuelve la *Vida*.

Acaban logrando que otros hagan lo que tienen que hacer ellos solos. El adulto que se hace cargo de Ell@s, sin querer, les evita el proceso natural de aceptación de las circunstancias que les ha tocado vivir, y no es nada beneficioso para su desarrollo y madurez.

Por la experiencia que me han aportado más de 30 años trabajando con niñ@s, y por los casos que conozco directamente, podría decirte que, los *Hij@s*, siempre acorde a la edad que van teniendo, **deben ir tomando contacto con la realidad que les ha tocado vivir**. Siempre de acuerdo a su edad, pero deben ir asumiendo realidades concretas de su *Vida* cuando así se requiera.

Si en casa, tras el fallecimiento de uno de los progenitores, han quedado dos *herman@s* y un adulto, **son tres personas las que deben poner la energía** en marcha para que l@s tres salgan adelante con la misma *Fuerza y Solidez*.
Todos deben ser *Conscientes* de que la *Energía* ha de alimentarse y generarse entre todos.

De la misma manera que es perjudicial el que un *Hij@* asuma el rol del adulto ausente, es igualmente perjudicial que asumas tú como adult@ **todos los roles de la familia** evitando que tus *Hij@s* "muevan un dedo" en casa. No es correcto ni adecuado ninguno de los dos casos.

¿Comprendes a qué me refiero...?

Intentando evitarles más sufrimiento, hacemos de *Ell@s* unos verdaderos *"tiranos"* que acaban exigiendo del adulto un comportamiento exclusivo a su servicio.

Conozco casos en los que, en lugar de ponerles límites a los *Hij@s* como lo haría cualquier otra unidad familiar, se les trata a cuerpo de rey, evitando así que asuman sus naturales responsabilidades y haciendo que no maduren adecuadamente.

Créeme que lo que en principio pretende evitarles más dolor acaba siendo la peor de las metodologías que se pueden aplicar en la educación de un *Hij@* porque desvirtúa los roles de igualdad dentro de la unidad familiar. El adulto acaba siendo algo así como "una especie de servidor" a merced de las múltiples necesidades de los *Hij@s* y esto no solo no les ayuda, sino que acaba deformando en *Ell@s* el concepto de *respeto y consideración* hacia los demás.

Y créeme que conozco varios casos.

El Verdadero Amor te pediría que, con *Delicadeza* y con *Ternura*, <u>les ayudaras poco a poco a comprender a tus *Hij@s* la nueva situación</u> para que fueran progresivamente asumiendo que la pérdida ha sido para todos, no solo para ti.

Y que del mismo modo, tienes que procurar que tus *Hij@s* colaboren para que esta nueva situación os ayude y os enseñe a todos.

Porque entre otras razones, para eso ha sucedido.

EL TIEMPO QUE PASAS CON ELL@S

Mucha gente se ve en este tipo de situaciones con cierta frecuencia en su *Vida*. Es cierto que tus *Hij@s* necesitan tiempo de estar contigo. Cualquier *Ser* que ama a *otro*, desea estar a su lado la mayor cantidad de tiempo posible.

Y con el ritmo de *Vida* que se lleva y las dinámicas diarias muchas veces es muy difícil compaginar el tiempo que tenemos con nuestros *Seres* queridos.

Y en este caso son tus *Hij@s*.

Yo te digo que no es tanta la necesidad de pasar gran cantidad de tiempo, sino que ese tiempo que realmente pases sea de la mayor CALIDAD posible.

Un niñ@ va a recordar muchísimo más *una hora maravillosa* que ha podido divertirse con su *Padre* o con su *Madre* que 8 horas largas junto a ellos, aburridas y sin conexión.

Prioriza, con todo tu *Corazón*, y decide brindarle **calidad de tiempo**, aunque sea poco, pero de mucha calidad.

¿Y a qué me refiero tiempo de calidad...?
Pues me refiero a tiempo de *Amor*.
Tiempo de escucha, de cercanía, de miradas, de risas, de juegos, de complicidad...

Tiempo de calidez, de *Verdad*, tiempo donde compartas **haciendo eso que a tus *Hij@s* les gusta**. Tiempo donde *Ell@s* sientan que tú te diviertes a su lado y eres feliz haciendo lo que estás haciendo, instantes presentes donde te sientan orgullos@ de disfrutar y de estar con *Ell@s*.

Tiempo en el que verdaderamente os divirtáis juntos, que riáis juntos, donde puedan percibir que tú te sientes un *Rey* o una *Reina* junto a *Ell@s*.

Los niñ@s son sabios en esto y captan lo que sientes con muchísima facilidad. No les puedes engañar. Saben si te estás divirtiendo o no... Te pillan al vuelo.

Solo necesitan una risa fingida o un gesto disimulado para captar que algo no cuadra en esta película: "o tú no quieres estar conmigo o tú deseas estar en otro lugar en este momento".

Ten mucho cuidado en este sentido, porque más vale una hora de *Verdad* a tope, de ganas, de risas y de celebración que intentar estar una tarde a disgusto cuando tu cabeza realmente está en otro lado.

El *Amor* pasa por la *Verdad*, por la *Claridad* y la *Autenticidad* de dónde quieres estar. Y los *niñ@s* son expertos en detectar esto.

Del mismo modo **hay otra variedad en estos casos**.
Hay *Madres* y *Padres* que como no tienen tiempo de estar con *Ell@s*, les envían las últimas novedades compradas. Puede que al principio les haga ilusión, por desconocimiento o soledad, pero llegará un momento en que les saturará, porque no hay dinero en el mundo que compre una hora de calidad con mi *Madre* o con mi *Padre*.

El comprar objetos de manera habitual, porque mamá o papá no llegan a tiempo a casa, te aseguro que no solo genera una sensación de vacío inconsolable sino que llegará un momento en el que este hecho hará de *Ell@s* un ser déspota o caprichoso.

Créeme…

Aunque sea un tópico, el *Amor* no se puede comprar.

CUANDO NO TE VA BIEN CON TU PAREJA

Todos conocemos las crisis que atraviesan normalmente las parejas. Y también sabemos que las hay que viven permanente en crisis, porque quizás nunca se han tomado en serio la decisión de romper una convivencia que no es constructiva.

Esto entra dentro de las **situaciones que encontramos con bastante frecuencia** en la *Vida*. Y hasta cierto punto es lógico el que, en estas circunstancias, uno de los miembros de la pareja se refugie en algún otro lugar o experiencia. Cuando algo no funciona tienes que nutrirte en otros espacios, alimentarte de otra energía o tener otros alicientes.

Yo no voy a entrar en si lo conveniente es la decisión de separarte o no. Eso es muy personal y cuando sientas que debe hacerse, se hará…

Donde sí quiero hacerte reflexionar es en lo delicado y diría, peligroso, de refugiarte en uno de los *Hij@s* cuando la pareja no funciona.

Conozco casos de *Madres* que establecen una relación muy estrecha con alguno de sus *Hijos* varones, una relación tan especial que en algunas ocasiones desempeña la función que debería hacer el *Padre* como pareja de la *Madre*, sin embargo, ese ámbito de diálogo, complicidad y refugio que debería darse en la relación de pareja, lo asume simbólicamente uno de los *Hijos,* por lo general, un varón.

Aunque puede también suceder que una *Hija,* normalmente la mayor, haga las veces de hijo "varón", energéticamente hablando, y sostenga del mismo modo la insatisfacción de pareja que vive su *Madre.*

Esto ocurre con bastante frecuencia. Seguro que conoces algún caso.

Del mismo modo podemos ver cómo una *Hija* se vincula a su *Padre* de la misma manera, porque su *Madre* es una mujer ausente o no desempeña el rol maternal adecuado como pareja del *Padre.*

Te advierto que esto sucede a un nivel energético, es una **situación muy delicada**. Tanto, que puede ser que ese *Hijo* no cuadre o no encuentre ninguna pareja que le motive o le haga sentir emocionalmente enamorado.

¿Y por qué...? Podrás preguntarte.

Pues porque está desempeñando <u>simbólicamente</u> las veces de "pareja" de su *Madre*. ¿Cómo va a motivarse emocionalmente con una pareja si ya tiene una?

..."Mamá"

Sucede lo mismo cuando la pareja del *Padre* es la *Hija*.
Esto no es broma.

Conozco bastantes casos en los que la relación con el *Hijo* varón es tan directa y estrecha que simbólicamente está "enganchado" a la energía de su *Madre* y de manera clara y manifiesta, ese *Hijo* no puede encontrar su camino con otra pareja, puesto que ya "tiene una".

Aunque salga y tenga muchas relaciones. No cuadra con una pareja.

¿Me sigues, *Corazón*...?

Ahora plantéatelo como *Madre*...

Reflexión

Si quieres a tu *Hijo* y deseas realmente su felicidad, observa esto que te digo y analiza la situación que vives con él. Muchas veces la pareja no acompaña como uno desearía y esa compañía y energía acaba supliéndola el *Hijo*. En otros casos la *Hija*...
Observa y descubre si sucede esto entre vosotros.

O si por el contrario, eres el *Hijo* o la *Hija* y sientes que estás estableciendo este tipo de relación con tu *Madre,* o con tu *Padre.*

Si te das cuenta de que lo que te comento te sucede a ti, trata de ser consciente, de analizarlo y de verlo con toda la franqueza posible, porque la energía se engancha haciendo las veces de pareja simbólica, sin serlo.

Esto no es un juego, ni tampoco una manera simpática de describir la situación. Podría hablarte durante horas de las consecuencias psicológicas, físicas y personales que trae consigo este tipo de relaciones simbólicas.

Trata de ser sincer@ contigo y observar y valorar si la pareja no funciona como tú necesitas, porque quizás eso te esté llevando a volcar tu tiempo y tu energía en una relación "simbólica" con tu *Hijo*. O quizás con tu *Hija*.

Puede ser difícil de observar, pero de cualquier manera es posible.

También te lo planteo a ti, como *Hijo* o *Hija*. Date cuenta de que tal vez tu *Madre* o tu *Padre* no ha sido feliz con su pareja. Y el *Amor* que sientes por *Ell@s*, que es grande, te ha llevado a vincularte tanto que quizás has desdibujado tus horizontes y te has vinculado demasiado con sus decisiones, sus preocupaciones y su soledad.

Es muy serio esto, porque conozco bastantes casos, algunos de ellos muy cercanos que caen presos en este rol de pareja simbólica. Esto puede llegar a condicionar años de la *Vida del Hijo* si no se observa "este juego simbólico" adecuadamente.

Del mismo modo puede pasar con una *Hija*. Conozco igualmente casos en los que el *Padre*, cuya relación de pareja no funciona, establece con una de sus *Hijas* este vínculo inconsciente. Se dejan cuidar, mimar, aconsejar y acompañar por ella, como "pareja simbólica" pero con el género contrario.

Del mismo modo estas *Hijas* acaban no encontrando su pareja en la *Vida*, o no acaban de sentirse a gusto con ella, porque "ya, simbólicamente tienen una". Sucede exactamente igual en ambos casos.

Cuando solo hay *Hijos* varones o solo *Hijas hembras*, uno de ellos, tenga el sexo que tenga, desempeñará el rol que te acabo de describir con alguno de los progenitores.

En consulta personal he trabajado con estos casos, siendo en ocasiones, muy delicadas las consecuencias que tiene esto para la *Vida* de los *Hij@s*.

Y todo esto se hace **en aras del Amor.**

Simplemente te pido que reflexiones sobre esto y que luego, evidentemente, tomes el camino que sientas que debes tomar.

Mi *Consciencia* me pide explicártelo de la manera más amorosa que sale de mi *Corazón* para tratar de hacerte *Consciente* de todo esto.

Luego *Tu Libertad* y *Tu Luz*, hará lo que sienta que debe hacer.

CUANDO TU HIJ@ TIENE UNA DISCAPACIDAD O ENFERMEDAD

Esta situación es también muy delicada.
Y trataré de abordarla con todo el *Amor* que hay en *Mi Consciencia*.

A lo largo de tantos años como docente, he trabajado con muchas *Madres y Padres* que tienen *Hij@s* que presentan alguna discapacidad o deficiencia: Ya sea auditiva, visual, motriz, mental, perceptiva...
Hay varios grados y dificultades, según cada *Ser* o circunstancia.

Lo que trato de decirte en este apartado del capítulo es que aunque los *Hij@s* manifiesten algún tipo de discapacidad, el *Amor* no pasa por consentirles lo que ellos quieran sin más.
El establecimiento de límites les hace mucho más felices.

Conozco *Padres y Madres* en estas circunstancias que me dicen abiertamente que les dan pena sus *Hij@s* y que por lo tanto <u>les consienten y les permiten hacer según qué cosas</u> o tener algún que otro hábito, en cierto modo, perjudicial.

Permíteme que te diga que esto no solo no es educativo sino que, bajo mi perspectiva humana y profesional, <u>es un grave error</u>. Se supone que estas concesiones se hacen por *Amor a ese Ser*, pero le acaba perjudicando enormemente.
Hay muchos casos que así lo corroboran.

Los niñ@s saben perfectamente que están atravesando límites que a otros niñ@s de su edad no se les permite. Y ellos, aprovechan consciente o inconscientemente la situación, para sacar beneficio de ello.

Ya hemos hablado antes de la importancia de marcar límites a los *Hij@s*, y en estos casos, es igualmente necesario.

Como profesional y como *Ser* humano, te aseguro que el hecho de no **establecer límites claros** a los niñ@s con discapacidad o con ciertas deficiencias puede generar no solo niñ@s más infelices, porque su nivel de frustración se observaría con mayor claridad, sino que esa falta de límites dificultaría considerablemente aquellos aprendizajes que **necesitan asumir en la *Vida,*** precisamente por su situación y su realidad particular.

Me hago cargo de que tener un *Hij@* con dificultades debe llevarte en ocasiones a sentir **una pena profunda en el *Alma*,** inconsolable, diría yo.
Créeme que trato de comprender las circunstancias que pueden envolver a una familia en estas situaciones.

Y es que, precisamente por eso **sé de primera mano** que no es en absoluto recomendable el permitir que los *niñ@s* atraviesen según qué límites en sus hábitos diarios de respeto y comportamiento.

Llevo muchos años tratando con *niñ@s* con ciertas dificultades y discapacidades y, por supuesto, la educación y el control de límites debe ser para todos igual, independientemente de que se tenga una deficiencia o discapacidad concreta.

Está estipulado así por la delicadeza que exige la educación y la formación de estos niñ@s, ya que en algunos aspectos, necesitan extremar el cuidado con todo este tipo de metodologías o actitudes educativas.

Ell@s merecen que se les trate y se les eduque para crecer con integridad y con la mayor coherencia posible.

Créeme que el *Amor* a un *Hij@* con discapacidad pasa por educarl@ en los límites adecuados a su edad y su diferencia.
Igual que cualquier otr@ niñ@.

Sin distinciones al respecto.

Niñ@s que puedan expresar y sentir con *Dignidad* que con *Ell@s* no se han tenido **deferencias** que los distingan de otros niñ@s a nivel humano, porque eso sería para *Ell@s* haberles educado en el *Respeto*.

Todos somos diferentes. Todos...
Y *Ell@s* merecen ser educados en igualdad de derechos y deberes.

Mi experiencia de más de 30 años de docencia avala esto que te estoy diciendo.
    Y esto para mí es *Amor*.

Otorgarles la igualdad de trato y educación, sin distinciones ni absurdas condescendencias que no tienen razón de ser, en ningún sentido.

UN APUNTE MÁS

Me gustaría en primer lugar bendecir a todos y cada uno de esos *Niños y Niñas* que han venido a este planeta a traernos tanto *Amor* y tanta *Sabiduría*.

> "Aléjame de la sabiduría que no llora, de la filosofía que no ríe y de la grandeza que no se inclina ante los niños".
>
> ***Khalil Gibran***

En especial, a aquellos *Sagrados Maestros del Cielo* que han encarnado con serias enfermedades y discapacidades. Seres de *Infinito Amor Incondicional* que han deseado venir a este mundo para enseñarnos *Fortaleza, Entereza y Amor*.

Dejo aquí manifestado mi más *Profundo Respeto* hacia todos y cada uno de *Ell@s*. Pero, no puedo terminar este apartado sin dirigirme a **todas sus Madres y Padres...**

Deseo hablar directamente de esa emoción que les embarga con frecuencia y que les aparta de la *Consciencia* de lo que *Somos* en esta Tierra. Me refiero a ese **sentimiento de culpa** que llevan calladamente en lo profundo de su *Corazón*.

He hablado con muchas *Madres y Padres* con *Hij@s* enfermos o discapacitados y todos ellos, sin querer, llevan en lo profundo de su *Corazón* la sensación de que son culpables de lo que les ha pasado a sus *Hij@s*.

Se deshacen en llanto tratando de encontrar dónde se equivocaron, qué fue lo que hicieron mal o qué dejaron de hacer para que eso pasara.
Qué hicieron para que sus *Hij@s* tuvieran que vivir eso que están viviendo.

Y desearía profundamente aliviar o eliminar, si estuviera en mi mano, esa dolorosa culpa que puedan sentir en lo profundo de su *Corazón*.

Puedo comprenderlo. Puedo ponerme en el lugar de unos *Padres* que desean lo mejor para sus *Hij@s*, incluso sé que aceptarían cambiarse por ellos para que no sufrieran.

Lo sé...

Y lo comprendo.
Pero es necesario abrir nuestra mente y nuestra *Consciencia*.
Porque esos *Hij@s* tan solo han venido a través del vientre de su *Madre*.

Ell@s, aunque cueste creerlo y parezcan palabras, antes de llegar a este mundo, ya venían de otros ciclos vitales, sumando experiencias en su *Camino Existencial*. Y su *Alma* decidió encarnar en ti.

Decidió venir a este mundo con las dificultades con las que vive en estos momentos. Hubiera podido elegir cualquier otro vientre.
Ya sabes que *Somos Uno*...

Pero si hubiera elegido venir a través de otro vientre, las circunstancias hubieran sido las mismas.

Tan solo eligió venir a través de ti.

No tienen que ver contigo esas dificultades.
Ni contigo *Madre*, ni contigo *Padre*...

Tienen que ver con su *Alma* y con las circunstancias que su *Evolución Existencial* le ha pedido experimentar. Y hubieran sido las mismas, porque son ellos los que necesitan atravesar la experiencia, son *Ell@s* los que han pedido al *Universo* aprender de esa situación.

Tan solo han venido a este mundo a través de tu vientre.

El engranaje de la *Existencia* enlaza una vida con otra, un ciclo con otro, en los que progresivamente vamos aprendiendo con todas las experiencias que vivimos.

Y ahora *Tu Hij@* ha necesitado aprender de todo esto.

Y tú, a su lado...

No podemos responsabilizarnos de lo que le sucede a ninguno de nuestros *Hij@s*, porque ha sido su *Alma* quién ha pedido vivir esta experiencia.

Necesitamos *Humildad* para **apartarnos de esta culpa** y poder abrir nuestra mente y nuestro *Corazón* a comprender que la *Existencia* es algo mucho más *Amplio y Sagrado* que lo que pueda suceder en un solo ciclo vital.

- ¿*Es duro*...? ¡*Sí*...!
- ¿*Hubieras preferido que las cosas fueran diferentes*...?

¡Seguro que sí...!

Pero aprendemos de miles de maneras distintas lo que *Es el Amor*. Y esta es una de ellas...

Todos necesitamos abrirnos a comprenderlo.

Así que cuando *Tu Corazón de Madre o de Padre* sienta la más mínima duda de que existe culpabilidad en lo que ha hecho, no la albergues.

Recuerda que tu *Hij@* es *Hij@* de la *Vida*.
Y concédele a su *Alma* la *Grandeza* de poder elegir

... cómo necesita *Evolucionar*.

> "La felicidad está dentro de uno,
> no al lado de alguien"
>
> *John Lenon*

El Amor a la Pareja

Todos, en algún momento de nuestra *Vida* hemos llegamos a creer y a sentir que el *Amor* es algo que sucede solo en una pareja.
Arquetipos, creencias y cánones que se han grabado en nuestro inconsciente nos han llevado a sentir y a creer que **estar enamorado** solo ocurre en una relación entre dos.

Pero luego cuando maduramos y la *Vida* nos coloca frente a distintas experiencias, logramos **ver más allá de lo visible** y nos damos cuenta de que el *Amor* realmente se manifiesta en TODO *lo que Existe*.

Vibra y se revela en todo lo que *Es*.

Es cierto que lo que se aprende en una relación no se puede encontrar en ningún otro ámbito de la *Vida*.
Solo sucede en ella…

La comunicación llega a ser tan íntima, tan directa y cercana, que ninguna otra experiencia puede hacerte llegar a los lugares del *Alma* con los que te conecta una relación de **pareja.**

Ya sabes que **nuestro cuerpo físico** está en *Común-Unión* con los cuerpos energéticos que lo rodean. Y cuando se establece una relación afectiva entre dos, los campos de energía de ambas personas, se comunican y se relacionan entre sí.

En una pareja, estos cuerpos se vinculan más estrechamente, ya no solo por cercanía y presencia, sino por vibración emocional.

Sé consciente de que en una relación de pareja se entremezclan todos los campos de energía, **incluido el físico**, algo que no sucede con esta intensidad y nivel de contacto en ningún otro intercambio o relación humana. Esto lleva a los *dos Seres* a unos niveles de intimidad y de complicidad **incomparables a cualquier otra experiencia**.

La relación de pareja **permite que entremos en lugares** personales muy profundos, muy ocultos e incluso desconocidos para cada uno. La intimidad y la cercanía, el nivel de comunicación que requiere y el intercambio energético que inevitablemente se manifiesta, hacen posible un nivel de relación muy profunda e intima.

Por eso, el dolor que puede llegar a provocar una relación de pareja **es incomparable** a cualquier otro dolor, porque el nivel de intercambio energético y personal ha traspasado todas las fronteras vibracionales, incluida la física. Los campos de energía corporales y etéricos han estado completamente unidos y vinculados y eso conlleva un intercambio de energía muy profundo, muchas veces inexplicable.

Una relación de pareja llega a tocar zonas ancestrales del *Alma*, íntimamente ligadas al inconsciente. La *Energía de Uno* entra en contacto con los campos íntimos y sagrados de la energía existencial *del Otro*, y ahí se mueven, inevitablemente, memorias profundas y antiguas.

Por eso las parejas se convierten en **nuestro mejor maestro**, porque nos enseñan lo que en otro sitio no podríamos aprender. Nos muestra esa parte oculta y desconocida de nuestro inconsciente que solo se refleja en este tipo de experiencia.

No digo que sea el único camino de aprendizaje en la *Vida*, es uno más pero, muy intenso y profundo.

Todos conocemos algún que otro caso de personas que **viven relaciones constructivas con su pareja**. Se ayudan, se apoyan, se dejan la *Libertad* que cada uno necesita.

Son relaciones que permiten que ambas partes crezcan y construyan en conjunto un camino, por eso reciben el nombre de constructivas.

Este tendría que ser el horizonte de una relación, aunque evidentemente, cada uno puede elegir la manera de vivir esta experiencia en la *Vida*. **El mundo de dos** es un universo único, que debería respetarse totalmente y del mismo modo, ser infranqueable e inviolable, todo aquello que dos *Seres* deseen vivir en unión.

Si una relación de pareja te aporta **Libertad, Conexión, Respeto, Apoyo, Escucha y Crecimiento**, será a todas luces constructiva. Te ayudará en el camino de evolución personal.

La reflexión la planteo cuando esto no sucede.
Y dejas años de tu *Vida* a los pies de alguien que no te ayuda a evolucionar, que no te ayuda a desarrollarte personalmente, que no te invita a ser mejor persona cada día.

Incluso, puede que dejes años de tu *Vida* a los pies de alguien que no te respeta, que no concibe la libertad personal, que no te apoya en aquello que verdaderamente necesitas o que no llega siquiera a escucharte.

> "Aquel que quiere ser amado, debe querer la libertad del otro, porque de ella emerge el amor. Si lo someto, se vuelve objeto y de un objeto no puedo recibir amor"
> **Jean Paul Sartre**

Y todavía voy más allá, que es a donde quiero llegar.
Puede que dejes años de tu *Vida* a los pies de alguien que te humilla, que te limita, que te resta energía y que llega con frecuencia a despreciarte.

      Y lo llamas *Amor*...

Todos conocemos casos con este perfil enfermizo y destructivo en una relación. Mucha gente está viviendo experiencias de pareja que podríamos denominar tóxicas.

¿CUÁNDO PODEMOS DECIR QUE UNA RELACIÓN ES TÓXICA?

Los límites los pone cada uno.
El umbral de toxicidad puede variar según la singularidad de cada *Ser* o según hayan sido sus experiencias de pequeñ@ o sus patrones inconscientes y existenciales de *Vida*.

Una relación es tóxica cuando no te da *Libertad,* cuando no bendice quién eres, cuando no desea lo mejor para los dos.

Es tóxica si no te impulsa a confiar en ti, si te anula, si no te da la *Dignidad* que mereces, si te humilla, si te agota, si cada día entregas tu energía a cambio de nada.

Cuando una relación es tóxica destruye alguna de las dos partes y con el tiempo, acaba minando la energía de los dos. Hay gente que prefiere imaginar que no pasa nada. Que todo lo desagradable pasará y que las cosas cambiarán pronto...

Pero ese milagro nunca llega.

Ese es el mayor **autoengaño** en el que puede vivir un *Ser humano*.

Evidentemente respeto cada caso y cada realidad personal y vital. A lo largo de mi *Vida* me he dado cuenta de que el mundo de dos es precisamente eso, **de dos.** Cada *Ser* es libre de vivir lo que necesite y desee y, por supuesto, al lado de quien le apetezca y considere.

Tú eres libre de estar con quien desees, de permitir según qué trato y según qué actitudes.
      Pero no te engañes...
            No lo llames *Amor*.

Hay gente que es capaz de vivir años de su *Vida* junto a alguien que no le hace feliz, pero lo que es más delicado es que hay gente que es capaz de vivir años de su *Vida* junto a alguien que literalmente l@ destruye.

> "Quien no tenga sueños, que se prepare para tener dueños..."
> **Luis Eduardo Aute**

Antes de continuar me gustaría compartir una reflexión que tengo muy clara en mi *Consciencia* y en mi *Experiencia*.

El mundo de dos, es de dos.
Y si uno no desea estar en ese lugar, la relación desaparece.

Esto significa que, al margen de casos extremos, si desde el primer momento uno no permite según qué cosas en una relación, el otro, o reflexiona o se marcha.
O quizás, seas tú mism@ quien decida irse.

Si uno no quiere, el otro no encuentra con quién...
¿Comprendes a qué me refiero...?

Evidentemente, hay casos en los que desgraciadamente tenemos que lamentar ciertos sucesos en los que ya no hay vuelta atrás, pero en el resto de las situaciones y casos cotidianos, <u>si uno no entra en el juego, el otro no puede jugar</u>.
¿Me sigues, *Corazón*...?

Por maltrato <u>no solo entendemos las gravísimas consecuencias que conlleva una relación tóxica llevada al extremo</u>. Podemos hablar de maltrato a muchos otros niveles de la vida cotidiana, en actitudes que te hacen daño una y otra vez, en hábitos de desprecio continuo, en prohibiciones y límites que atentan contra la *Libertad* de una persona y que van minando y destruyendo la autoestima, la energía y las ganas de vivir.

Me refiero a ciertas maneras de tratar al otro, actitudes diarias que, en principio, parecen fruto de un desencuentro, pero que realmente van de la mano del maltrato.
Y en estos términos me atrevo a decir que...

> "No hay maltratador/a sin alguien que siente que debe ser maltratad@"

Soy consciente de que esto puede resultar, como mínimo, doloroso de escuchar para algunas personas. Soy conocedora de realidades verdaderamente dramáticas y emocionalmente enfermizas y que, les resultaría prácticamente imposible, al menos de momento, comprender esto que acabo de decir.

Precisamente por eso me atrevo a expresártelo.

Si has comprendido lo que te he explicado en capítulos anteriores sobre el poder del inconsciente y de cómo se apodera de tus decisiones en un 97%, podrás empezar entonces a comprender que, en este tipo de relaciones tóxicas, **el 3% desea salir y liberarse**, y el 97% restante te mantiene atrapad@ en esa relación.

¿Me sigues, *Amor*...?

Muchas personas creen inconscientemente que este tipo de trato por parte de sus parejas es normal y adecuado. Otras sienten que no merecen otro tipo de relación y se ven ligadas a una forma de vida destructiva que acaba con sus sueños y su energía.

Y este "vínculo" que mantiene "unidas" a estas dos personas **recibe una y otra vez el nombre de** *Amor*.

¿Te das cuenta como hay algo que no concuerda...?

> No tengas pena de perder a alguien que no se siente afortunado de tenerte a su lado.

Conozco bastantes casos de personas adictas, presas de este tipo de relaciones tóxicas y destructivas, que creen que en una relación de pareja debe haber gritos, insultos, prohibiciones e incluso golpes físicos... Que todo esto forma parte de la convivencia.

Estoy segura de que esas personas vieron este tipo de trato cuando eran pequeñ@s no solo entre sus padres, sino quizá también entre sus abuel@s. Era lo normal observar esto en casa cada día.

Y aprendieron que esto era *Amor*.

Aquí percibes cómo ese 97% inconsciente te conduce a una relación con **los mismos patrones de desprecio y vejación que se vivieron**

junto a los padres o abuel@s, repitiendo los mismos roles vividos y aprendidos.

¿Te das cuenta de qué delicado es esto…?

El inconsciente reconoce como "normal" una situación así y sin querer, lo asocia a algo familiar, conocido y por lo tanto "respetado". El 100% de los casos que conozco con este perfil me han reconocido que aprendieron que ese **mal-trato** era habitual y normal, y que una relación de pareja debía tener estas manifestaciones.

Y escribo **mal-trato**, separado con un guión, para que observes que realmente se refiere a eso, a un trato vejatorio, humillante, un trato no correcto, un trato erróneo, enfermizo, distorsionado y destructivo.

Mal-trato

Sé de sobra que el diccionario escribe maltrato, pero a mi inconsciente le parece que pasa más desapercibido si lo escribo unido porque se integra como algo más cotidiano que si lo vemos de esta manera. Por eso lo separo, para que **busquemos, de una vez por todas, una solución digna** a esta lacra de la humanidad.

He oído a veces en consulta personal decirme:

- *"Es que solo fue una bofetada…"*
- *"Es que solo fue un empujón…"*
- *"Es que estábamos jugando y solo me escupió a la cara…"*

¿Por qué le quitas importancia a esto?
Estamos hablando de una bofetada, de un empujón, de alguien que se considera con derecho a escupirte.

¿Por qué sientes que debes aguantar esto…?
                                            ¿Para qué…?

¿Te das cuenta cómo **hay algo adictivo al dolor**?
¿Te das cuenta cómo hay algo que engancha a vivir vejaciones y desprecios…?
        Y lo peor de todo es que lo llamas *Amor…*

Si este es tu caso, cuando te encuentras en la *Vida* con personas que te ofrecen respeto, cariño, cercanía y *Amor,* tu inconsciente l@s rechaza, porque no lo asocias a una posible pareja.

Seguramente hay en ti memorias, "erróneas" eso sí, pero memorias, que te vinculan a un tipo de relación tóxica y destructiva, porque eso es para ti lo familiar y conocido. Aunque sea destructivo, tu inconsciente lo asocia a una energía de hogar.

> "A la gente le cuesta mucho dejar el sufrimiento. Por miedo a lo desconocido prefieren el sufrimiento porque les resulta familiar".
> ***Thich Nhat Hanh***

Las personas adictas al dolor tratan de rebajar la dureza en la que realmente viven cada día tratando de disculpar a su agresor/a una y otra vez. Su necesidad de mantener a esa persona a su lado es más fuerte que el dolor que provoca la relación.

Pero esto no es *Amor*.

Llámalo de cualquier otra manera, pero no lo llames *Amor*.

Quería aclararte este aspecto antes de continuar, porque es verdad que un maltratador/a puede hacerse con la voluntad del maltratad@, pero del mismo modo lo que se permite en la relación también lo marca la otra parte afectada.

Esa necesidad de estar junto al agresor, esa necesidad de sentirse al lado de alguien que maltrata se debe al **apego a esos recuerdos de violencia** que se vivieron como normales y que el inconsciente los califica de "aceptables".

OTROS CASOS

Para hablar de maltrato no es necesario que haya agresión física. Este patrón funciona también para otro tipo de violencia que no es la física, me refiero a la violencia verbal o mal-trato psicológico.

Encontramos muchos casos de personas que reciben vejaciones verbales continuas, insultos hacia su persona, frases descalificadoras y prohibiciones que destrozan su *Energía* y su *Luz*.

Y cuando esta realidad se analiza en consulta terapéutica con la persona implicada, esta llega a justificar estas agresiones diciendo:

- *"Bueno, no es maltrato porque no me ha llegado a pegar..."*

<u>Parece que es necesario que haya agresión física</u> para llamarlo **maltrato**.

Desde aquí te digo, *Corazón Mío*, que hay maltratadores y maltratadoras que no necesitan pegar. Y son considerados buenas personas, solo por el hecho de no llegar a agredir físicamente, aunque a nivel psicológico esté destrozando a su pareja.

Hablamos de un trato vejatorio, humillante, de un trato vergonzoso y despectivo...

Y no es necesario pegar para **mal-tratar**.

Hay muchas situaciones en las que las personas solo reciben desprecios, insultos, humillaciones, chantajes, culpabilizaciones, exclusiones, verdaderas torturas verbales en la relación sin necesidad de que exista ningún golpe físico de por medio.

¿Cómo llamas tú a esto...?

Y añado aquí a quienes utilizan el **silencio** como elemento de agresión.

¡*Sí!*... también silencios.

El silencio continuado es otro tipo de maltrato.

Y grave...

Es otra manera cruel de humillar y despreciar al *Otr@*, haciendo mella en su *Autoestima* y su *Dignidad*.

Se utiliza para hacer creer al otro que no merece *Respeto*, para anular su valor y hacerle daño. Es algo muy sutil y muy dañino.

No lo permitas, *Corazón*...

No me refiero a los necesarios ratos de silencio tras un enfado o alguna discusión profunda entre dos. Me refiero a una manera de castigar al otro y que se usa con frecuencia para dominar y manipular la autoestima y los deseos de la pareja. Me refiero a un hábito frecuente que destroza la relación y la comunicación.

Trata de parecerse a la indiferencia, pero es distinto, porque este silencio se utiliza para hacer daño, se usa de manera cruel.

En ti está el permitirlo, ya que no es un silencio constructivo sino todo lo contrario. El silencio continuado trata solo de hacer daño.

He atendido en consulta personal a gente que estaba sufriendo profundamente por este tipo de afilados y dañinos silencios continuados que acaban minando seriamente la autoestima y la dignidad personal.

Hay mucha gente que se mantiene al lado de personas que las maltratan diciendo que las aman y que desearían seguir a su lado por *Amor*. Permíteme decirte que si estás recibiendo o viviendo este maltrato a diario o puntualmente junto a otra persona, lo que te mantiene unid@ a ese otro *Ser* no es *Amor*.

Ponle nombre, *Cariño Mío*, a lo que te esté sucediendo.
Si verdaderamente estás viviendo algo similar a lo que aquí te cuento, ponle nombre a la realidad que vives.

Muchas veces uno no toma las decisiones que debería tomar por miedo a quedarse sol@, por promesas familiares en donde acordó permanecer a su lado, por culpabilidad, por interés, por baja autoestima, por memorias de abandono, por apegos, dependencias, condicionantes o dogmas religiosos que te impiden ser libre...

Pero eso no es *Amor*.
Llámalo como quieras, pero no lo llames *Amor*.

El mal-trato no es *Amor*.

Pide ayuda profesional o de confianza. Busca quien te asesore debidamente y te ayude a dar los pasos adecuados para reconquistar nuevamente las riendas de *Tu Vida*.

Te digo que **de todas las situaciones se puede salir**, con *Consciencia,* con *Voluntad,* **pidiendo ayuda** y comprendiendo que hay <u>patrones enfermizos aprendidos</u> y que te vinculan, directamente, con una relación destructiva.

Llama **mal-trato** a lo que realmente así sea.

Es serio esto...

No son palabras lo que te digo.

Ponle nombre a lo que verdaderamente estás viviendo y busca la manera de salir de una relación que no te da la *Dignidad* que realmente merece tu *Vida,* tu *Ser* y tu *Luz.*

He conocido a muchas personas maravillosas, tremendamente válidas, llenas de valores y de *Luz* pero totalmente hundidas, a los pies de una relación tóxica y destructiva.

Y lo que más me conmueve el *Alma* es escuchar@s decir que continúan a su lado por *Amor.*

No, *Corazón...*

No te engañes.

Eso no es *Amor.*

Desde muy pequeñ@s y a través del *Arte,* la *Literatura,* el cine y la fotografía, se nos han mostrado modelos de pareja, en cierto modo, arrogantes o despectivos. Arquetipos que nos hicieron creer que si soportábamos sufrimientos y humillaciones en una relación, **el final feliz estaba garantizado.**

Y esto no es así...

Se ha engañado a muchas generaciones de personas que aún **siguen creyendo que el milagro sucederá en una relación destructiva y tóxica.**

Ten cuidado con esto, *Corazón...*

Nos han enseñado <u>unos patrones de relación de pareja tan alejados del *Respeto* y el *Amor*</u> que lo que realmente han provocado es que creamos que la felicidad se consigue con sufrimiento, esfuerzo y entrega sin medida.

Muchas personas regalan toda su energía a cambio de que una relación funcione. Son capaces de entregarse por entero a la pareja, a los proyectos de la otra persona, a los sueños del otr@, a las necesidades del otr@, olvidándose de la propia *Vida*, del propio espacio y de los propios sueños.

Es gente que lucha desesperadamente para que su relación siga adelante cuando todo indica que no debe continuar. Se empeña en aguantar <u>a ver si el otro cambia</u> o si la otra persona se transforma en ese príncipe o princesa con quien ha soñado siempre.

Todos conocemos personas que acaban responsabilizándose de todo en la relación <u>para que su pareja no tenga nada de qué preocuparse</u>, ni de qué "quejarse".

Ya sabes que considero que cada uno puede hacer con su *Vida* lo que crea conveniente, pero eso sí, asumiendo las posibles consecuencias de ello. Si abandonas por completo *Tu Vida* para dársela a otro, lógicamente eres libre de hacerlo, pero imagina cuáles pueden llegar a ser las consecuencias.

Igualmente conocerás algún caso de personas que, habiéndose dedicado por entero a su relación de pareja, se encuentran de la noche a la mañana sin esa persona a su lado y sabemos de sobra el desenlace de la historia y las consecuencias que eso trae a sus *Vidas*.
Y aquí está la clave…
¿Puedes llamar a esto *Amor*?

Son situaciones que se encargan de dirigir a la persona a un laberinto emocional, del que, en según qué casos, es muy difícil salir.

CÓMO PUEDO CONCEBIR LA PAREJA

El Amor de pareja **es posible**, pero no partiendo de una relación tóxica.

Mucha gente siente que la pareja es un fin.
Algo que se ha de conquistar como si fuera un premio, algo que se logra con esfuerzo y <u>que va a solucionar todos tus problemas</u>.

Hemos aprendido que la pareja garantiza la felicidad una vez que se consiga. Que es el encaje perfecto, la pieza complemento que viene a llenar un vacío interno.
                    Y esto es un gravísimo error...

Nos han enseñado que en algún lugar de este mundo se encuentra tu **alma gemela,** con la que vas a compartir millones de cosas, que te va a comprender, te va a escuchar y con la que podrás ser muy, muy feliz.

Y nos lo hemos creído...

Nos hemos creído ese cuento de que esa persona está en algún lugar de este planeta y que tenemos que ir a buscarla hasta que logremos encontrarla.

Todo esto te hace creer que **te falta esa mitad,** y como te falta, pues hay que ir a buscarla porque mientras no la encuentres, estarás a medias y te faltará algo.
                Cuando esto no es real...

                    ¡No te falta nada!

En todo caso te faltas *Tú.*
Si sientes que te falta algo, te faltas tú...

                    ¿Te das cuenta, *Corazón*...?

Y así vivimos...

El creer que cuando encuentres a esa media naranja soñada vas a ser inmensamente feliz, el creer que tras mucho dolor y sacrificio la otra persona va a enamorarse de ti y a cambiar, como los cuentos infantiles y la Literatura nos enseñaron, es una de las grandes mentiras con las que sueña el ser humano.
Esto no funciona así...

Las personas que atraes a tu *Vida* como pareja son *Seres* que simplemente <u>vienen a ayudarte a sanar viejas heridas del *Alma*</u>. Son seres humanos que se convierten en espejos de tus propios comportamientos, son reflejo de tus zonas ocultas. Y con el roce diario y la convivencia salen a la *Luz* esas heridas y te haces *Consciente* de ellas, para solucionarlas, transformarlas o, simplemente, aprender a elegir otro camino.

Estas personas que acaban siendo tu pareja vienen a enseñarte algo, a conectar con esos aprendizajes que tú no has integrado en otro momento existencial.

Son **Maestros del Camino,** que te acompañan durante un tiempo y que logran llegar a esos rincones profundos del *Alma* en donde no entra nadie más. Vienen a ayudarte a sanar todos esos temas sin resolver y a que puedas comprender facetas de tu persona que no aprenderías en otro lugar.

Tenemos muy idealizado el *Amor* de pareja.

Es verdad que esta experiencia nos hace sentirnos como ninguna otra en este mundo, entre otras razones porque la mueve el *Amor*. Es el *Sagrado y Bendito Amor* el que mueve esos hilos invisibles que hacen que conozcas a esas parejas.

Pero es el **Sagrado Amor** que proviene de ese *Orden Divino* del que ya hemos hablado. No puedes olvidarte de ti cuando entras en relación con otro ser, no puedes dirigir toda tu *Energía* a mantener una relación al precio que sea.

El fin de tu *Vida* no puede ser una relación con *Otro Ser*...
El fin de tu *Vida* eres *Tú*.
        Y ahí empieza el *Amor*...

                Indudablemente.

DEJAR MARCHAR

Los encuentros que tenemos en la *Vida* de pareja forman parte de unos **Ciclos de Aprendizaje**, tiempos concretos que tienen un inicio y un final cuando hemos integrado todo lo que de ellos o con ellos necesitábamos aprender.

Cuando pasan los años y miramos atrás entendemos <u>todo lo que cada una de las personas que han llegado a nuestra *Vida* nos ha enseñado</u>. Y con el tiempo también comprendemos por qué cada relación anterior terminó en el momento que lo hizo, porque era correcto que así sucediese.

La pareja te acompaña en el *Camino de Tu Vida*.
Pero solo eso…

Comparte contigo un tramo del *Camino*, te ayuda a crecer y del mismo modo, crece contigo. Pero solo eso, **te acompaña**, porque ese *Ser* también tiene *Su Vida,* tiene su propio ritmo, su propia necesidad y su propio ciclo de aprendizaje.

Y puede pasar que en algún momento necesite replantearse la relación porque sienta que algo ha cambiado, que algo internamente se ha movido de lugar y quizás necesite continuar por otro sendero, al margen de *Ti*.

Aquí es donde mucha gente se agarra, se aferra a la pareja y busca desesperadamente la manera de continuar la relación al precio que sea.

Y el Verdadero Amor respeta el Camino propio y el del otro Ser.
El Amor deja marchar a quién así lo desea.

Lo demás recibe otros nombres.

Si en una ruptura de pareja, por encima de todo, necesitas que ese *Ser* se quede a tu lado, observa tu miedo, tu apego. Valora qué vacío tuyo pretendes que llene esa persona que desea marcharse.

Muchas relaciones lo que realmente están haciendo es tapar los vacíos del otro, se mantienen por costumbre, por hábito, por miedo a vivir sol@, por dinero, por aprovechar unas condiciones de vida concreta.
Un sinfín de razones y motivos a los que le ponemos el nombre de *Amor*.

Pero realmente el *Amor* no cuadra con esto.

> "Cuando te das cuenta de que nada te falta, el mundo entero te pertenece".
> **Lao Tsé**

Deseo de manera clara y profunda que todas estas reflexiones te conduzcan y te ayuden a transformar tu *Vida, a llenarla de Amor* y a tomar decisiones desde *El Corazón, La Libertad y La Luz que tu Ser merece y necesita.*

La auténtica sensación de **sentirte complet@,** si quieres que sea una realidad, tiene que suceder dentro de ti mism@.

Si en estos momentos estás viviendo una relación de pareja que no te hace feliz, es importante que observes, si así lo sientes, las razones por las que estás compartiendo tu *Vida* con ese alguien.
Trata de contestarte con *Honestidad y Sinceridad.*

A fin de cuentas a quien estarías engañando sería a ti mism@.

Ahora estamos hablando de una relación de pareja, pero realmente me refiero a cualquier ámbito de la *Vida*. Si alguien desea irse de tu lado, por las razones que sean, es necesario dejarl@ marchar. No tiene sentido retener a una persona a tu lado que no desea caminar junto a ti.

Es importante observar, con el *Corazón*, todos estos detalles.

Porque el *Amor* **deja marchar a quien lo necesita**...

> "No retengas a quien se aleja de ti, porque así no llegará quien desea acercarse."
> ***Jung***

Una relación de pareja es una experiencia…

Vibrante, Inigualable, Divertida, Íntima, Poderosa, Sagrada, Profunda…

Si te destruye… No es *Amor*.
Si anula tus iniciativas… No es *Amor*.
Si mata tu alegría… No es *Amor*.

Llámalo como tú quieras, pero no lo llames AMOR.

Reflexión

UN APUNTE MÁS SOBRE LA RELACIÓN DE UNA PAREJA

Este último apartado te lo comento para que seas *Consciente* de hasta qué punto se establecen relaciones profundas y estrechas entre dos *Seres*.

Creemos que el nivel más íntimo de una relación es el plano físico, porque siempre hemos considerado que la intimidad tiene que ver directamente con aspectos corporales del ser humano.
Y en cierto sentido es así, pero **existen otros planos energéticos** que son igual de delicados e íntimos que el físico. Me refiero a todos los campos de energía que rodean nuestro cuerpo.

Ya te comenté en capítulos anteriores qué es lo que sucede cuando dos *Seres* se relacionan personalmente. Pues vuelvo a insistir en que pongas tu atención e imagines cómo es el intercambio de energía que sucede entre dos seres que son pareja.

El vínculo físico y vibracional llega a niveles muchísimo más profundos que en cualquier otro tipo de relación interpersonal.

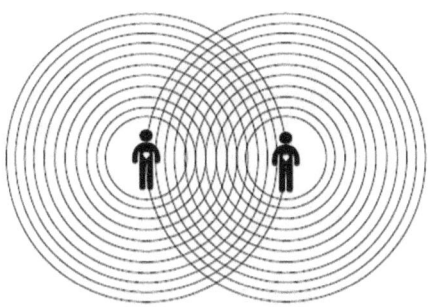

Te vuelvo a mostrar el dibujo para que te sitúes más fácilmente en esto que te digo. Observa con más *Consciencia* cómo se interrelacionan los cuerpos de energía entre sí y qué cantidad de información inconsciente puede llegar a transmitirse de un *Ser* a *Otro*

Y tú dirás...

¿Por qué me dices esto nuevamente?

Porque hay una costumbre ancestral diría yo, que conduce y dirige a las parejas a dormir en el mismo lugar o en el mismo lecho. Y estos hábitos tan antiguos continúan vigentes en la gran mayoría de las relaciones humanas que conocemos.

En principio vemos absolutamente normal que cada pareja comparta su descanso en el mismo lecho. A priori esto parece no traer ninguna consecuencia, pero lo cierto es que el intercambio energético que tiene lugar durante las horas de sueño <u>es tan potente</u> que algunas parejas durmiendo juntas, a nivel inconsciente, no alcanzan un sueño profundo y reparador.
Te explico un poco mejor todo esto...

Cuando nos vamos a descansar y conciliamos el sueño entramos en planos del **campo astral** y accedemos a unos niveles de frecuencia en los que se mueven memorias dolorosas inconscientes relacionadas con experiencias vividas, símbolos incomprensibles o miedos antiguos grabados en nuestros registros y memoria. Por eso en sueños es donde aparecen las pesadillas, haciéndose conscientes nuestros grandes temores, terrores y memorias más tormentosas.
Entramos ahí en planos del inconsciente en donde están todos nuestros mayores fantasmas y temores.

Toda esta simbología que se representa en nuestros sueños está vinculada a **temas pendientes que nuestro consciente no recuerda**, pero que, una vez entramos en determinadas fases del sueño, comienzan a manifestarse de mil y una maneras, mientras dormimos.
¿Me sigues, *Amor*...?

Imagínate entonces, qué sucedería en una pareja que duerme junta; cómo entrarían en relación todos los planos de energía incluso los físicos y que <u>en el momento del sueño están totalmente abiertos, comunicados y vinculados</u>.

Por eso se entiende que en ocasiones uno de los miembros de la pareja no concilie el sueño fácilmente, o se despierte varias veces durante la noche, o se levante por las mañanas más cansado de lo normal, o que necesite durante la noche irse a dormir al salón o a la habitación de un@ de sus *Hij@s*.

Evidentemente, habría que hacer un análisis más detallado de cada uno de los casos para confirmar a qué se deben estas alteraciones del sueño, pero lo que sí es cierto es que el vínculo energético que existe y sucede mientras dormimos junto a otro *Ser* no es sencillo de explicar.

Con todo esto que ya sabes y que te comento podrás hacerte una idea de la envergadura de la información que se intercambia mientras dormimos y que, sin querer, puede que afecte a tu descanso o al descanso del *Ser* que duerme contigo.

No estoy diciendo que dormir al lado de alguien sea perjudicial, solo deseo que seas *Consciente* de lo que sucede mientras dormimos y que tú puedas probar otras alternativas que te puedan ayudar a descansar mejor si ese fuera tu caso.

Mi Corazón lo comparte contigo y tu propia *Sabiduría* sabrá lo que tiene que hacer.

Esto te lo comento porque **el dormir junto a otro *Ser*** es otra de las cosas que mucha gente hace por *Amor*. Y que en muchos casos, se suman a una lista de situaciones que se practican mecánicamente porque son costumbres o tendencias de siempre. Y quizás, siendo consciente de todo esto, tu salud, tu equilibrio y tu descanso pueden aumentar y llegar a niveles óptimos de bienestar.

Conozco parejas que se adoran y de aman profundamente, que viven juntas y con cierta frecuencia descansan en lugares diferentes de la casa. Y te aseguro que desde que lo hacen, hay matices y actitudes de la relación que han mejorado considerablemente.

Y UNA COSITA MÁS

Si ya eres *Consciente* de lo que sucede mientras dormimos, imagínate qué pasaría **si se toma por costumbre** que alguno de tus *Hij@s* duerma contigo.

A lo largo de los años en los que pude tener la dicha de trabajar como docente me encontré con bastantes casos de niñ@s que tenían la costumbre de dormir con **sus *Madres***. Y en dos casos concretos me encontré igualmente con **padres**, separados claro está, que les resultaba más cómodo que sus *Hij@s* durmieran con ellos cuando, por decisión judicial, les tocaba en su casa.

Tenían su habitación, su cama, sus cosas organizadas en un lugar diferente, pero dormían cada día en la cama con sus respectivos padres y madres.
Esto, es algo que la gente suele hacer *por Amor.*

"Es que los quiero tanto, que duermen conmigo..."

Yo tan solo te comento que **esto no es adecuado de ninguna manera**.
Me refiero a **la costumbre** de hacerlo. L@s niñ@s, por edad y nivel vibracional deben tener su espacio para descansar y dormir.

Las consecuencias energéticas, creo que ya las conoces. Si entre adultos el nivel de información que se mueve es el que te acabo de comentar, imagínate lo que supondría para los campos de energía inconscientes de un niñ@. Su vibración no puede sostener ese intercambio de energía mientras dormís.

Ya no solo se estarían intercambiando preocupaciones y angustias inadecuadas a su edad, sino que psicológicamente, ese niñ@ que duerme con un adult@ **por costumbre,** estaría inconscientemente asumiendo el rol de la pareja que "falta a su lado".

Y esto, inconscientemente, trae muchas y delicadas consecuencias.

Podemos hablar de este tema en otro foro o en otro momento, porque es serio. Conozco perfectamente las posibles consecuencias psicológicas y energéticas de los niñ@s que duermen **por costumbre** con sus *Madres o Padres.*

Tan solo lo comparto contigo. *Mi Consciencia* necesita informarte de esto. Ya sabes que si tienes alguna duda o necesitas consultarme algo concreto puedes hacerlo a través de mi mail

angelesmanosdeluz@gmail.com

Deseo lo mejor para ti y para tus *Hij@s.*
Por eso comparto esto contigo y estoy segura de que tu *Luz* sabrá y te indicará lo que debes hacer.

Reflexión

CUANDO APARECE UN DIAGNÓSTICO NO ESPERADO

Estarás conmigo de acuerdo en que una relación de pareja, ya de por sí, tiene sus grandes retos y etapas.

Pues sitúate en el caso en el que uno de los dos es diagnosticado con una enfermedad degenerativa o incurable. Una enfermedad que tiene fecha concreta o aproximada para un serio desenlace.

Evidentemente, las emociones que se despiertan en esta situación pueden ser indescriptibles. La persona que se supone sana en esta relación comienza a asumir, antes de tiempo, unas consecuencias que aunque no están presentes todavía, inevitablemente atraen todos los miedos y angustias imaginables.
Todas las fragilidades y debilidades se hacen patentes.

Y si tienes *Hij@s pequeñ@s*, mucho más...

Pero no olvidarnos del *Ser* que acaba de recibir un diagnóstico y que, a nivel interno, todo su mundo se paraliza hasta poder empezar a asimilarlo todo poco a poco.

Ante todo, enviar mi apoyo humano y emocional a todas las personas que puedan estar pasando, o hayan pasado por un trance similar.

La situación es muy delicada y despierta la mayor de las fragilidades.

Todo cambia. Cambia la *Vida* que llevabas, cambia tu manera de percibir y de observar las cosas; cambia la manera de escuchar, de llorar, de sentir el dolor. La experiencia es tan seria y profunda que transforma la *Vida* de todos los miembros de esa unidad familiar.

He atendido directamente a algunas personas que estaban pasando por una situación parecida a la que te describo y me gustaría compartir contigo algunos detalles que quizá puedan ayudarte.

Son maneras, respetuosas y delicadas, de abordar esta situación.
La primera de las claves estaría en lo que podría denominarse

Des-identificación.

Suena frío este término, pero te aseguro que en estos casos, <u>ayuda muchísimo a todos, y en especial, a la persona diagnosticada.</u>

Lo que sucede en este tipo de experiencias es **que la emoción es tan poderosa** que puede llegar a desbordar a los miembros de la familia, a los encargados de cuidar a la persona enferma e incluso puede hacerles sentir que no saben cómo sobrellevar esta experiencia.

La *Desidentificación*, como su nombre indica, consiste precisamente en eso...
   En no - identificarse con la persona que padece la enfermedad.

Puede parecerte insensible o poco amoroso, pero te confieso que el *Amor* no tiene nada que ver con sufrir con el *Otro*.
El Amor no es sufrimiento.

Hemos aprendido que si sufrimos junto a otra persona, si lloramos con ese otro ser que está triste y sufre, más *Amor* tenemos o más *Amor* sentimos en nuestro *Corazón*.
Y no es así...

Los niñ@s son *Amor* en estado PURO y te aseguro que no sufren de la manera que sufre una persona adulta en estos casos. Ell@s están conectados con la *Vida* y con la *Consciencia* de que la muerte solo es un paso dimensional.

- ¿Me dirás que los niñ@s no son Conscientes de lo que sucede...?
- ¿Me dirás que los niñ@s no saben de la Vida...?
- ¿Me dirás que los niñ@s no saben de Amor...?

Cuando un niñ@ te toca con sus manos y tú eres capaz de escuchar *Su Energía*, te transmite todo lo que has de saber.
Te brinda la *Paz* y la *Verdad* que habita en su *Corazón*.

Todo lo demás es drama, es sufrimiento aprendido...
Es no-*Consciencia*.

Nos han enseñado en la Literatura, en el Cine, en el Arte, hemos aprendido en miles de lugares distintos que el *Amor* es <u>sufrir con el *Otro*</u>.

Y no es *Verdad*...

No estoy diciendo que ese diagnóstico no sea doloroso para todos, tan solo trato de recordarte que desde la *Consciencia* podemos tratar de **desidentificarnos** del sufrimiento. Tratar, en la medida de lo posible, de vivir esta experiencia desde una perspectiva más amplia, sintiendo que la *Vida* tan solo es una paso, una experiencia más en el conjunto de nuestra *Existencia*.

Yo sé que es muy difícil, sé que quizás estas palabras puedan estar sonándote a vacías. Yo sé que **esto es lo más duro que puede vivir una pareja que se ama**, pero necesito decirte que no pierdas de vista la perspectiva existencial de la *Vida*.
Somos mucho más que un solo ciclo vital.

Ten en cuenta la *Sabiduría* y la manera de sentir que tienen los *niñ@s*. **Cuando saben lo que sucede, cuando son Conscientes** de lo que ocurre, no añaden drama, solo aportan *Paz y Serenidad* a la situación.
Tan solo te digo que no pierdas de vista esta perspectiva del *Amor* que nos entregan ell@s con toda sencillez.

Arrastramos patrones aprendidos de sufrimiento para todo: sufrimiento en la pareja, sufrimiento en el trabajo, con los hij@s, con los amigos, con tu madre, con el jefe, con la familia...

Hemos aprendido que el *Camino del Amor* es un camino de sufrimiento.
Y ya son tiempos de **dejar esto atrás**.

Por eso una de las claves que me gustaría que comprendieras es que el *Amor* conlleva poder ayudar a quien te necesita. Y <u>si te identificas con ese *Ser*</u> que está enfermo, poco le vas a ayudar.

Te necesita con *Fuerza* y con *Entereza* para apoyarl@ cuando se requiera. **Eso es Amar**.

Estar y ayudar cuando alguien te necesita, desde tu *Centro*, desde tu *Luz*, desde tu *Fuerza*, desde tu *Serenidad*....
No desde los patrones de dramas aprendidos.

Si sufres identificándote con la experiencia que vive ese *Ser*, si entras en una frecuencia de sufrimiento a su lado, tus niveles de *Luz* inevitablemente bajarán y el flujo de Tu *Energía* se verá afectado, con lo cual, no podrás ayudar a este *Ser* que realmente necesita tu apoyo en esos momentos en los que le asalte el miedo y se sienta frágil.

DOLOR Y SUFRIMIENTO

Permíteme decirte que <u>el sufrimiento</u> es aprendido.
Culturalmente se aprende a sufrir.

Tiene connotaciones dramáticas y, en cierto modo, un tanto excesivas o desproporcionadas según el caso. Estoy segura de que sabes a qué me refiero.

El sufrimiento es una manera de relacionarte con los demás, que es aprendida en un entorno familiar, social o cultural. El sufrimiento se imita en cierto modo, porque **se aprende a sufrir viendo e imitando a otros que lo hacen.**

   Obsérvalo, si así lo sientes...

   Porque eso, no es *Amor*.

<u>El dolor</u> sin embargo duele, pero no es dramático. <u>El dolor</u> es natural, es humano, es visceral. Forma parte de la *Existencia*, forma parte de la *Vida*. Es inherente al ser humano y a su experiencia dimensional aquí en la *Tierra*.

Si sientes que estás sufriendo demasiado en una experiencia así o similar, trata de encontrar *Serenidad* en lo que sientes, trata de alcanzar la *Calma* entre tanta angustia.
   Inténtalo...

Sé que es difícil, pero solo desde la *Paz* y la *Serenidad* vas a poder ayudar más a ese *Ser* que te necesita y que **objetivamente es el que más debe estar sufriendo.**

   Coloca a este *Ser* en primer lugar...
    No a tu sufrimiento.

Si ves que no puedes alcanzar esa *Paz* de la que te hablo, trata de observar a cuál de tus antepasados estás recordando, a quién puedes <u>estar imitando sin querer</u> con ese exceso de sufrimiento.

Intenta sentir qué ancestro tuyo entraba fácilmente en la angustia y del que has podido seguir sus pasos en este sentido.

Es muy importante esta observación porque, cuando lo tengas, te darás cuenta de que **aprendiste inconscientemente** que *Amar* era eso...
    Sufrir.

Por eso el procedimiento más adecuado es la <u>des-identificación</u>. Podrás ayudarl@ muchísimo más que si sufres a su lado. Conozco varios casos en esta situación.

Nuestro *Amor* por ese *Ser* que está viviendo la experiencia de la enfermedad es tan grande, que a veces sentimos que cuanto más cerca de ellos estemos, más les vamos a ayudar. Y en cierto sentido es así, porque <u>tu presencia, tu contacto, tu cariño y tu comprensión son la mejor medicina,</u> pero, cuando uno se identifica con otro *Ser*, pierde de alguna manera el punto objetivo de todas las emociones.

La persona diagnosticada necesita que alguien, desde fuera, le ayude a sostener el trance, le ayude a sobrellevar los momentos donde más fragilidad sienta. Necesitará, a veces, que puedas hablarle de otras cosas que no tengan que ver con nada de lo que le está pasando, que le hagas sentir que estás ahí para que sienta que el *Amor,* en todo este proceso, no le va a faltar.

Si tú te identificas con este *Ser*, con su situación, con su dolor y su desenlace, **sin lugar a dudas te irás detrás emocionalmente.**
Y lo que menos necesita es eso.

Si quieres ayudarl@, <u>des-identifícate</u>.
Porque estoy segura de que vas a poder apoyarl@ mucho más que sufriendo a su lado. Tienes que hacer un esfuerzo por **observar la situación desde otro punto de vista**, <u>otra manera trascendente de comprender lo que está pasando.</u>

La mente en este sentido juega malas pasadas, haciéndonos creer igualmente que <u>la lástima y la pena</u> son sinónimos del *Amor*.

No...
No son sinónimos del *Amor*.
No son sinónimos de algo tan *Grande*...

La lástima no ayuda, sino que baja tu nivel de *Energía*.
La pena bloquea el *Entendimiento* y la *Verdadera Comprensión* de todo **lo que realmente sucede tras esta experiencia**. No te ayuda a tomar decisiones objetivas, necesarias en un momento determinado.

Yo te diría que procures mantenerte **a su lado** en *Conexión con la Luz* y que trates de sentir **el Auténtico encuentro de Amor** que realmente sucede entre la persona que se va y los familiares o amigos.

Este tipo de procesos no es comparable a NADA.
El Amor y la Apertura de Corazón que se llega a sentir en estas vivencias es incomparable a ninguna otra experiencia de la *Vida*.

No te olvides que estamos en *La Tierra* para disfrutar y ser felices, pero también estamos aquí para atravesar ciertas **experiencias de crecimiento y aprendizaje existencial** como esta que aquí te describo.

> "Cuando hay una tormenta los pajaritos se esconden, pero las águilas vuelan más alto".
> **Mahatma Gandhi**

Uno de los aprendizajes que debemos integrar es el proceso de la muerte. Necesitamos bendecirla como algo que forma parte de la *Vida*.

Voy un poco más allá...
Trata de sentir, con todo el respeto que haya en tu *Corazón*, que este *Ser* que atraviesa un proceso de enfermedad terminal, está también integrando aprendizajes de su propia *Existencia*.

Y no te olvides, que desde otros planos de *Consciencia*, ese *Ser* también te ha elegido para que l@ acompañes en este proceso.

No todo el mundo muere en las mismas circunstancias...
¿Por qué hay gente que muere durmiendo, otros de manera rápida e inesperada y otros se ven inmersos en procesos de interminable

enfermedad como el que te describo aquí...?
¿Por qué...?
¿Te lo has preguntado alguna vez...?

Esta *Vida* no es la única que vivimos.
Es una, entre muchas otras, que se han ido sucediendo a lo largo de Nuestra Existencia, de *Tu Existencia*...
De *La Existencia*...

Cada *Vida*, cada encarnación, es un **Nuevo Proceso Vital** que te permite encontrarte de frente con todo aquello que necesitas aprender, con todo aquello que *Tu Alma* necesita *Trascender* y que *Tu Luz* considera necesario experimentar, para poder crecer.

Esta sucesión de Vidas te hace comprender los diferentes puntos de vista de una misma experiencia, te enseña millones de cosas que no aprenderías de otra manera. En vidas pasadas habrás tenido unas vivencias y ahora toca vivir otras.

Comprender esto es muy importante porque te libera de gran parte del sufrimiento y te acerca a la *Comprensión de que la Existencia necesita atravesar procesos, en ocasiones, tan delicados y trascendentes como este.*

Hasta ahora, gran parte de la *Humanidad* creía que la *Vida* era diferente para cada persona porque *Dios* le enviaba pruebas diferentes a cada una de ellas.

Actualmente somos capaces de comprender que ningún *Dios Amor* haría esto y que, por lo tanto, son solo las continuadas y sucesivas vidas las que nos enseñarían diferentes puntos de vista de una misma experiencia. De este modo, lo que se puede entender como reencarnación nos llevaría a la *Sabiduría Existencial* de acuerdo a todas las *Experiencias Vividas*.
¿Me sigues, *Corazón*...?

Cuando somos pequeñ@s creemos que la *Vida* puede ser fácil y llevadera y luego la experiencia te demuestra que la *Vida* te pone una y otra vez frente a tus mayores retos y dolores.

Cuando yo hablo con gente de la tercera edad, *Maestros de la Vida* que ya sienten que se están retirando, muchos de ellos han

aprendido a aceptar según qué situaciones. Han aprendido a tolerar y a quitarle importancia a cosas que no la tienen.
Han aprendido a **Trascender**.

Y a eso venimos a esta *Tierra*: a **Trascender**...

A aprender, a enfrentar y a aceptar experiencias, entre ellas, la de poder observar la muerte de frente y, por lo que me consta en muchos casos, ser capaz de abrazarla de frente y de perderle el miedo.

Cuando cuidamos a una pareja o a un familiar enfermo en estas condiciones, es preciso encontrar un lugar en tu *Corazón*, por muy difícil, doloroso y duro que sea, en el que **no te vayas detrás de él o de ella**, en el que seas capaz de mantenerte en *la Paz y la Serenidad* de tu *Corazón*, con un cierto grado de distancia.

Esa es la *des-identificación*.

Porque solo así podrás ayudarl@ con todas tus *Fuerzas* y con toda la *Luz* que pueda necesitar. Sé que es difícil, pero sufrir con él o con ella no le va a aliviar el sufrimiento.

Al contrario...

Identificándote con su dolor y con su experiencia, no solo te va a ver sufrir a ti, sino que vas a perder *Energía* para poder ayudarl@. **Aunque tú sufras más que él o que ella, no le va a aliviar el sufrimiento.** No va a servir para nada, al contrario, vas a perder *Fuerza* y *Fortaleza*.

Y ese *Ser que va a partir,* la necesita.

Así que si quieres ayudarl@ **no te identifiques con su enfermedad**, ni con su padecimiento.

Vibrarás con más *Luz* para poder ayudarl@.

Llora, expresa el dolor que sientas...
Habla con Dios, con el Universo, con quién tú sientas que debas hablar. **No te calles ni reprimas ese dolor que siente tu *Corazón* por lo que está sucediendo.**

Las emociones están para atravesarlas y aprender de ellas, pero trata de colocarte en ese lugar de *Paz*, en el centro de *Tu Corazón*, para desde ahí percibir la experiencia con más perspectiva y *Comprensión Existencial*.

El *Amor* no es sufrimiento.

A mucha gente le consuela y le calma sentir y darse cuenta de que la *Vida* no consiste en un solo proceso vital, que esta *Vida* no es la única que vamos a vivir.
Que volvemos a esta *Tierra* una y otra vez hasta que aprendemos todas las cosas que necesitamos aprender e integrar y que solo entonces dejamos de encarnar en este planeta para seguir vibrando en planos superiores de *Consciencia*, pero ya no corporales.

¿Me sigues, *Amor*...?

Sé que es difícil, pero el ser capaz de **Trascender**, de ir más allá de todo este sufrimiento te hará entender que la muerte no es el fin de la *Vida*; que la muerte no es sino un paso dimensional en el que se abandona el cuerpo físico, nada más, porque el cuerpo de *Luz* continúa su camino en planos superiores de *Consciencia*, donde continuará aprendiendo en ese nuevo *Lugar de Vibración*.

Quizás no compartas lo que acabo de explicarte ahora, porque posiblemente aprendiste de pequeñ@, como yo, que la *Vida* era solo una, la que estamos viviendo.

Nada más...

Permíteme decirte que hay muchísimas crónicas y referencias de gente que, a través de regresiones y de otros trabajos con la energía, **relata con todo lujo de detalles su experiencia en diferentes situaciones vitales.**

Aunque te parezca difícil de entender, hay mucha gente que describe experiencias como la de haber sido perro, la de haber estado viviendo en Alaska, de haber tenido hijos y perderlos, de haber sido monje en otro momento, de haber vivido en Egipto, de haber estado encerrad@ en prisión, de haber sido decapitad@, de haber muerto ahogad@, de haber vivido cerca de un lago...

Un sinfín de experiencias diferentes que solo corroboran los continuos ciclos vitales que todos vivimos encarnando en esta Tierra una y otra vez hasta alcanzar la *Experiencia Existencial* que necesita alcanzar nuestra *Alma*.

Hay muchos casos de personas que describen perfectamente lugares que no han visitado nunca antes en esta *Vida*, con todo lujo de detalles. Personas que aseguran conocer a la perfección fórmulas o procedimientos matemáticos a realizar, conexiones que se dan entre seres, lugares o acontecimientos, sin haberse conocido previamente.

Maravillosas habilidades que se tienen desde pequeñ@s, asombrosamente aprendidas a los 2 o 3 años de edad.

¿De dónde vienen estas capacidades...?

Ante esto, **acabas rindiéndote y reconociendo** que han sido aprendidas en otro proceso vital anterior. Miles de curiosidades, capacidades y realidades que no podemos por más que aceptar que son el resultados de venir, una y otra vez a esta *Tierra*, con experiencias ya vividas de otros ciclos vitales.

Y que la experiencia que ocupa este capítulo y de la que te estoy hablando no sería otra cosa que una experiencia más, dolorosa, eso sí, en ocasiones innegablemente desgarradora, y de la que no sabemos si existencialmente es necesaria para la trascendencia espiritual de este *Ser* que la está viviendo en primera persona.

Todos estos años, trabajando como docente junto al ser humano me han hecho entender que **cada uno de nosotros necesitamos diferentes tipos de aprendizajes** para poder comprender lo que la *Vida* quiere decirnos con lo que nos sucede.

Trata de comprender que quizás es absolutamente necesaria para que se aprendan según qué cosas, para que se llegue a un profundo nivel de diálogo entre los *Seres* que están ligados a esta vivencia, para que se abra el *Corazón* mientras se trasciende lo que vaya sucediendo, para que todos los implicados en ella eleven su nivel de *Vibración, de Amor y de Consciencia*.

No solo abre su *Corazón* la persona que enferma, sino que la experiencia, **con total seguridad, abrirá el *Corazón*** de los familiares, amigos y personas implicadas en ello.

Y esa apertura es *Amor*...

SI UN SER AL QUE AMAS TIENE ALGUNA ADICCIÓN

Ya entramos en terrenos más delicados, si cabe la expresión.

Cuando alguien está dominado por alguna adicción, equivale a vivir literalmente en un infierno. La persona, puede ser consciente o no de su condición de adict@, pero de cualquier manera, vive sometid@ o superad@ por ella.

La adicción se define como la dependencia que se tiene de una sustancia, actividad, persona o emoción, hasta el punto en el que se pierde el control en ausencia de esa sustancia o elemento. La persona adicta establece una relación de dependencia tan fuerte que siente que no la va a superar.

Desde fuera puede parecer que es fácil controlarse para la persona que la padece, pero internamente, le resulta imposible dominar su deseo y refrenar sus impulsos.
Te hablo de *alcohol, ludopatía, droga, comida, sexo, violencia, celos, gasto compulsivo, pensamiento obsesivo,...*

Hay una larga lista de adicciones, evidentemente unas más devastadoras que otras, pero adicciones todas, que hacen que la persona se sienta literalmente presa de "algo" que la somete y anula su voluntad.

Y tú te preguntarás para qué te comento esto...

Trato simplemente de mostrarte esta realidad porque conozco casos de personas que conviven con parejas presas de alguna adicción. Y muchas veces creen que con solo sus bienintencionados cuidados y su presencia, las cosas van a cambiar.

Entregan toda la energía en la relación creyendo que eso va a mejorar la situación, pero ese no es el camino. Evidentemente hace falta mucho *Amor* para ayudar a alguien con este perfil, pero es necesario pedir ayuda.

Es necesario darse cuenta de que, **aunque dejes tu *Vida* a los pies de alguien** que padece una cruel adicción, mientras esa persona no

reconozca su "enfermedad" no habrá nada que hacer, por mucho que tú l@ cuides.
Es el primer paso para que se dé el cambio:

Reconocer que se es adict@

Tienes que ser consciente de que, por mucho que intentes ayudarl@ y sacarl@ de donde está, solamente con tus cuidados, las cosas no van a cambiar. Ojalá pudiera ser así.
Para todos sería menos difícil de lo que ya es...

Puede ser que estés amando profundamente a un *Ser* que esté pasando por esta situación, sea tu pareja o no. Si es así, es conveniente que busques ayuda de un buen/a profesional que l@ oriente en el proceso de superación de la adicción.

Y te hablo del mismo modo con todo el *Amor* que hay en *Mi Corazón*. Si por el contrario eres tú quien está viviendo en primera persona este infierno, pide ayuda, por favor.

El primer paso es **reconocerse** adict@, asumir que necesitas ayuda porque sol@ no puedes salir de ese laberinto.

El segundo paso es **no condenar, ni auto-condenarse**. Es una "enfermedad" de la que se puede salir. La adicción no tiene relación directa con ninguna edad, nacionalidad o estatus social.
La puede estar sufriendo cualquier *Ser*, de la condición que sea.

El tercer paso es poder llegar a **perdonarse.** Todos podemos cometer errores en algún momento de nuestra *Vida*. Ningún *Ser* en este mundo podría *tirar la primera piedra,* ni en este ni en ningún otro sentido.

Las personas que caen en las redes de una adicción, sea esta la que sea, son *Seres* con muy baja autoestima. Y una vez que están atrapad@s en esta cruel e inhumana trampa, esa baja autoestima les hace creer que no van a poder salir de ella.

Se ven doblemente atrapados en este sentido, por eso es tan importante **pedir ayuda y dejarse ayudar**, cueste lo que cueste.

El *Amor* se manifestaría siendo conscientes de que nuestra sola compañía y cuidados no l@ van a ayudar. Habría que buscar apoyo y consejos de un buen/a profesional que le haga comprender esos tres primeros pasos de los que te he hablado y comenzar así el proceso de su recuperación.

Te comento todo esto, *Corazón*, porque conozco gente que deja años de su *Vida* a los pies de personas adictas creyendo que van a cambiar, que el milagro sucederá un día por nuestra sola presencia a su lado, y esto es una idea totalmente equivocada.

Pide ayuda, *Corazón*.

Eso es *Amor*...

"En la lucha contra la adicción, nuestra verdadera tarea consiste no tanto en señalar los efectos destructivos de las conductas adictivas sino en reavivar la conciencia de la perfección que siempre nos habita."
Deepack Chopra

"El amor de mi vida comienza por mí misma".

Louise Hay

LA CODEPENDENCIA

Hay personas que sienten, literalmente, la necesidad de cuidar a alguien, sea un familiar o sea un amig@ en cualquier tipo de situaciones, <u>sin que esa persona les haya pedido ayuda</u>. Tienen el impulso de cuidar a otros, incluso por encima de su propia salud y sus posibilidades.

Podríamos definir este hábito como **codependencia**.
No hablamos de que alguien necesite verdaderamente ayuda y haya gente que voluntariamente ofrece su tiempo y su *Amor* a quién lo necesita.

No trato de decir esto…

Me refiero a personas que desarrollan este hábito, con cierta actitud podríamos decir "compulsiva", ya que no se les ha pedido su ayuda, ni siquiera la persona a la que cuida la necesita, aparentemente.

Si observas desde fuera este comportamiento, en ocasiones es obvio que **es más una necesidad de cuidar a alguien que el propio *Amor* que se supone les mueve a hacerlo.**

¿Comprendes qué quiero decirte…?

La persona codependiente <u>considera que debe dar ayuda al otro</u>.

Dirigen las atenciones y cuidados a personas aún autónomas, con *Vida* propia, con independencia de movimiento y a los que de repente, empieza a considerar "dependientes", cuidándolos de manera tal vez innecesaria.

Si nos parásemos a analizar la cantidad de emociones que se esconden detrás de **este deseo de cuidar a alguien, sin motivo aparente**, la lista sería interminable.

Hace unos meses, hablando con una de estas personas a las que me refiero, y que **toda la Vida** ha sentido el impulso de cuidar a su padre, me dijo literalmente:

- Es que tengo que velar por él.
- ¿Velar…? – le pregunté
- ¡Sí…!
- ¿Y por qué…? – le insistí.
- Es que me necesita – me contestó con firmeza.
- ¿Y por qué crees que te necesita, si es autónomo para todo? El sale y entra en su casa. Tiene amigos con los que queda, charla y se encuentra.
- ¡Ya!… Pero me necesita. – insistió convencida.

Evidentemente, dejando aparte los cuidados necesarios que exigen algunas situaciones, cuando cuidamos compulsivamente a alguien, sea familiar directo o no, sin que objetivamente esa persona necesite de especiales cuidados, se esconden otras razones bajo esa "maravillosa intención" de atenderlo, sin que ese alguien lo haya pedido o lo necesite realmente.

Se establece una relación que se describe como codependencia, que quizás no tiene nada que ver directamente con el *Amor*.

Se entiende por **codependencia** a una condición psicológica en la cual alguien manifiesta una excesiva, y a menudo inapropiada, preocupación por las dificultades de alguien.

El **codependiente** asume un rol de cuidador/a en el que suele olvidarse de sí mism@ y de sus necesidades gradualmente, para centrarse en los problemas del otro (su pareja, un familiar, un amigo, una causa social, etc…).

Suelen ser personas que con facilidad se relacionan con gente que tiene problemas, porque precisamente son el **encaje perfecto para ellas** porque así ya tienen a quién cuidar o a quién aconsejar. Sueñan, inconscientemente con "rescatar" a esa persona con "problemas" y generar, de algún modo, algo que los una.

Es importante observar este perfil de comportamiento.

Muchas veces creemos estar haciendo algo por *Amor* cuando realmente la emoción que se manifiesta responde a otras necesidades personales ocultas, que se disfrazan de buenos sentimientos y de buenas intenciones. Los cuidados y desvelos que se tienen por el otro **responden a una necesidad de cuidar**, no a una situación real en la que alguien necesita ayuda.

¿Me sigues, *Corazón*...?

La persona codependiente, al preocuparse por el otro, olvida sus necesidades. De alguna manera exige que el otro responda de la misma manera y cuando la otra persona no le devuelve lo que el codependiente espera, se frustra, se enfada, se aleja o se deprime.

> El Ser que es **codependiente** busca generar que el otro lo necesite, que el otro se acostumbre a su presencia y a sus cuidados y de este modo, garantizar que no l@ va a abandonar nunca.

Y esta situación es muy delicada, porque si la persona a la que se está "cuidando" necesita separarse del codependiente, quizás no le resulte nada fácil.

Conozco casos en los que, al verse abrumados por tantos cuidados, pueden llegar a agredir al "cuidador/a" o acabar autoagrediéndose a ellos mismos al sentirse impotentes y no poder distanciarse de estas atenciones excesivas.

He presenciado situaciones, para mí, violentas donde las personas que se suponen están siendo "cuidadas" se sienten muy agobiadas por esos excesivos cuidados. No solo te hablo de ancian@s autónomos e independientes, sino de personas adultas y de niños con cierta madurez como para realizar según qué actividades sol@s.

Este tipo de relación codependiente puede darse entre amig@s, familiares, soci@s de una empresa común, en la pareja...

Realmente se confunde el *Amor* y la entrega con una clara y enfermiza "adicción". La relación con el otr@ acaba convirtiéndose en una obsesión, que no le permite ser objetiv@, porque en ocasiones podría incluso soportar y aceptar el maltrato con tal de que la relación continúe.

Por lo tanto se ve enganchad@ a una relación tóxica, enfermiza e insana. Sea con un familiar, con una pareja o con cualquier otra persona a la que sienta "que tiene que cuidar".

Y eso, como puedes claramente observar, no tiene nada que ver con el *Amor*.

La persona codependiente no advierte este juego del inconsciente. No se da cuenta. Realmente cree que ese otro le necesita. Defiende a capa y espada que lo que siente es *Amor,* incluso puede llegar a sentir deseos de no seguir viviendo, porque su "motor" de *Vida*, que era el cuidar de ese alguien, ya no puede continuar sucediendo.

Esta persona no se da cuenta. Es más, si en algún momento este libro cayera en manos de alguien codependiente, sería muy difícil que reconociera este perfil en sí mism@.

Del mismo modo que cualquier adicción, el/la codependiente necesita ayuda de un buen/a profesional que le guíe para recuperar su centro vital, su *Energía* y su **Camino en esta Vida**.

El suyo propio…

Observa, *Corazón*, que no me refiero a cuidar a los demás cuando necesiten verdadera ayuda. **Te hablo de otro perfil emocional** que necesita llenar su soledad y su vacío cuidando de algo o de alguien.

No estoy diciendo de abandonar a las personas que te necesitan. Me refiero a que no te abandones a ti, que es distinto.

A muchas generaciones se les ha enseñado a olvidarse de sus necesidades *en aras del Amor* a otr@. Yo siento que si te abandonas tú, si tú no te cuidas, si no te bendices y te respetas a ti mism@, no estamos hablando de *Amor*, de ninguna manera.

¿Cómo vas a *Amar* a Otr@ si no eres capaz de amarte a ti?

No cuadra esto…

> "El amor y la compasión son necesidades,
> no son lujos.
> Sin ellos la humanidad no podría sobrevivir".
>
> ***Dalai Lama***

EL AMOR AL DESVALIDO

Es cierto que por naturaleza, sentimos compasión por alguien que está desvalido y necesita *Fuerza o Amparo*.

Esta actitud compasiva la veo con frecuencia en mis alumn@s, sobre todo en los más pequeños, cuando sienten que un@ de ellos está indefenso y necesita ayuda. Son capaces de sentir cuando alguien se siente frágil o impotente porque son especialistas en conexiones directas con la verdadera necesidad del otr@.

Te comento esto porque conforme el *Ser* humano va creciendo y se hace adult@, va perdiendo esa *Apertura* de la *Infancia*, esa capacidad para descubrir y sentir la *Verdad* del que se relaciona con ellos.

Las experiencias, los desengaños y las frustraciones van endureciendo el *Corazón del Ser humano* y el adult@ acaba cerrándolo y mezclando, con desconcierto, las emociones que siente, generando situaciones que pueden llegar a ser muy delicadas o dolorosas.

Todos en algún momento de nuestra *Vida* nos hemos encontrado con alguien que nos necesita. Seguro que tú has sentido en alguna ocasión que puedes ayudar, abierta y amorosamente, a quien te pide ayuda. Pero del mismo modo, también has podido encontrarte con alguien que finge necesitarte.

¿Te ha pasado alguna vez...?

Hace años, tuve una conversación con una de mis alumnas, que había perdido a su padre tras haber padecido una enfermedad muy grave.
Lo recuerdo con claridad y nitidez porque **me estremeció escucharla**.

- ¡Angeles, a veces quiero ponerme enferma y lo consigo...!
- ¿Cómo...? ¿Podrías explicarme eso un poquito mejor? – le pregunté sorprendida.
- ¡Sí! - me respondió.
A veces consigo ponerme enferma solo pensándolo...
- ¿Y para qué haces eso, Cariño? – le pregunté algo preocupada.
- Es que cuando estoy enferma, mi madre me cuida. Me da besos y me pone una mantita por encima. – me contestó con una sonrisa.
- ¡Cariño...! ¡Pero no hace falta que hagas eso! ¡Mami te cuida aunque no estés enferma! – le dije sorprendida.

Hubo un silencio en su respuesta...

- ¿Qué piensas, Cariño...? – insistí algo desconcertada.
- Mi madre no me cuida si yo no estoy enferma. – respondió mirando hacia otro lado.

Le cogí la carita para ver sus ojos...
Y después de mantenerme unos segundos la mirada me dijo:

- Es el único momento en el que mamá me cuida.

Es tremendo este testimonio. A mí me estremece porque recuerdo la mirada y la franqueza con la que *Sus Ojitos* me lo dijeron.

Yo sabía que su madre había pasado por una depresión un tanto delicada y que obviamente, ella había sentido no solo **la pérdida** de su padre, sino la de su madre también.

La necesidad de *Amor* a veces es tan grande y poderosa que nos hace fingir algunas situaciones para garantizar, de alguna manera, la presencia y la compañía de alguien a nuestro lado a quien necesitamos profundamente.

Lo preocupante de todo esto, ya no solo es el dolor de esa niña y la doble pérdida que claramente tiene, sino <u>cómo ella comienza a "aprender" que, el hecho de estar enferma, le trae cuidados por parte de alguien a quien necesita profundamente.</u>

Esto sí que es delicado y preocupante.
Ella puede llegar a generar una "personalidad enfermiza", buscando eternamente los cuidados que no tuvo de pequeña.

¿Me sigues, Corazón...?

Seguro que conoces a alguna persona con este perfil, alguien que muestra esta tendencia y que "normalmente" suele tener enfermedades de todo tipo, o problemas físicos de salud, sin motivos aparentes. Y que en el fondo lo que está necesitando, inconscientemente, es que l@ cuiden y **le hagan sentir amparo y protección** porque, posiblemente durante su infancia, no lo recibió como su delicada edad merecía.

Muchas veces, tras esa necesidad de que te cuiden, **hay una memoria profunda de abandono en la persona que finge necesitar cuidados**. Es importante ser consciente de esto y ayudarl@, no a que se habitúe a una incorrecta actitud enfermiza, sino a que busque ayuda profesional que l@ reconduzca emocionalmente y le oriente a trascender esta memoria de abandono.

Ahora te voy a hablar desde otra perspectiva.
No siempre una persona a la que le ha faltado la protección de pequeñ@ asume esta personalidad enfermiza y victimista. Hay personas que, habiéndoles faltado el amparo durante su infancia, asumen contrariamente el rol de **defensores, cuidadores y guardianes de todo Ser que esté verdaderamente indefenso**.

Todos conocemos también a alguna persona que se responsabiliza en exceso de todo, actitud que también deja entrever su miedo y desamparo en la infancia.

L@s que asumen este rol de cuidador y protector de TODO no suelen manifestar fragilidad ni victimismo, sino todo lo contrario, la capacidad de <u>asumir y resolver cualquier situación</u>, desempeñando y destacando en profesiones relacionadas con este desamparo vivido por ell@s en su infancia

En el fondo, sentirse **tutor/a de los desamparados** es el resultado de proyectar, también inconscientemente, su propio abandono en todas las personas que necesitan algo.

Es un rol diferente al codependiente.
<u>Porque la energía de la persona de la que te hablo ahora, se implica en causas sociales</u>, ayuda verdaderamente a los que lo necesitan. No imagina la necesidad del otro, ni la crea.

Evidentemente hay una memoria interna de desamparo en la experiencia del cuidador, pero es totalmente capaz de empatizar con el desvalido, de conectar con la necesidad real del que la tiene y buscar la manera de vincularse y de solidarizarse con ella.

A veces el impulso de proteger a alguien necesitado es tan grande y doloroso que, en ocasiones, <u>se pueden confundir las fronteras</u>, los roles y las funciones que debería desempeñar la persona que cuida. No en vano esa memoria de abandono y falta de cuidados está en los registros emocionales del cuidador/a.

¿Me sigues, *Corazón*...?

Sea como sea, sentir esta **entrega abierta hacia las personas que nos necesitan verdaderamente** es una de las sensaciones más hermosas con las que puede vibrar un *Corazón* humano.

Si tu profesión está vinculada a ayudar a gente que lo necesita, antes que nada, muchísimas gracias por hacerlo. Gracias por conectar con la *Unidad que Somos* y ayudar a que este mundo sea cada día *Mejor*.

Y de la misma manera que puedes sentir este deseo de entrega al mundo, es importante también que, en esos momentos de intimidad y contemplación que puedas tener a veces, estés en contacto con la principal razón de por qué lo haces.

La Verdad nos hace libres...

¿QUÉ SUCEDE CON LAS DONACIONES?

Desde siempre se nos ha inculcado que *donar* es correcto y que las donaciones nos harían sentir que somos mejores personas.

Independientemente de que esto sea real, este acto de *Amor* que nace de un sentimiento claro y honesto, ha recibido, podríamos decir, ciertas manipulaciones por parte de algunos organismos e instituciones.

Por varias razones que todos podemos intuir, se ha tratado de desvirtuar esta natural actitud del *Ser* humano de dar voluntariamente a quién lo necesita, convirtiéndola en algo mecánico, en algo que acaba haciéndose como un "deber", apartado del verdadero sentir del *Corazón* y que acaba realizándose porque determinadas figuras de poder nos lo han inculcado o impuesto así.

¿Entiendes a qué me refiero...?

Me sugiere decirte que, en todo lo relacionado con el *Amor*, **no hagas nada por obligación.** No hagas nada que no quieras o desees hacer. Conecta con lo que siente tu *Corazón* y actúa como creas que debes actuar.

Es necesario vivir desde la *Libertad* en este sentido. Ya no son tiempos de obligar a nadie a hacer algo que no desee y mucho menos, en nombre del *Amor*.

Cada *Ser* debería tener y de hecho tiene la *Libertad,* en este sentido, de hacer lo que considere adecuado y conveniente.
Partimos de esa base.
Siempre...

Nos han enseñado que hay que dar: dar para ser buenas personas, dar para sentirnos bien, dar aunque no tengas...
Dar y dar...

Hemos aprendido que el **dar sin recibir** es *Amor*
Y yo me atrevería a decir que esto no es del todo cierto.

No es *Amor* hacer aquello que tienes que hacer, por obligación, o por imposición, por norma o por dogma. **Es *Amor* hacer aquello que te nace del *Corazón*.** No te sientas nunca obligad@ a donar.

En las *Leyes Universales*, existe el equilibrio entre **dar y recibir**. Si solo das y das, la balanza se desequilibra.

Primero **has de tener, para luego poder dar**.
No solo es lógica, es una *Ley Universal*.

No estoy diciendo que no sea adecuado donar lo que sientas que debes dar. Hazlo si así lo sientes, por supuesto.

Estoy diciendo que trates de equilibrar tu *Vida* primero, usar toda tu *Energía* en desarrollarte como persona y como *Ser en esta Tierra*; que pongas tu *Energía* en marcha, dirigida hacia lo que sientas que es tu propósito de *Vida* y que luego, cuando se presenten ante ti **los frutos de tu trabajo y de tu esfuerzo**, entonces será maravilloso poder donar o ayudar a otros.

Cuando tú tengas, podrás dar.

Es cierto que muchos de nosotros nos hemos sentido plenos y dichosos tras un impulso de generosidad que hayamos tenido en nuestra *Vida*.
Son actos de *Amor* que surgen sin pensar siquiera. No se premeditan, surgen, sin más. Y estoy de acuerdo en que donar nos honra, pero la donación no debería moverse por obligación.

No es *Amor* hacer aquello que se te impone, sino hacer aquello que te nace del *Corazón*. No te sientas nunca obligad@ a donar.

Es frecuente ver a gente que regala física o económicamente su energía a otras causas sociales cuando realmente no tienen los suficientes recursos para ello. Se hace esto porque existe una poderosa creencia interna, **que está grabada en el inconsciente colectivo de toda la humanidad** y que te hace creer que siendo bueno y generoso aunque no tengas para ti, la ayuda divina vendrá.

***El Universo* es sabio, porque *El Universo* es *Equilibrio* y *Coherencia*.**

Y si tú, una y otra vez, <u>sin tener para ti</u> regalas lo que no tienes, *La Energía Universal* entenderá que deseas vivir en esa escasez.

Es así de sencillo y de real.

Lo que sucede es que llevamos milenios creyendo que si damos lo que no tenemos alcanzaremos la aprobación y el reconocimiento divino.

Y es que la *Abundancia* solo fluirá hacia ti cuando muevas la *Energía* hacia tu propio propósito de *Vida*, cuando te atrevas, con toda tu fe, tu intención, tu trabajo y tu esfuerzo <u>a creer en ti</u>, en tus proyectos y en lo que *Tu Energía Única* es capaz de crear.

Cuando esta *Energía* se pone en marcha, se abren oportunidades y se manifiesta la *Abundancia en tu Vida*. Es ahí cuando **La Propia Energía de *Luz*** en la que comienzas a vivir <u>te lleva inevitablemente a donar una parte de esa *Abundancia*</u> que llega a tu *Vida*.

Es en ese momento cuando puedes dar conscientemente a todos los que puedan necesitar ayuda.

Así funciona el equilibrio entre **dar y recibir.**
Y este es el aprendizaje.

> "I believe that the only true religion consists of having a good heart".
>
> **_Dalai Lama_**
>
> "Creo que la única religión verdadera consiste en tener un buen corazón"

EL AMOR A UNA RELIGIÓN

Yo sé, *Corazón* mío, que este tema es muy delicado.

Cada *Ser* siente la necesidad de adorar a su *Dios*, de defender sus dogmas, de sentir que su *Vida* está refrendada por la religión que desee profesar, de seguir una línea espiritual concreta que le permita vivir en *Paz*, de vibrar con una manera de concebir el mundo y la *Vida*.

He dedicado un capítulo especialmente a este tema y en él solo quiero transmitirte estas dos reflexiones:

Bendita la *Luz* que ilumina a cada *Ser* en *Su Camino*.

Deseo que las enseñanzas de tu religión realmente te *Liberen*.

> "Cuando le enseñas a tu hijo,
> le enseñas al hijo de tu hijo".
>
> ***El Talmud***

EL AMOR AL CLAN FAMILIAR

Ya en capítulos anteriores te he comentado cómo un *Hij@* puede abandonar sus sueños para hacer feliz a alguno de sus progenitores.

También hemos hablado de cómo una *Madre o un Padre,* es decir, un *Ser* que sienta la *Energía Femenina en su Corazón* puede inconscientemente renunciar a su *Vida* personal y a sus sueños para sacar la familia adelante.

Un clan familiar es como un gran equipo, un grupo de *Seres* que se relacionan física y cuánticamente, en el que se establecen unas férreas y fortísimas alianzas energéticas, muchas de ellas inconscientes y que condicionan, yo diría seriamente, la *Vida* y las decisiones de algunos de sus miembros.

El árbol genealógico de cada clan familiar contiene una información valiosísima que guarda claves muy importantes y necesarias para el grupo familiar y que ayudarían a todos sus miembros a comprender y a sanar muchos de los bloqueos personales, físicos y psicológicos que muestran en su *Vida*, día a día.

Estas alianzas que se forman, inconsciente o conscientemente, **pueden llegar a condicionar** tu *Vida* ya que son vínculos muy fuertes que establecen compromisos casi inquebrantables. Por eso es tan importante que conozcas de qué manera funciona la información cuántica en un árbol genealógico.

Hablamos de **alianzas** de las que quizás ni siquiera puedas llegar a ser consciente.

Me refiero a que un bebé, por ejemplo, por el hecho de encarnar en una familia concreta, ya está asumiendo una forma de vivir y una manera de concebir el mundo, imitando roles y hábitos de los que quizás nunca llegue a ser consciente.

¿Qué significa esto?

Pues que **quizás ese bebé** cuando crezca pueda tener la tendencia a perder su trabajo o a no entender por qué los negocios no le funcionan nunca; o quizás necesite vivir siempre al límite, con experiencias que puedan llevarle constantemente a la frontera entre la *Vida* y la muerte; o quizás tenga el impulso de quedarse siempre al lado de su madre cuando sea mayor, o de trabajar en lo mismo que su padre, le guste o no...

O quizás ese bebé al crecer sienta el impulso de viajar a otro lugar y afincarse en otra ciudad para vivir, lejos de la familia; o que tenga tendencia a beber o a consumir según qué sustancias; o que sienta inclinación a estar con alguien sin desearlo porque algún antepasado suyo hizo una promesa antes de su muerte...

O por el contrario, le puedan ir muy bien los negocios, lograr conectar muy bien con su pareja, desarrollar una profesión que le haga tremendamente feliz, que su *Vida* sea próspera y se sienta afortunado y dichoso con ella.

Esta y otras muchas situaciones, positivas o no, son las que han sido generadas por estas **alianzas cuánticas** que funcionan en el seno de un clan familiar.

La gente en general considera que es *la suerte* la que genera todo esto, pero realmente a nivel energético y cuántico funcionan otra serie de condicionantes y variables que **tienen que ver con estas alianzas** de las que te hablo.

Ya hemos comentado que son compromisos, muchos de ellos inconscientes, que te impulsan sin tú saberlo, a aceptar determinadas cosas en la *Vida* o a rechazar otras, creyendo que eres tú quien lo decide.

Son **antiguos débitos familiares de generaciones anteriores** y que, cuánticamente, están llevándote en tu *Vida* hacia sitios que, de saberlo, quizás no hubieras pisado nunca.

Esto es lo que se denomina **fidelidad al clan** y que consigue, en ocasiones, que un miembro de la familia renuncie a sus sueños o deseos por el bien del clan o grupo de referencia.

Por esta fidelidad se llegan a tomar **decisiones** que benefician al conjunto, pero que quizás llevan, a ese miembro, a renunciar a su don más preciado, a sus necesidades o a sus propios sueños.

Todo ello en aras de no fallarle al grupo familiar.
Todo, en aras de esa fidelidad al clan.

¿Recuerdas lo que te comenté en capítulos anteriores en relación a cómo se intercambia la información cuántica?

Pues sucede lo mismo entre familiares.
Da igual que las personas implicadas estén en países diferentes. No importa que no se hayan conocido nunca o que ni siquiera hayan coexistido al mismo tiempo en esta *Vida*. La información genética y cuántica se transmite aún en la distancia.

Recuerda que se mantiene y se manifiesta a través del tiempo y del espacio.

Los vínculos que se forman en un clan familiar no se dan en ninguna otra situación de la *Vida*. De hecho, la familia que escogemos, existencialmente hablando, representa todo aquello que tenemos pendiente de superar y trascender en nuestra *Existencia*.

¿Me sigues, *Corazón*...?

Encarnamos en un clan familiar concreto que nos recuerda, con exactitud y de diferentes maneras, todo aquello que aún tenemos pendiente.

Imagina las experiencias que puede llegar a vivir una persona a lo largo de su *Vida* y sitúate varias generaciones atrás, cuando todo esto que te voy a enumerar ahora era cotidianamente posible: hambre, soledad, deudas, suicidios, secretos familiares, adicciones, injustas herencias, maltrato, homicidios, hijos ilegítimos, promesas hechas a los antepasados antes de su muerte, abortos clandestinos...

Hazte una idea de la historia que guarda y mantiene oculta cada clan familiar.

<u>Cuando un miembro de una familia vive alguna de estas situaciones</u> que te acabo de nombrar <u>y no la trasciende adecuadamente</u>, **esa energía se vincula directamente a uno de sus descendientes**. Y lo que ese antepasad@ no reparó, no resolvió o dejó pendiente, recae sobre un@ o vari@s de los descendientes, pudiendo llegar esta alianza o débito hasta la tercera o cuarta generación siguiente en el árbol genealógico.

Son vínculos que se establecen inconscientemente y que pueden traer en algunos casos, graves consecuencias.

Hay pasajes en la Biblia que hacen referencia a esto y que, quizás, al leerlos la primera vez no reparas en lo que realmente significan, pero si tratas de relacionarlo con lo que te acabo de explicar, <u>entenderás su sobrecogedor significado.</u>

Antes de que leas las siguientes citas, me gustaría decirte que no pretendo relacionar esto que te explico con ninguna causa, ni motivo religioso. **Trato simplemente de explicarte cómo se transmite la información de manera cuántica**, cómo se vinculan las energías en un clan familiar y cómo se generan <u>alianzas inconscientes</u> solo por el hecho de pertenecer a una familia concreta.

> "Dios mantiene su amor a lo largo de mil generaciones, pero castiga la culpa de los padres en los hijos y en los nietos, hasta la tercera y cuarta generación". (Éxodo 34, 6-7)
>
> "...por el error de padres sobre hijos, sobre la tercera generación y sobre la cuarta generación..." (Éxodo 20:4-6)
>
> "... Dios castiga la culpa de los padres en los hijos y en los nietos hasta la cuarta generación". (Números 14, 18)

Reflexión

Cuando se habla de "castigo", se refiere a un **vínculo energético** que te une a los errores o a la sensatez de los ancestros de tu clan.

Alguien debe **"reparar"** esos asuntos familiares que se han quedado sin resolver, sin aclarar; circunstancias de tus antepasados que no han sido vividas con responsabilidad, ni tratadas con dignidad; ciclos que se han quedado sin cerrar correctamente.

Son aprendizajes que por ambas partes se necesitan y a las que no puedes renunciar tan fácilmente.

Los *Seres* que forman parte de nuestro clan **son *Seres* que nos aman profundamente**. Y es que la familia representa las mayores dificultades existenciales que pueda tener una *Ser* antes de encarnar. Y eso solo lo asume el *Amor*.

Los amig@s pueden separarse, pueden desvincularse cuando lo deseen. La familia también, pero hay cuestiones legales y transgeneracionales que te atan de por *Vida* al clan familiar **hasta que logres solucionarlas, sanarlas y trascenderlas totalmente.**

ANÁLISIS DE UN CLAN FAMILIAR

Cada clan tiene sus alianzas, es decir, cada grupo familiar, cada árbol genealógico tiene unas características concretas que describen cuál o cuáles son los aspectos a trascender en cada familia.

Te puedo poner ejemplos concretos para que así puedas situarte mejor en lo que trato de explicarte.

Una alianza puede crearse por el hecho de que haya habido un maltratador/a entre l@s antepasad@s de tu familia que haya generado mucho dolor en el clan. Ese antepasado muere sin reparar ese daño y, dos generaciones más adelante, un@ de los descendientes, por ejemplo, necesita estudiar y ser abogad@, además especialista en casos de maltrato.

A priori podemos creer que ese descendiente siente el impulso de ser abogad@ porque le gusta la profesión. En consulta me he encontrado algunos casos en los que no son felices ejerciendo la abogacía porque, en el fondo, desearían haberse dedicado a otra cosa.

Sin embargo han sentido el impulso de especializarse en "defender" casos concretos, y qué curioso, todos relacionados con las injusticias vividas en su clan y su familia.
¿Te parece casualidad?

Otros ejemplos que te pueden hacer entender lo que significan estos *pactos o lazos* inconscientes:

- Mujeres de un mismo clan familiar que trajeron al mundo demasiados hij@s no deseados y, con el tiempo, hay descendientes que no desean tenerlos o que han abortado una y otra vez.

- Antepasados que han derrochado el dinero de la familia provocando la ruina y a las dos o tres generaciones aparecen un@ o vari@s descendientes que no consiguen sacar adelante sus negocios y que pierden todo lo invertido, en más de una ocasión...

- Antepasados que han vivido una fortísima represión sexual y con el tiempo, hay descendientes que se dedican compulsivamente a la prostitución.

- Y en el ámbito de la salud, te podría poner muchísimos casos de herencias y alianzas cuánticas con los ancestros del clan, donde las generaciones más jóvenes enferman en relación a estos débitos o alianzas pendientes con los antepasados.

Para poder comprender y analizar las variables y las situaciones de cada unidad familiar es necesario profundizar mucho más en todo esto. Ahora simplemente te he nombrado algunas de las pinceladas básicas que pueden marcar la *Vida* y las generaciones de un clan familiar.
Cada caso es único y particular.

Es necesario **analizar con muchísimo respeto y profesionalidad** cada caso, para poder sacar las claves que liberen estos pactos familiares inconscientes.

Te recuerdo que estas <u>dificultades y alianzas</u> se nos presentan para ser vividas y trascendidas, no para sufrir con ellas.

Son circunstancias, que nos atrapan en según qué emociones y que nos vinculan a **dificultades o barreras que necesitamos superar, transformar o bendecir.**

Piensa que de la misma manera que hay alianzas dolorosas, también hay vínculos o acuerdos inconscientes que <u>nos conectan con el éxito</u> profesional, personal o económico en nuestra *Vida*.

Hay familias que, generación tras generación, logran tener éxito en sus facetas personales o laborales y esto también hace referencia a estas alianzas que, de alguna manera, atraen a nuestra *Vida* aquellas experiencias que necesitamos, exitosamente, vivir.

                         Y tú dirás...
                         ¿Por qué me cuentas esto...?

Pues porque quizás tienes en tu *Vida* algún aspecto que no has logrado superar todavía, que has puesto y pones todo tu empeño en ello y que no logras encontrar la manera de resolverlo.

Que tal vez, asociada a esta dificultad, **tienes una sensación de débito familiar que no te deja avanzar**, me refiero quizás a que no puedes elegir tu sueño porque hay algo que te vincula a los valores aprendidos en el clan; o que quizás sientes que no puedes sacar adelante aquello que deseas porque hay algún familiar al que temes hacerle daño; o que quizás tienes miedo a que tus proyectos no sean comprendidos por la familia.

Puede haber **mil circunstancias similares** a esta que te enumero aquí.

Y te lo hago saber por si acaso...

- Por *Amor* a la familia, no te atreves a vivir eso que sueñas.
- O por *Amor* a algún miembro del clan estás renunciando a eso que tu *Alma* desea realizar.
- O quizás has abandonado *Tu Camino* para seguir en un negocio familiar que no te hace feliz.

Hay miles de situaciones que pueden hacerte renunciar a tus sueños por *Amor* a la familia. Por eso trato de hacer que seas consciente de **qué es lo que deseas llevar a cabo en tu *Vida*.**

Cuáles son tus sueños...
A qué has renunciado...

Aquello que deseas y que quizás abandonaste en algún rincón de tu juventud o de tu infancia, aquello que soñabas *Ser* y que se quedó en el olvido, quizás **en aras del *Amor*** a tu familia.

Quiero que sepas que hay maneras de trabajar estos acuerdos o lazos energéticos familiares a través de un análisis transgeneracional que, con la ayuda de un buen/a profesional que sepa **analizar debidamente** árboles genealógicos, puedas desatascar y disolver posibles alianzas inconscientes y que están esperando a que las sanes y las liberes.

Quiero que seas *Consciente* de que el ***Amor libera*** y no ata.
De que el ***Amor necesita evolucionar y crecer***, no ahogarse y morir "amando".

De que el *Amor* desea que elijas desde La Libertad, La Consciencia, El Respeto y La Dignidad que tú mereces.

Antes de finalizar este capítulo me gustaría decirte que no tengo la menor duda de que **las generaciones anteriores a la nuestra** creyeron que EL AMOR y la felicidad debían vestirse de reglas y de normas que en el fondo, quizá, a muchos de nosotros, no nos terminaron de beneficiar adecuadamente.

Desde aquí, quiero honrar a todo SER que por AMOR, ha legado lo que creía que era necesario y justo a sus descendientes.

Aprovecho esta oportunidad para bendecirlas absolutamente a TODAS, porque en cada una de ellas, **cada SER que ofreció el testigo de su legado familiar**, hizo lo que su *Consciencia* le pidió que hiciera.

> "Al final, lo que importa no son los años de vida sino la vida de los años".
>
> **Abraham Lincoln**

EL AMOR A LA TERCERA EDAD

A la gran mayoría de nosotros nos despiertan una especial ternura aquellas personas que han alcanzado lo que llamamos la *tercera edad*.

Es cierto que hay casos en los que el carácter se agudiza con el paso de los años, convirtiéndose esto, en ocasiones, en una peculiar dificultad a la hora de comunicarnos o de interactuar con *Ell@s*.

Y evidentemente, también tengo en cuenta esos casos en los que, bien por enfermedad o por alguna otra causa, has de llenarte de *Paciencia* y de *Amor* para poder sobrellevar el cuidado de una persona anciana.

Desde aquí **te envío** todo el **Apoyo y** la **Comprensión** si estás en una situación similar a esta que te comento, porque cuidar a un familiar anciano, en algunos casos, no resulta nada fácil.

Necesitan mucho, mucho *Amor y Paciencia,* porque muchos de *Ell@s* vuelven a sentirse como *Niñ@s desamparad@s* otra vez.

Sé que en la mayoría de las ocasiones l@s ancian@s que entran en contacto con nosotros a nivel familiar o social nos despiertan maravillosos sentimientos de *Ternura* y de *Amor*.

Todos conocemos a *Abuelos y Abuelas* que disfrutan con sus niet@s muchísimo más de lo que pudieron hacerlo con sus propios hij@s.

Me refiero, por supuesto, a aquellos que gozan de una salud y una autonomía básica como para poder seguir su *Camino* sin depender física ni mentalmente de otro familiar, amig@ o institución.

Muchos de estos *Seres* que han alcanzado este nivel de *madurez* comienzan a vibrar de otra manera, a soltar preocupaciones que quizás les han estado asfixiando durante toda su *Vida*. Empiezan en ocasiones a despreocuparse de aspectos que para el resto de la humanidad aún son imprescindibles.

Yo diría que, en cierto sentido, **comienzan a relajarse y a experimentar** lo que quizás no han podido vivir hasta ahora.

En cierto sentido es lógico, porque cuando eran más jóvenes, toda la responsabilidad y la preocupación de sacar a la familia adelante y de no bajar la guardia ni el ritmo de trabajo, hacía que no pudieran disfrutar de los momentos cotidianos como seguro les hubiera gustado haber hecho.

Y una vez que sus hij@s ya han crecido, **se liberan** inconscientemente de esa tremenda responsabilidad que llevaban encima como *Padres y Madres* y recuperan, sin darse cuenta, esa manera tranquila de jugar que tenían cuando eran niñ@s.

La responsabilidad frente a sus hij@s ya no está tan marcada y esa relajación hace que disfruten muchísimo más de los niet@s de lo que, seguro, pudieron disfrutar con sus propios hij@s. Sienten profundamente que su misión ya está cumplida y que por ello, pueden relajarse y disfrutar muchísimo más.

Conozco muchos casos en los que me han confesado la calma que les da ver a los hij@s ya mayores, con sus trabajos, sus parejas y su *Vida* en cierto sentido encaminada.

Muchos de ellos disfrutan acudiendo a sus rutinas diarias y haciendo cada día lo que les gusta, les entretiene y les hace felices.

Ahora necesito comentarte un aspecto que para mí es muy importante al llegar a esta edad.

A lo largo de mi *Vida* he presenciado en alguna ocasión que un *Ser* de avanzada edad dé un traspiés, tenga un resbalón, una caída o un despiste... Es algo natural, que podría ocurrirle a cualquier persona de cualquier edad.

¿Qué sucede...?

Que a estas edades, este tipo de experiencias son muy delicadas. Es lógico que se extremen los cuidados y atenciones en estos momentos. Y esto quizás, por protección o miedo, pueda resultar algo alarmante para alguno de los familiares, y en alguno de los casos, se llegan a tomar decisiones que, quizás, no sean las más adecuadas.

Conozco bastantes casos en los que, tras esta circunstancia, **se les prohíbe que hagan lo que hasta ahora han estado haciendo día tras día.**

No me refiero a conducir vehículos o a otras actividades en las que puedan poner en riesgo a otras personas. Me refiero, por ejemplo, a ir sol@ a algún sitio, a hacer el recorrido que solían hacer diariamente, a dedicarse a sus labores en la huerta que tanto les gustaba, a hacer según qué actividades que a *Ell@s* les daba la *Vida* y que les hacía felices.

De repente, se les prohíbe que sigan haciendo lo que hasta ese día hacían con normalidad y se les reduce la autonomía en algunas actividades que necesitaban hacer diariamente.

Por miedo, por precaución, por varias razones se les recluye en un lugar concreto o en una vivienda en la que sus movimientos y su rutina queda trastocada.

Son normas o límites que se ponen por *Amor*, pero que acaban matando la energía, la autonomía y la *Vida de estos Seres* llegada una edad.

Sé que no es fácil cuidar de un ancian@ en según qué situaciones, pero yo preferiría verl@ disfrutar libremente el tiempo que le quedara de *Vida* a que esté en una silla o en una mecedora dos o tres años más.

Moriría en *Vida*.

Piénsalo...

Volvemos a sentirlos como *niñ@s*, pero en un sentido equivocado del término.

Conozco casos de ancian@s que tras una experiencia así se encuentran ante nuevas normas de sus familiares que, con muy buena intención, les marcan a partir de ese día. Pero *La Vida* de estas personas se ve truncada, literalmente, pero no por la caída o el traspié, sino por la lista de prohibiciones que, lejos de protegerl@s, lo que hacen es acobardarl@s y provocar que, en muy poco tiempo, no deseen seguir viviendo.

¿Qué es *Amor*...?

- *¿Prohibirles lo que Ellos necesitan...?*
- *¿Quitarles los hábitos diarios que les hacían sentirse capaces...?*
- *¿Negarles el derecho a sentirse útiles lo que les quede de Vida...?*

¿Es eso Amor...?

Yo estuve colaborando un tiempo de manera voluntaria en algunos asilos durante mi juventud y, ya de mayor, trabajando unos meses en una *Residencia de Ancianos.* El tiempo suficiente para darme cuenta de que **la Dignidad y la Autoestima** en una persona mayor deben cuidarse y mantenerse con extrema delicadeza, siempre.

Y que llegada una edad en la que sucede algo así, el hecho de limitarles su autonomía y prohibirles lo que les gusta, genera estados cercanos a la depresión y, por lo tanto, alejados de la *Vida*.

Yo sé que si una persona mayor está a tu cargo y le sucede algo como lo que estamos contando, **tú intentarás evitarle males mayores.** Lo sé...
Sé que l@ protegerías para que las consecuencias no sean peores.

Pero yo me plantearía si realmente querría **verl@ feliz** durante unos años o unos meses más, los que sea que le queden hasta que llegue su hora, o **sentad@ en un sillón**, días y días, para evitar que tropiece o se caiga al suelo.

Si yo fuera ese *Ser ancian@*, tendría claro que **desearía seguir con mis rutinas diarias hasta que llegue mi hora**, para seguir sintiendo que estoy *Viva*, para sentir ilusión por cada uno de los días que me queden por vivir, para evitar acobardarme.

Yo tendría claro que desearía continuar con mis hábitos y costumbres habituales que me harían sentirme capaz, libre, tranquila y sobre todo **Viva**, el tiempo que me quedara de *Vida*.

No tengo ninguna duda.

Evidentemente cada uno es muy libre de hacer lo que considere, pero si esto te hace reflexionar **en aras del Verdadero Amor al Ser delicado** que pueda estar a tu cargo, sería un regalo.

> *"Los ancianos son Grandes y Maravillosos Niñ@s que nos vuelven a mirar con la Inocencia que dejaron olvidada en algún rincón de su infancia".*
> **Ángeles Abella**

Unos meses antes de morir mi padre le propusieron someterlo a diálisis y alargarle así unos meses más de *Vida*.

Y él, desde la *Consciencia* que tenía dijo:

- *"No me hagáis nada más...*
  Me quiero ir a mi casa y, cuando llegue el momento, morir allí junto a mis Hij@s."
  Y así fue...

Él decidió que no quería que le tocaran más su cuerpo y que, voluntariamente desde casa esperaría que llegara el día de manera *Serena* y *Consciente*.

Los ancianos que han vivido toda su *Vida* con un ritmo determinado, una manera particular de ser, unos hábitos, unas ilusiones concretas, están acostumbrados a unas rutinas, que por otro lado les dan la *Vida*.

Si de la noche a la mañana dejaran de tenerlas, sería **el principio del fin**.

Hace meses conocí a un señor de 90 años que montaba en bicicleta diariamente para desplazarse y atender a sus quehaceres, pero una tarde se le enganchó el pantalón en la cadena de la bici, se cayó y, como estamos comentando, sus hijos le prohibieron a partir de ese día que montara en bicicleta.

Hace muy poco lo vi y estuve hablando con él. Y te puedes imaginar con qué ánimo se dirigió a mí.

> "Nos envejece más la cobardía que el tiempo. Los años solo arrugan la piel, pero la cobardía arruga el alma".
> *Facundo Cabral*

Y ahora te pregunto yo:
        ¿Qué hubiera sido mejor para él...?

Realmente estamos cortando las alas de un *Ser* que podría seguir viviendo con autonomía, quizás dos meses más, dos años... cinco años más. No se sabe...
        No lo sabemos.

Pero seguramente seguiría disfrutando de cada uno de los días que le queden de *Vida*. Y **fortalecería su pensamiento** y confirmaría que todo está bien y que no debe acobardarse.

¿Cuántos ancianos conocemos llenos de miedo, que no se atreven muchos de ellos ni siquiera a caminar...?

Observa que este tipo de prohibiciones se hacen "por Amor".

Y si analizamos profundamente en el fondo de estas decisiones, lo que hay es miedo a que esa caída o esa situación les hagan más dependientes.

        Pero eso no es *Amor*.

Reflexión

No te olvides que cada uno de nosotros tenemos nuestras propias ilusiones, nuestro ritmo, nuestra frecuencia, pequeñas cosas que nos hacen felices.
Y si nos privan de ellas...
¿Qué hacemos aquí...?

¿Para qué me quieres tener aquí de esta manera? - preguntaría yo.
¿Para tenerme en un sillón sentad@...?

Eso sí, quizás 3 años más de lo que quizás hubiera vivido.
¿Pero para qué...?

Muchos de ell@s entran en depresión. No me extraña.
Muchos se acobardan, se quieren morir, pierden la ilusión por hacer sus cositas, las pequeñas rutinas que a ell@s les gustaban.

¿Qué ilusión tendría yo para levantarme cada día...? – me diría a mí misma.

Y yo te pregunto:
¿Qué sería *Amar a ese Ser*...?

No sé por qué me provoca hacer un paralelismo entre esta situación y una pareja en la que <u>uno de los dos le prohíbe al otro según qué cosas</u> por las consecuencias que eso pueda traer.

Ampliando la visión, es lo mismo.
Por eso elige tú lo que sientas hacer.

La Luz que *Tú Eres* te indicará *El Camino* por el que tienes que optar.

"Cuando el hombre se apiade de todas las criaturas vivientes, sólo entonces será noble".

Buda.

EL AMOR A UNA MASCOTA

La conexión con la *Madre Naturaleza* es uno de los regalos más hermosos que nos ofrece la *Vida*.

La Unidad, la Calma y la Paz que te da el contacto con la *Madre Tierra* y con todo lo que *Ella* alberga es incomparable a cualquier otra experiencia. La *Vibración* que encuentras en *Ella* no la percibes en ningún otro lugar.

Te hablo del contacto que experimenta tu cuerpo si puedes descalzarte y sentir la hierba bajo tus pies, la humedad de la tierra en una tarde de verano. Me refiero a poder abrazar un árbol, sentir que el aire te acompaña al caminar; que bajo una piedra del camino que levantas, hay miles de pequeños seres agrupados en colonias de *Vida*…

Poder tocar y sentir el musgo, su frescor, el agua que baja con fuerza por el cauce del río, el sonido del viento, el crujir de las hojas caídas en otoño, el paisaje de colores que se abre ante ti.

Millones de detalles que te regala el contacto con la *Vida* en la *Naturaleza*.

Los *Seres* que viven en la ciudad tienen menos posibilidad de sentir y apreciar estas experiencias a diario. Y es una lástima que el ser humano se aleje de lo que es su *Verdadera Esencia* y su origen natural.

No estoy diciendo que no sea correcto vivir en la ciudad, me refiero a que el ser humano necesita vibrar en conexión con su *Origen*, con aquello que nutre su *Frecuencia* y su *Sana Conexión con la Vida*.

Al vivir en la ciudad nuestros campos electromagnéticos se debilitan y se ven, podemos decir, afectados, porque entramos constantemente en contacto con frecuencias eléctricas y redes de conexión que, me atrevo a decir abiertamente, no son en absoluto saludables.

Nuestro equilibrio energético y nuestra salud se ven afectados directamente por ello. Y esta es la razón por la que **insisto siempre en que se tome contacto con la *Naturaleza* y que, diariamente, se haga ejercicio o se pasee por espacios naturales**, por lugares, si es posible, a los que no llegue la cobertura de un móvil.

El ser humano, en un sentido, ha perdido esta conexión directa con lo natural, con la *Vida,* con la frecuencia y la vibración de la *Madre Tierra*, con **El Sonido de la Naturaleza**.

Los niñ@s están conectados con *Ella*. Son amantes del campo, del río, de la lluvia y del agua, de la tierra, de los árboles y de los animales.
Ell@s saben que ahí se encuentra **Nuestra Esencia.**

Este capítulo lo dedico a explicar la importancia de esta conexión y de cómo los animales que tenemos en casa pueden hacernos conectar con esa vibración natural que se mueve desde el *Amor Incondicional*.

Seguro que has tomado contacto en algún momento de tu *Vida* con algún *Ser* de otra especie. En este caso concreto me refiero a la **especie animal.**

Cuando te hablo de tomar contacto me refiero a **CONECTAR**, a sentir que ese *Ser* que llamamos *animal*, te comprende, te siente, te escucha, te acompaña, sabe lo que te sucede y sabe cómo te sientes.
Está presente, en una palabra...

Por su mirada, su manera de acompañarte, su silencio, su respeto, su energía y su *Luz*, sabes que está conectando contigo y que esa conexión es mutua.

Los *Seres* de la especie animal son **Seres de Amor Puro**. Son *Almas* de una *Pureza* inigualable que han decidido encarnar en *La Tierra* para enseñarle al ser humano lo que es el *Amor Incondicional*.

Son *Seres* que entregan su experiencia para que el ser humano eleve su *Frecuencia* y llegue a comprender que muchas cosas de las que hace no son correctas para el equilibrio de **La Vida en La Tierra**.

> "El hombre ha hecho de la Tierra un infierno para los animales"
>
> **Schopenhauer**

Los puedes llamar mascotas, pero cuando **sientes quién Es ese Ser que vive contigo** con quien compartes tantos momentos importantes para ti, cuando **puedes mirarl@ a los ojos** abiertamente, te das cuenta que tiene *Otro Nombre su Ser*.

Y comprendes que ahora está encarnado en una especie animal, pero que sabes profundamente que ha vivido contigo más tiempo, aparte de esta *Vida*.

La relación que se establece entre un Ser de la especie animal y un Ser humano, **muchas veces trasciende lo emocional** y llega a convertirse en una experiencia de *Amor Incondicional*, porque *Ell@s* vibran es esa *Frecuencia de Amor*.

Yo he visto **salir a personas de una depresión gracias al *Amor Incondicional* de un animal**. Personas que lo daban todo por perdido, que no querían vivir, ni ocuparse de nada que tuviera relación con la *Vida* y que al tomar contacto con los animales, su energía y su vitalidad comenzó a transformarse día a día.

Y no te estoy hablando de personas que se relacionaron con un perro o con un gato, a los que quizás estamos más acostumbrados a sentir a nuestro lado. Estoy refiriéndome a tres casos en los que se vincularon afectiva y emocionalmente con una **tortuga**, con una **cobaya** y con un **loro** respectivamente. Casos de personas concretas que estaban inmersas en una profunda depresión y al decidir vivir con *Ell@s*, *la Vida* les cambió por completo.

Literalmente…

Los animales emanan una frecuencia de *Amor Profundo*, de *Amor Incondicional*. Te hacen conectar con vibraciones diferentes a las que vivimos en la vida cotidiana y te hacen dejar a un lado las emociones que no te ayudan a ser feliz.

La mente queda apartada por unos instantes de la experiencia que **te hacen vivir** los animales. Te conectan con el presente, te hacen sentir que estás **Aquí y Ahora** con *Ell@s* y nada más.

Piensa en la sensación de calma que te da observar a un pez nadar en una pecera. En esos segundos que lo observas y le prestas atención, no piensas en nada más. Tu mente está tranquila y dejas, por unos instantes, tu pensamiento en calma apartando de ti aquello que tanto te preocupaba.

En los procesos de depresión, la mente busca la manera de complicar todo y "hace de las suyas" y en esos momentos en los que tu *Vida* te hace pasar por esos niveles emocionales, **el contacto con el mundo animal te puede ayudar**, indudablemente, a lograr una recuperación total.

Del mismo modo, es magnífico el trabajo que hacen algunos animales con personas que muestran ciertas dificultades de relación, vinculadas por ejemplo al autismo o a la depresión; o de qué manera colaboran aportando equilibrio y sanación a personas que muestran determinados comportamientos antisociales de cualquier índole, o cómo armonizan la energía en personas que padecen determinadas enfermedades mentales.

Caballos, delfines, perros…
Seres que están ayudando incondicionalmente al *Ser humano* a trascender sus carencias afectivas, sus dificultades de relación y sus problemas de comunicación. Muchos animales están colaborando con la sanación de algunas de las enfermedades relacionadas con los dolores del *Alma*.

No tengo ninguna duda de que *Ellos* emanan una **Frecuencia de Amor** *Indescriptible*, *Mágica* y yo diría, *Sagrada*.

Reflexión

Si reflexionamos un poco nos damos cuenta de que el ser humano, al vivir en grandes ciudades, con un ritmo de *Vida* a veces frenético y por momentos loco, se ha apartado en gran medida de su conexión con lo natural, con el ritmo de salud, tranquilidad y bienestar que puede aportarle la *Naturaleza* en su inmenso abanico de posibilidades.

Es cierto que las ciudades tienen pequeños espacios dedicados al esparcimiento en los que podemos disfrutar de ambientes respirables, como parques o paseos en un entorno natural, paralelos a la ciudad. Pero a pesar de estas posibilidades que se nos brinda en ellas, lo cierto es que **la mayoría de las personas se han desconectado en cierto sentido de este ritmo natural**, del *Pulso y la Frecuencia de la Madre Tierra*.

El ser humano enferma cuando no puede conectar con esa vibración de *Luz* y *Vida*. Y **los animales nos ayudan a *reconectar* con** *Ella*.

No puedo evitar pensar por un momento en el pasaje de la Biblia en la que el hombre es expulsado del paraíso. Ya sabes que no trato de abanderar ninguna causa religiosa cuando hago este tipo de referencias. Simplemente me planteo que <u>el ser humano en un momento de su *Existencia*</u> perdió la conexión con el *Todo* y se alejó de *la Naturaleza*.

En este pasaje se relata el momento en el que **todo lo que existía era UNO**. El ser humano vivía en *Unión* con lo divino, con la *Naturaleza*, con todo lo que existía. No había nada que estuviera fuera de su experiencia, porque todo era UNO...

Y cuando "se alimentó", es decir, cuando **nutrió** su mente con la idea de que dentro de su corazón había algo que estaba **mal** y algo que estaba **bien**, fue en ese momento cuando se separó de *La Vida*, se separó de lo *Divino* y de *Todo*.

Ahí es cuando yo siento realmente que se provoca la expulsión del Paraíso. La provoca tu mente <u>cuando crees que hay algo malo en ti</u>. Y por lo tanto dejas de vibrar con la frecuencia de lo que es *El Paraíso,* que sería la unión con *Todo lo Creado*.

Esta es la profunda soledad del ser humano.

Eso no les sucede a los animales.

Ellos se sienten totalmente unidos a *Todo*. Igual que los niñ@s, que del mismo modo viven las experiencias de la *Vida* sintiéndose unid@s a *Todo*.

> "Solo los animales no fueron expulsados del paraíso".
>
> **Milan Kundera.**

El Ser humano, al poder tener *Seres* del reino animal a su lado, puede lograr reconectar de nuevo, consciente o inconscientemente, con la *Naturaleza, con su Frecuencia y con su Luz*.

Necesitamos vincularnos a otro modo de *Vida* más sano del que estamos llevando, a otro ritmo de *Vida* diferente, con diferentes valores y distintos ritmos. Y los animales y los niños nos están permitiendo volver a nuestra esencia, que es el *Amor*.

Nos están volviendo a conectar con La Esencia de la que formamos parte y de la que no deberíamos habernos desprendido nunca, porque, es obvio que **esta separación** ha pasado factura al ser humano a muchos niveles.

Siento, desde lo profundo de mi *Corazón,* que es adecuado dejarnos llevar por esa *Frecuencia Amorosa Incondicional* que realmente los animales nos traen y nos regalan cada día. Hacerles caso, vibrar con *Ellos*, jugar y salir juntos a pasear, dejarnos envolver por ese "no tiempo" que nos regalan.
    Es *Amor Incondicional*.

    Sin duda alguna.

Para finalizar este capítulo, me gustaría comentarte simplemente algo que necesito expresar.

El hábitat de un animal es la *Naturaleza y* su lugar de *Luz* es esa conexión con la *Madre Tierra*.
Y muchas veces, debido a la gran ayuda que ofrecen al *Ser* humano, es necesario que estén cerca de las ciudades, que abandonen su

lugar de referencia natural y que, de este modo, convivan en espacios que quizás no sean los más adecuados.

Los animales nos ayudan a elevar nuestra frecuencia de *Amor*, nos acompañan incondicionalmente y nos muestran, en muchas ocasiones, los niveles de crueldad que todavía hay en el *Corazón* del ser humano.

Todos nosotros hemos visto cientos de imágenes de animales encerrados en jaulas, privados de su *Libertad* para exclusivo deleite, entretenimiento o negocio del ser humano. Animales de especies salvajes que ridículamente dan volteretas o hacen cabriolas; animales de dimensiones gigantescas nadando indignamente y de manera neurótica en piscinas que evidentemente no cumplen las dimensiones naturales que requiere su especie; animales que, cruelmente, están siendo tratados, comprados o vendidos, trasladados y confinados en espacios que no son adecuados ni dignos de *Su Naturaleza*.

Desde aquí me gustaría dirigirme y hablarle a tu *Consciencia*, a la *Consciencia* de todos los que puedan leer esto, porque entre todos podremos reconducir estos denunciables errores que se siguen cometiendo día tras día con diferentes especies.

Del mismo modo, me gustaría dirigirme a todas las personas que tienen a su lado a un *Ser* del reino animal o que conviven con alguno de *Ellos*, para que no cesen de ofrecerles toda la *Delicadeza* y el *Respeto* que verdaderamente merecen, así como el cuidado y las atenciones que su dignidad y esencia necesitan.

Date cuenta de que, muchas veces, **el afán por convivir con un Ser animal** procurando que sea este uno más de la familia, puede provocar sin querer, <u>determinados hábitos que pueden no ser los más apropiados</u> para las características de su especie.

Te pongo el ejemplo de casos que he visto personalmente y que me resultan francamente irrespetuosos, y en cierto sentido, insultantes para la *Dignidad* que desde mi perspectiva, cada especie merece. Me refiero por ejemplo a perros con las pezuñas pintadas de esmalte, o gatos con ropa de bebé para que no cojan frío, o perros con zapatitos y calcetines para salir a pasear.

Parece cómico, pero para mí no lo es.

No estoy hablándote de las situaciones en las que, de broma, le colocas un gorrito, o para hacerle una foto le pones unas gafas de sol. No me refiero a este tipo de juegos espontáneos. Te hablo de la necesidad de algunas personas de tratar a los animales como si fueran seres humanos.

Evidentemente merecen el trato que darías a cualquier *Ser* sintiente, pero, **hay límites** en el cuidado de un *Ser* que, desde mi perspectiva, no deberían traspasarse, **sobre todo aquellos que no vibran con su verdadera naturaleza.**

Últimamente con el auge de los negocios excéntricos se ven con más frecuencia este tipo de hábitos que, desde mi punto de vista, llegan a tratar, de manera humillante, a la especie.

Es evidente que cada persona puede hacer en su *Vida* lo que considere que es correcto, pero *Mi Corazón* no podía dejar pasar la oportunidad sin hacerte reflexionar sobre este tema, ya que el *Amor* pasa por el *Respeto* y la *Dignidad* hacia los *Seres* a los que amas y a sus obvias y respetables diferencias.

Cada especie necesita vivir normalizando los hábitos básicos que la caracterizan y la ennoblecen, hábitos necesarios que respeten y dignifiquen su especie, con sus naturales tendencias, instintos y peculiaridades.

> Amar a un Ser es **respetar quién *Es***, no convertirlo en lo que tú necesitas que sea.

Cada especie necesita sus rutinas, sus prácticas y sus costumbres, porque son las que esencialmente le confieren su **Integridad**, su **Pureza** y su **Identidad**. Y si le privas de ellas, estás apartando a ese *Ser* de su *Verdadera Naturaleza y Esencia*.

Por ello, supongo que puedes comprenderme en el claro y firme rechazo que manifiesto y siento hacia la cautividad, compra-venta y tráfico de animales de cualquier tipo.

Del mismo modo, rechazo taxativamente el "adiestramiento" que sufren determinadas especies para el puro disfrute, negocio y "entretenimiento" del ser humano.

Reflexión

Para mí es más que humillante y obviamente vejatorio el que determinadas especies aparezcan frente al ser humano en cierto tipo de espectáculos, haciendo desagradables "monerías" para "divertir" o entretener a según qué grupo de espectadores.

Necesitamos evolucionar en este sentido. Y entre todos podremos propiciar que según qué espectáculos que actualmente se consideran adecuados, acaben por desaparecer **En aras del Verdadero Amor** y **Respeto a todas y cada una de las especies**.

> "Hasta que uno no ha amado a un animal, una parte del alma sigue sin despertar".
> **Anatole France**

Igualmente me gustaría decirte que soy vegetariana desde hace ya bastantes años. Con esto no quiero que pienses en absoluto que estoy refiriéndome a ello como la mejor elección de *Vida*. No trato de defender ninguna ideología ni de considerarla la mejor opción. **Es simplemente la que yo he escogido**.

Cada persona tiene un cuerpo diferente, una realidad y un ritmo distinto y personal que necesita cuidar para crecer y desarrollarse, por lo tanto, estamos hablando simplemente de distintas opciones, maneras diferentes de alimentarse adecuadas a cada *Ser,* opciones que se toman y que, desde la *Libertad*, se eligen en según qué caminos, para evolucionar.

Me he referido a ello porque, sea cual sea tu opción, siento clara y profundamente que es necesario atender a **la manera en la que viven y se desarrollan estos animales que luego van a alimentarte.**

> Es muy importante cuidar no solo la manera en la que viven y crecen estos *Seres*, sino la calidad del alimento que los nutre y en qué condiciones, estos animales, son sacrificados o mueren para ser llevados hasta tu mesa.

Yo sé que puede resultar desagradable tratar este tema, pero siento que es **prioritario tener Consciencia** de la necesidad de cuidar estos aspectos, porque no solo te alimentas de su carne, sino que igualmente te estás alimentando de la información energética de ese *Ser*, de la manera en la que ha sido nutrido, de la forma en la que ha vivido, se ha desarrollado, ha sido tratado y sobre todo, de la manera en la que ha sufrido para ser sacrificado.

Ancestralmente se daba las gracias a todo alimento o animal que nos nutría e incluso **se les bendecía por entregar su *Energía* y su *Vida*** para alimentar a la comunidad.

Este acto de *Respeto* hacia lo que nos alimenta se ha perdido, se ha quedado por el camino a lo largo de los últimos milenios. Si te sirve de algo, yo cada vez que voy a comer me dirijo hacia el alimento para bendecir su *Luz* e inclinarme hacia su *Energía*, porque la ha entregado para que yo pueda alimentarme de *Ella*.

Solo trato de **Ser Consciente** de la *Vida*, de lo que me rodea, de lo que me nutre, de lo que está a mi lado y merece el máximo *Respeto* y *Dignidad*.

> "Llegará un día en que los hombres verán el asesinato de un animal como ahora ven el de un hombre".
> **Leonardo da Vinci.**

Estoy convencida de que llegará un momento de nuestra evolución en el que podamos sentir y observar todo aquello que comemos o ingerimos con pleno *Respeto y Consciencia*.
       Sé que será así...

Mi Corazón no podía dejar pasar la oportunidad de decírtelo.

Luego,
... ya sabes que *La Luz que Eres te mostrará el Camino a seguir*.

> "La muerte pone fin a la angustia de la vida,
> sin embargo la vida tiembla ante la muerte".
>
> *Rumi*

EL AMOR TRAS LA MUERTE

Hace años escuché decir que no caemos en la cuenta de lo que significa la muerte hasta que no tiene nombre y apellidos.

Realmente la muerte, **para la gran mayoría de las personas,** es una experiencia desgarradora, dolorosa, profunda e inexplicable y por lo tanto confusa y misteriosa.

Reconocemos que es la única experiencia por la que vamos a pasar **todos los** *Seres* **mortales**, más tarde o más temprano y que nadie va a quedar excluido de esa cita.

Es cierto que generación tras generación, se ha asociado a la muerte con una experiencia a la que hay que temer, traumática y desgarradora. Si observamos detenidamente los cánones de la cultura en la que hemos crecido, tenemos que reconocer que desde siempre se nos ha enseñado que la muerte es algo desagradable, una realidad injusta y que en ocasiones viene acompañada de desdicha.

Se ha adornado esta realidad con matices e interpretaciones desoladoras que la presentan como un proceso angustioso y ante el que hay que sentir pena, dolor y sufrimiento. Recuerda si no, cómo se pagaban antiguamente a las plañideras para que llorasen en un entierro.

Y esto es lo que hemos aprendido...
                    Cultural y ancestralmente.

Es humano reconocer que la muerte, para muchas personas, es profundamente dolorosa en sí, ya que separa inevitablemente a dos *Seres* que se aman. Y esta distancia, sin explicación alguna, es desgarradora, para unos *Seres* más que para otros.

Lo que trato de hacerte ver en este capítulo es que la muerte todavía es un tabú para mucha gente y que, para la gran mayoría, resulta ser algo muy difícil de comprender. Por ello necesito comentarte que existen otras perspectivas que pueden hacer que la muerte se integre, se comprenda y se acepte como un proceso emocional y trascendental que afecta principalmente al plano físico.

Científicamente está demostrado que **la energía que somos no muere**, solo se transforma. La muerte es tan solo un paso dimensional, un paso de lo corpóreo a otras dimensiones de energía en las que continúa la *Vida*, porque la muerte no existe como fin de la *Existencia*.

Es cierto que la *Vida* parece detenerse para muchas personas cuando fallece alguien muy especial para ellas. Sienten que todo se derrumba y que nada va a volver a ser como antes. Hasta cierto punto esto es lógico, porque es verdad que **todo cambia** y el *Ser* que se va de este plano existencial, inevitablemente deja un recuerdo que, en algunos casos, puede quedar grabado durante toda la *Vida*.

Pero necesitamos transformar este concepto. No digo que la muerte no cause dolor a las personas que la viven de cerca. Trato de decirte que no añadamos más dolor al que supone la propia muerte en sí.

Existe para algunos la creencia de que tras el fallecimiento no existe realidad alguna, que no hay nada. Es esta una concepción de la *Vida* que nos conecta con un vacío existencial que asusta a según qué personas.

Y también es cierto que hay mucha gente que lleva grabada en su inconsciente la terrorífica culpa y el miedo a "los infiernos tras la muerte".

Ya sabes que generaciones enteras han sido condicionadas y aterrorizadas por esta concepción infernal de la muerte, anacrónica ya, absolutamente errónea y que no describe en absoluto la verdadera realidad de la *Existencia*.
Y eso es algo que necesitamos transformar, sea como sea.

Son cánones o arquetipos aprendidos, herencia de otras eras, **concepciones religiosas antiguas** que no han hecho otra cosa que alarmar, soliviantar y enfermar la mente del ser humano, alejándolo de *La Verdad* y de *La Paz* que realmente habita en esta experiencia.

La muerte no existe.
El cuerpo es el que deja de latir tras la muerte, pero continuamos vibrando y viviendo en otros niveles superiores de *Consciencia y Vibración*. Tan solo es el plano físico el que no continúa existiendo.

Si te fijas en esto, mucha gente sufre muchísimo porque cree que solo somos cuerpo y materia. La gente asocia su realidad a un cuerpo físico, a un determinado color de pelo, de ojos o de piel; a una estatura y a una complexión corporal determinada. Y se pasa la *Vida* creyendo que ese cuerpo es su única realidad, cuando no tiene nada que ver con *La Verdad de nuestra Existencia*.

La gente vive sin darse cuenta de que nuestro cuerpo es tan solo una ínfima e inapreciable parte de nuestra realidad existencial.

En el primer Libro de esta Trilogía explico que nuestra realidad no es solo física y material, que nuestra energía vibra en otros planos energéticos que llamamos campos de vibración cuántica y que la *Vida* continúa cuando el cuerpo físico desaparece y muere.

Hay incluso personas capacitadas y formadas para acompañar en este tránsito a los *Seres* que mueren, porque muchos de ellos creen que siguen vivos y no perciben el paso dimensional que supone la muerte del cuerpo físico.

Hay personas que fallecen por causa de accidentes o circunstancias inesperadas, de manera que su mente y sus campos de energía no han tenido *tiempo* de asimilar ese cambio tan inesperado. Desencarnan tan rápidamente que no advierten la experiencia de haberse separado del cuerpo físico porque todo sucede en cuestión de minutos o segundos.
Y muchos de ellos sienten que no han muerto, precisamente por eso, porque la muerte no existe.
El Ser no muere...

De alguna manera **siguen creyendo que están vivos en este plano.**

Hay casos de *Seres* que han fallecido de este modo y sin querer, se "instalan o acomodan", por decirlo de alguna manera, en el lugar que ha sido su vivienda en vida. Frecuentan, inconscientemente, los espacios en los que se movían a diario, manteniendo los cotidianos hábitos que solían tener, porque siguen ligados a este plano hasta que su energía se acople a la nueva experiencia energética y dimensional.

Esto no te lo comento para que sientas miedo. Todo lo contrario.
Te lo explico para que sientas que la muerte no es más que una experiencia de cambio, tan solo un paso dimensional.
La *Vida* continúa…

Si ahondas en estos temas sobre *La Vida tras la muerte* te vas a ir dando cuenta de que tan solo nos desprendemos del cuerpo físico y que tu *Alma* o realidad etérica, como prefieras llamarla, sigue aprendiendo y existiendo en otros planos vitales superiores de *Vibración y Consciencia*.
No es broma esto.

Y tú dirás…
¿Por qué me cuentas todo esto…?

Porque **es importante que comprendas** que la *Vida* no se acaba tras la muerte y que todos aquellos *Seres* especiales para ti que hayan podido partir ya de este plano, continúan su *Camino Existencial* tras la muerte.

Que estarán ahora, posiblemente, viviendo en otros estados dimensionales lumínicos en los que, más tarde o más temprano, habitarás tú también según necesite tu *Alma* y en algunos de los cuales volverás a encontrarte amorosamente con todos *Ellos*.

Necesitamos comprender la realidad física y etérica que somos. Si trascendemos la idea de que somos solo materia y llegamos a comprender que nuestra existencia es energética y cuántica, eso no solo va a liberar al ser humano de millones de miedos aprendidos, sino que nos hará vivir con mayor *Consciencia y Solidaridad aquí en la Tierra*.

Cuando llega el día y la hora en la que un *Ser* debe partir, en sus familiares y amigos se despiertan infinidad de emociones, muchas de ellas aprendidas y relacionadas con el miedo y la desesperación.

Reflexión

Son emociones ancestrales que relacionan a este proceso de la muerte con una inconsolable tragedia. Sin embargo todo esto debe ir transformándose en *Estos Tiempos* que vivimos *Ahora*.

Reconozco el dolor que este proceso puede traer a tu *Corazón*, pero si mantienes en todo momento la *Consciencia* de que la muerte es simplemente **un paso dimensional** de los muchos que ha tenido y tendrá nuestra existencia, inevitablemente ampliarás tu visión, y no solo comprenderás que estamos hablando de un período de tiempo más o menos corto que te aguarda hasta el reencuentro, sino que no permitirás que tu mente te engañe con ideas falsas sobre este proceso.

Cuando los *Seres* que habitan en esta *Tierra* cumplen su misión, es decir, cuando han aprendido y enseñado lo que necesitaban aprender y enseñar, abandonan este plano físico, porque lo que tenían que experimentar e integrar está todo vivido y cumplido ya.

Ellos regresan al lugar de donde han venido, porque simplemente encarnaron en esta *Tierra* en una realidad necesaria para que su alma comprendiera y aprendiera algo concreto y continuara luego, tras la muerte, en otros planos de *Luz* con su proceso de *Evolución y Desarrollo Espiritual*.

Ya te comenté en capítulos anteriores que cuando fallece un *Ser* al que amas con todo tu *Corazón*, evidentemente **es necesario el proceso de duelo y de despedida**, pero es muy importante que tras este período de duelo, permitas que este *Ser* se aleje y continúe *Su Camino*.

Sé que lo sabes, pero mi *Corazón* necesita repetirlo una vez más. **Es tan importante dejar marchar**...

Os volveréis a encontrar...

No hay ninguna duda.

El *Amor* es respetar que <u>ahora</u> **ese *Ser* necesita otro espacio y otra dimensión** para continuar su *Evolución Espiritual y Existencial*.

Cuando yo tenía unos 25 años, mi pareja de entonces, un *Ser* al que amo profundamente me dijo:

- *Ángeles, si yo me voy de este mundo antes que tú, déjame marchar.*
- *¿Cómo...? ¿Qué dices?* – *le pregunté muy confusa.*
- *¡Sí...! No sé por qué me he acordado de esto ahora, pero lo acabo de sentir y así te lo digo.*
- *¿Pero a qué viene eso ahora? ¿Pasa algo?* – *le dije preocupada.*

Por un momento pensé que tenía alguna noticia concreta sobre su salud que no me había comunicado.

- *¡Nooo...!* – *me respondió sonriendo.*
  Tan solo he sentido la necesidad de comentártelo.
- *¿Pero qué me quieres decir con esto?* – *le pregunté inquieta.*
- *¡No sé...! Siento que es muy importante que cuando alguien muere el que se queda aquí no trate de aferrarse a la energía del que se va.* – *me contestó.*
- *¿Has tenido algún sueño...? ¿O has hablado con alguien de este tema...?* – *le pregunté ya bastante serena.*
- *¡No...! Simplemente tengo la certeza de que si una persona muere es porque su energía debe ir a otros lugares de Luz y no debe ser nada bueno que alguien la retenga y no le deje avanzar.* – *me respondió convencido.*

Él practicaba *meditación Zen* en aquellos años y evidentemente su reflexión no me pasó desapercibida. Con el tiempo fui dándome cuenta de la profundidad de lo que él ese día me dijo de una manera tan sencilla.

Con los años también me he formado en este sentido y he podido comprobar la gran *Verdad* a la que se refería él en ese momento.

El *Amor* es <u>conceder la *Libertad*</u> que ese *Ser* necesita para continuar su *Camino*.

                    Dejar marchar es Amor...

Sin embargo hemos aprendido que cuanto más recordamos a alguien que ha fallecido, parece que más lo queríamos. Y no estoy diciendo que no se le recuerde, estoy diciendo que tengamos cuidado con retener su energía aquí en esta *Tierra*, que es muy distinto.

Evidentemente tiene que atravesarse el período de duelo, que es totalmente necesario y sano, psicológica y energéticamente. Pero cuando pase este duelo, es preciso aceptar la nueva situación, en primer lugar por el *Ser* que ha partido, sea familiar, pareja, amig@ o hij@, porque donde está, con total seguridad **debe seguir avanzando**.
No se puede quedar enganchado a un plano terrenal al que ya no pertenece.

Llevo muchos años trabajando en esta línea y transmitiendo esta realidad a la gente que se ha relacionado conmigo, a nivel personal y en consulta. Muchos de ellos han hecho grandes progresos y desde aquí bendigo todas y cada una de las oportunidades que en este sentido me ha brindado la *Vida*.

Lo que deseo comentarte es que me he encontrado con personas que, habiendo aceptado la muerte física de un *Ser* querido y comprendiendo que realmente ya no está en este plano material, continúan aún "agarrados" y "aferrados" al recuerdo de lo que fue la experiencia con ese *Ser* aquí en la *Tierra,* recordando su energía diariamente.

No me refiero a personas que lloran todavía porque no han podido hacer el duelo. Yo te hablo de personas que aparentemente no están tristes y que continúan con *Sus Vidas* como si ese *Ser* realmente no se hubiera ido.

Conozco personalmente varios casos en los que, pasados los años del fallecimiento, algunos de los familiares conservan aún sus cosas intactas en sus correspondientes habitaciones, exactamente como las dejó antes de marchar.

Y he escuchado a algunos de ellos decir que hablan con él o con ella a todas horas, que lo sienten cada día como si estuviera presente aquí en la *Tierra;* que siempre será su ángel, que saben que ese *Ser* no se irá y que siempre estará a su lado.

Este es el caso de todas las personas que sienten la necesidad de conservar las cenizas. Es una manera de aferrarse a un plano físico, a la materia. Este hecho refleja claramente lo que cuesta dejar marchar.

Esto es algo muy delicado, porque hay gente que le resulta muy difícil tomar decisiones sobre dónde dejarlas o dónde liberarlas. Puedo comprenderlo, *Corazón*...

Pero necesito recordarte que **ese *Ser* ya no está en esas cenizas**.

Está en otros planos de *Luz y Consciencia*...

Como sé que esto puede llegar a ser muy doloroso, simplemente te lo comento para que sea tu *Luz* la que te guíe en este *Sentido*...

Las personas que me han reconocido que siguen aferrados a estos recuerdos físicos, a sus objetos personales, han tenido la valentía y la entereza de verbalizarme que las pertenencias de este *Ser* que partió continúan en el mismo lugar que estaban el día en que se fue; que todo lo que era suyo permanece intacto y que siguen tomando decisiones en función de lo que a él o a ella le hubiera gustado que fuera.

Mi Corazón necesita decirte que esta manera de concebir la muerte no ayuda a que el proceso se lleve a cabo.
Te explico...

Recordar constantemente al *Ser* que se ha ido es una manera de mitigar el dolor que supone la separación física, pero como te he comentado anteriormente y, como es lógico, después de vivir el tiempo de duelo necesario, **ese *Ser* necesita continuar su *Camino*** porque, si lo retienes aquí y lo demandas constantemente, ese *Ser* no podrá evolucionar porque quedará ligado, quizás sin querer, a tus campos de energía emocional.

No digo que no hables con él o con ella si en algún momento lo necesitas, porque seguramente querrá escuchar también lo que desees decirle.

Háblale desde tu *Corazón*, hazlo sin miedo las veces que quieras, sintiendo que verdaderamente está a tu lado y te escucha como si su cuerpo estuviera contigo, pero conforme termines de comentarle lo que sientas en voz alta, es preciso **que sueltes su energía** para que vaya hacia la *Luz*, hacia el lugar donde su *Alma* necesita estar vibrando *Ahora*.

Y luego **sigue haciendo tu *Vida* con la mayor naturalidad** y serenidad posible. Ese *Ser* necesita sentir que puede continuar su *Camino* para que no permanezca ligad@ a un plano físico al que ya no pertenece y en el que ya no vibra su *Luz*.

Os volveréis a encontrar más adelante. **No retengas su energía**, porque eso no os ayudara a ningun@ de l@s dos.

Si consigues integrar esto, no solo evolucionarás y crecerás tú como *Ser* espiritual, sino que ayudarás a ese *Ser* a que permanezca en la *Luz* y en la nueva *Frecuencia* en la que necesita vibrar.

Si tras este período de duelo necesario aún quieres desconsoladamente que ese *Ser* continúe a tu lado y no puedes dejarl@ marchar, **es importante y serio** que reflexiones sobre lo que realmente sientes en tu *Corazón*, porque a veces confundimos el *Amor* con el apego.

Es necesario que lo comprendas, **por el bien de todos.**

El apego te hace necesitar en exceso a alguien, te hace creer que no vas a poder ser feliz por ti mism@. No te permitiría seguir avanzando espiritualmente y tampoco os ayudaría a ningun@ de l@s dos.

El apego te hace sentir que no puedes vivir sin esa otra persona. Realmente te hace creer que sin el otro no eres nadie.

Y esto no es *Amor, Corazón...*

Existencialmente, **cuando alguien muere es porque ha terminado su tiempo de aprendizaje aquí en la Tierra** y realmente su *Alma* requiere estar en otro lugar, en otra *Vibración y Frecuencia*.

Si amas a este *Ser* que ha partido, deja que se vaya...

Sé que puede ser duro, pero esta aceptación e integración de la experiencia te ayudará a ti y ayudará, sin lugar a dudas, a ese *Ser* que se ha ido.

Recuerda todas las maravillas y regalos que te trajo la *Vida* a su lado. Llénal@ y rodéal@ de *Luz*, **bendice todo lo vivido** y trata de aceptar esta nueva etapa aquí en la *Tierra*.

No le hace bien el retener su energía.

La muerte es solo un paso, un cambio dimensional, una etapa, un ciclo que se termina para continuar *La Vida* en otros planos vibracionales y existenciales.

Este dolor es muy profundo sobre todo cuando una *Madre* o un *Padre* pierde a un bebé o a un hij@, primero porque esto es algo que sucede contra-natura, lo normal sería que falleciera el progenitor antes, pero también porque nuestra mente no alcanza a entender qué ha podido suceder y por qué se tiene que ir un *Ser* tan pequeño e indefenso.

Se siente este dolor con igual profundidad en abortos, sean estos deseados o no; con parejas que tras muchos años de convivencia deciden partir; con hermanos o amigos que se han querido o se quieren mucho o con *Seres* del reino animal o vegetal que igualmente dejan este plano físico.

Pero es necesario dejar marchar en *Paz* y en *Libertad*, para que las cosas sucedan naturalmente en *Todos los Planos de Existencia* que confluyen y tienen que ver con esta experiencia.

Podemos llamar *Amor* a otras maneras de querer y de apegarse a realidades terrenales, pero el **Amor es solo Uno** y se manifiesta en el *Respeto*, la *Aceptación* y la *Libertad* de dejar marchar.

Amar es soltar...
Bendecir y respetar el Camino que necesita recorrer cada Uno.

UN APUNTE MÁS

No quisiera terminar este capítulo sin comentarte algo más.

Yo siento profundamente que debería hablarse de esto en las escuelas, en las instituciones que apoyan la cultura y en el seno de la propia familia, porque es algo que realmente va a ayudar a todos los *Seres*, ya que todos vamos a pasar por esta experiencia, más tarde o más temprano...

¿Pero qué sucede realmente...?

... Que el hablar de la muerte da miedo.

Se teme y se evita, por todo el desconocimiento que hay en torno a esto y por la cantidad de ideas macabras e infernales asociadas a ella.

Todas estas ideas del infierno y del fuego eterno no son otra cosa que imágenes e historias contadas desde hace milenios a la gente humilde, al pueblo, para poder controlar y manipular a las masas; conseguir que la humanidad viva amedrentada y controlada por el miedo y el horror.

Ahora estamos en otra era, en la que hay que sanar todas estas heridas del *Alma*. En la que hay que liberar viejos patrones, crueles y despiadados, que alimentan ideas sobre fantasmas que no sirven para nada, *Corazón*.
Para nada...

En próximos libros hablaré de todo esto porque siento muchas ganas de ayudar a que antiguos patrones de pensamiento se derrumben para dar paso a otra manera de vibrar y de *Vivir*. Estamos en una era de **Transmutación** y la humanidad entera va camino de transformar todas estas viejas estructuras.

Ya te iré contando, si tú quieres, *Corazón*...

Ya sabes que si necesitas ayuda en este u otro sentido, puedes escribirme a
angelesmanosdeluz@gmail.com

Y vemos cómo puedo ayudarte...

UN MANTRA PODEROSO

¿Sabes lo que es un *mantra*?

Es una oración, son palabras, sonidos o vibración que se repite una y otra vez, entre otras razones, para acallar la mente y hacernos entrar en altas vibraciones y en determinados *Estados de Consciencia y de Luz*.

Cuando tú repites un mantra tu mente se aquieta, la vibración de esas palabras entra en tu *Consciencia* y aquello que parecía preocuparte, se aleja de tu emoción y entras en estados de mayor *Paz y Serenidad*.

En el *Tercer Libro de Esta Trilogía* te explico muchas más cosas sobre los mantras, porque realmente son una herramienta *Maravillosa* para poder *Transformar* y *Fortalecer* nuestro *Poder Interior*.

Allí te espero y te cuento, *Corazón*...

Te digo todo esto porque hay **un mantra** que ayuda en estos procesos de duelo para dejar marchar, ya sea una emoción, un disgusto, una persona, un miedo, un pensamiento o todo aquello que desees que se aleje de ti y de tu *Vida*.

Yo sé que si ha fallecido alguien muy especial para ti, puede ser que no desees que se vaya. Lo comprendo...
Pero recuerda que eso no le hace bien. **Ni a ti, ni a ese *Ser*** que se ha marchado y realmente necesita continuar su *Camino*.

Respeta el proceso y confía en que volveréis a encontraros.

Recuerda que la muerte no existe.

Yo siempre recomiendo recitar o cantar este mantra, a cualquier hora del día que lo sientas, con la *Consciencia* de lo que significa...
Para ayudar en estos procesos de muerte y de tránsito y para **cubrir de Luz y de Paz** a ese *Ser* que ha partido, así como a los familiares y amigos que se quedan en este plano.

Reflexión

El mantra es el siguiente:

                                        Pronunciación

Gate, gate   *gate, gate...*
Paragate   *paragate ...*
Parasangate   *parasangaté ...*
Bodhi Svaha   *bodisvajá ...*

¿Y qué significan estas palabras...?

                    Ido, ido...
               Ido mucho más allá...
                Totalmente ido...
                  ¡¡ Aleluya... !!

Imagina todo aquello que necesitas dejar marchar, visualízalo alejándose, cada vez más, cada vez más...
Que sientas que parece haberse ido...

Y sigues visualizándolo y sintiendo que se ha ido mucho más allá...

Que se ha ido totalmente en *Paz* y en *Calma*...

Y luego alégrate por ello.
               Ese es el grito de ***¡Aleluya...!***

Ayuda enormemente en estos procesos de duelo, permitiéndote aceptar con mayor delicadeza la nueva situación y así dejar marchar a ese *Ser* que debe seguir su *Camino*.

En internet hay muchas versiones con música de este mantra para que te sea más fluida la experiencia y puedas repetirlo una y otra vez, poniendo *Consciencia* en lo que significan sus palabras, en lo que realmente estás diciendo.
      Poner *Consciencia* en eso y **dejar marchar**...

Ya te digo que puede ayudarte **en cualquier otra situación, experiencia o emoción que necesites y desees que se aleje de tu *Vida*.**

Simplemente pones la intención en lo que estás diciendo y conforme lo repites una y otra vez, imaginas y visualizas, de la manera que desees, que se aleja en *Paz* de ti, que ese *Ser* se va hacia donde necesita estar *Ahora*...

Y desde la *Paz*, sueltas y materializas el *Amor* en otros planos de *Consciencia y Vibración*.

Dejar marchar es *Amor, Corazón*.

Es *Amor*...

LA EUTANASIA

Esta palabra puede poner la piel de gallina a muchas personas que, por alguna razón, han tenido que *vérselas* cara a cara con ella.

Es un término que viene del griego antiguo que significa *muerte dulce*.

Nosotros entendemos que la eutanasia es una decisión, consciente y voluntaria, que se toma para que un paciente, considerado por la medicina como terminal, pueda **morir sin dolor ni sufrimiento.**

La sociedad entiende que esta decisión la tomaría el médico o, en su caso, en última instancia los familiares a cargo y cuidado del enfermo.

Actualmente hay más de cuatro países en el mundo en los que esta práctica ya es legal.

<u>No busco defender ninguna postura en este debate</u>, simplemente trato de reflexionar sobre **la elección, que conscientemente, pueda o pudiera llegar a tomar un ser humano** en vida, intuyendo cuál va a ser su final.

Simplemente trato de que reflexiones sobre la gran cantidad de <u>creencias</u> que hemos aprendido durante siglos y <u>que nos llevan a pensar que el sufrimiento podría conducirnos a algún tipo de expiación</u> o a algún determinado nivel de elevación espiritual.

Es importante caer en la cuenta de estos cánones y patrones, antiguos e inconscientes, que pueden estar condicionando la mente y las decisiones que necesites tomar en la *Vida*.

Estamos en la era de acuario, y con toda *la Delicadeza y el Respeto* que acompaña a este tipo de situaciones, me pongo en el lugar de personas que, viendo cómo agonizan día tras día sus familiares, sabiendo que la situación a nivel médico es irreversible, no puedan hacer nada por aliviar su sufrimiento.

En consulta me he encontrado con personas que han tenido que tomar la decisión de desenchufar una respiración asistida de un *Ser* amado. Algo que no resulta nada fácil, precisamente por ese sinfín de creencias aprendidas sobre lo que está bien o lo que no lo está.

Personas que han sufrido lo indecible porque se sienten o se han sentido culpables de liberar del sufrimiento a sus familiares en situación médica terminal. Algunos casos llegan incluso a entrar en depresión, arrastrando la culpa de la decisión que tomaron un día al finalizar un tratamiento que tan solo ampliaba la agonía de ese familiar al que amaban y siguen amando.

Esto es lo que yo quiero que reflexiones…

La liberación del sufrimiento se ha llevado como culpa, inconsciente. Y esto lo he visto en muchas personas, en muchos ámbitos de la *Vida*.
El ser humano prefiere alargar el sufrimiento de otros por no tomar esta decisión.
Y, observa *Corazón*, que se hace en aras del *Amor*.

Se prefiere que siga sufriendo inevitablemente.
¿Se mantiene el sufrimiento en aras del *Amor* a ese *Ser*…?

A mí me estremece…

Tan solo quiero que reflexiones, para que tu mente y tu *Corazón*, para que la mente y el *Corazón* de todo *Ser Sintiente*, se abra y *Vibre* en lo que realmente es el *Amor*. Y poder transformar y dejar atrás estructuras obsoletas aprendidas inconscientemente a lo largo de nuestra *Existencia*.

El *Amor* no es sufrimiento.

El *Amor* es *Liberación*.

"El comienzo de la sabiduría es el silencio".

Pitágoras

EL AMOR COMO SILENCIO

Hemos llegado a una de las *grandes heridas* del ser humano:

El Silencio

Y te puedo asegurar que para mí es *Una Palabra Sagrada.*

Es una de las experiencias más **elevadas y trascendentales** junto a la que más he podido aprender y evolucionar en mi *Vida*, pero reconozco que, *El Silencio*, experimentado y vivido desde la prohibición y el miedo, puede llegar a convertirse en una de las castraciones más dañina y, yo diría, más abominable de la historia del ser humano.

Callar, callar, callar...

Estoy segura de que esta palabra, **leída o escuchada tres veces seguidas,** no te deja indiferente.

Desde pequeñ@s, y esto lo reconocerán las generaciones más antiguas, nos enseñaron a silenciar, a enmudecer, a disimular y a callar; a no decir según qué cosas y a olvidar aquello que llevábamos dentro, en nuestro *Corazón*; **cosas que necesitaban gritarse**, quizás, desde lo profundo del *Alma*, pero nos enseñaron a tapar nuestra boca, a omitir algunas verdades, y por qué no, a encubrir según qué realidades que nos hicieron mucho daño en etapas claves de nuestra *Vida*.

He conocido mucha gente que podría refrendar esto que te estoy diciendo. **Mucho dolor acumulado por callar**, durante años, situaciones, vivencias, experiencias o secretos que su *Alma* necesitó gritar sin poder encontrar, durante muchos años, la manera de hacerlo.

Y es que aprendimos que eso era lo correcto...
Aprendimos que callar el dolor y la *Verdad* era lo que había que hacer, fueran cuales fueran las consecuencias.

Seguro que en lo más íntimo de tus recuerdos puedes evocar algo que tuviste que callar y que jamás dijiste a nadie.

Quizás necesites escribir algo aquí:

_____

_____

_____

Si por la razón que sea no lo has escrito, estoy segura de que sabes a qué me refiero. Con que tú lo sepas, es suficiente...
Ahora ya está en tu consciente.

Es obvio que a lo largo de los años este hábito o aprendizaje ha ido cambiando. Nuestros padres vivieron una represión mucho mayor que la nuestra en este sentido y no hablemos de lo que pudo ser la realidad de generaciones anteriores a ellos.

Es evidente que todo va cambiando, pero te puedo asegurar que a pesar de ello, sigo encontrándome en consulta mucha gente afectada por este hábito o educación recibida que no hizo otra cosa que dañar la *Libertad*, La *Dignidad* y la *Salud* de muchas generaciones.

Me refiero no solo a las pautas recibidas en el seno de la familia, sino a todos los patrones de comportamiento aprendidos en la escuela, en la sociedad, a nivel religioso, cultural, filosófico o existencial.

Ya sabes que recibimos aprendizajes conscientes e inconscientes y durante milenios, la humanidad integró, de muchas maneras, que era necesario callar.

Partiendo de esta base, y desconociendo, claro está, **los principios de la Física Cuántica**, se ha creído siempre que si desconoces una información, sea del calibre que sea, esto no te afectará nunca.

Y hoy por hoy, **conociendo cómo se transmite y se transfiere la información a nivel cuántico**, te puedo asegurar que los grandes secretos familiares, lo único que genera es que las generaciones venideras asuman eso que se ha silenciado.

Esto es muy serio, *Corazón*...

Para que me puedas entender más fácilmente, en **todas las familias** se han vivido situaciones o circunstancias complicadas, algunas de las cuales acaban en suicidios, robos, hijos ilegítimos, homosexualidad encubierta, herencias manipuladas, abortos clandestinos, asesinatos pactados o silenciados...

En todas las familias con las que he trabajado en consulta, en mayor o menor medida, he encontrado situaciones y vivencias semejantes a las que te muestro aquí. Y en muchas de ellas, por no decirte en todas, se han disimulado o callado los enormes y graves errores cometidos por los antepasados, por vergüenza, por desconocimiento, por miedo, por venganza, por *Amor*...

Lo más delicado de todo esto es que se piensa y se cree que silenciando un suceso, nadie se va a enterar; y por lo tanto, se cree, de este modo, que eso no va a afectar a las siguientes generaciones.

Y esto no es así, *Corazón*...

Estos silencios, que se convierten en **mentiras**, son los que afectan y pueden destrozar la vida de alguno de los descendientes de un clan familiar.

No es broma esto...

Lo que profundamente daña, es **callar y jugar al despiste, disimulando o negando lo que realmente ha ocurrido** y "haciendo creer" a todos que, entre los miembros de un clan familiar, no ha pasado nada.

Yo puedo comprender que alguien crea que, callando un hecho relevante sucedido en una familia, protege a los demás miembros del clan de un daño irreparable.

Puedo comprenderlo, de verdad...

Pero **lo que sucede realmente** es que ese silencio o disimulo no los protege en absoluto, porque pueden ocurrir como mínimo dos cosas:

- Que los descendientes **vivan sintiendo inconscientemente que algo pasa o que algo sucedió**, <u>sin llegar a descifrar el qué</u>, cosa que desconcierta enormemente y no ayuda a aclarar nada.

- Y por otro lado, lo que sucedió realmente, <u>siempre tiene consecuencias</u>, aunque no se manifiesten en un breve espacio de tiempo. A veces se necesitan una o dos generaciones para que salgan a la luz los errores cometidos por los antepasados de un clan en forma de enfermedad, adicción, dolencia, depresión o desenlace.

Créeme, *Corazón*, que **conozco muchos casos de silencios en la familia**, de sucesos encubiertos que acaban dando la cara en niñ@s inocentes, muy pequeños, que entran al clan con serias dificultades emocionales y serias dolencias físicas.

Ese intento de silenciar sucesos para proteger a los demás familiares se hace por *Amor,* pero realmente defender una mentira **puede generar mucho más dolor** del que causaría saber la Verdad.

Evidentemente siempre pongo por delante la edad de las personas a las que se confiesan estos secretos de familia. <u>No cualquier edad es válida para comentar según qué sucesos</u> porque hay que tener en cuenta la madurez emocional de quien los debe comprender.

En muchas familias se han callado importantes sucesos, contando en su lugar grandes mentiras que no han hecho otra cosa que generar consecuencias a veces muy graves, diría yo, en algunos de los descendientes del clan.

Por eso, quiero hacerte caer en la cuenta de que todo aquello que se calla y no se dialoga o verbaliza, pasa a formar parte del inconsciente. **No hay nada que callando vaya a desaparecer**, porque <u>todo es

Reflexión

energía y si tú, de alguna manera sientes que lo que ha sucedido no está en orden adecuado, necesario o armonioso, esa energía o ese hecho no va a desaparecer por simplemente callarlo.

La energía solo se transforma y se trasciende cuando hay *Consciencia de ella* y cuando se integran las causas y las circunstancias que envuelven a una situación concreta.

El hecho de callar algo no lo hace desaparecer.
Me hace recordar al juego inocente de un bebé que tapándose la carita cree que nadie lo ve.

Mucha gente adulta actúa así, creyendo que si calla y oculta lo que ha sucedido, eso no va a tener consecuencias.
Todo aquello que se calla pasa al inconsciente...

Y acaba manifestándose, más tarde o más temprano.

Me he encontrado en alguna ocasión con *Madres o Padres* que deciden no dar información a *l@s Hij@s* sobre algunos sucesos ocurridos en la familia, para no hacerles daño y evitarles así un mayor sufrimiento.

Lo comprendo...
Es necesario que *L@s Hij@s* no sepan algunas cosas a según qué edades. No se trata de convertirl@s en adultos antes de tiempo, sosteniendo realidades para las que no están preparad@s ni física, ni mentalmente.

Para cada persona es distinto, porque cada uno es diferente.
Yo **defenderé siempre el derecho a saber la Verdad de lo sucedido**, a la edad adecuada y en el momento que su madurez lo exija.

Recuerda:
   "*La Verdad os hará libres...*"

Y no tengo la más mínima duda de ello.

Es cierto que se sufre ante lo evidente de una *Verdad*, pero vivir en una mentira, con total seguridad, ni te hace *digno*, ni te hará *Libre*.

Conozco casos con los que he trabajado y que optaron en su momento por callar hechos que podían haber cambiado el rumbo de la *Vida* de mucha gente y que, francamente, eso ha acarreado consecuencias serias para algunas personas.

Son decisiones que se tomaron en su momento, según explican, por *Amor*...

Y yo te digo que **si por *Amor* decides callar una *Verdad***, plantéatelo, porque quizás no sea *Amor eso que te mueve a silenciar los hechos*, sino que tal vez pueda describirse con otro nombre.
Piénsalo...

Ya sabes que *la Luz que Eres te indicará el Camino a seguir.*

CALLAR UNA INFIDELIDAD

Tendríamos que empezar por definir qué es infidelidad, porque esta palabra a cada persona le hace conectar con matices muy diferentes.

¿Qué es para ti la infidelidad?

_____

_____

_____

Estoy segura de que cada una de las personas que escriba sobre estas líneas se referirá a situaciones y compromisos absolutamente diferentes. Para cada uno de nosotros la infidelidad es una experiencia concreta y con total seguridad, el concepto va transformándose también conforme van pasando los años de nuestra *Vida*.

Vamos todos evolucionando y, con el paso del tiempo, todo se puede apreciar y ver desde distintos puntos de vista. Por eso, yo defiendo que **cada pareja acuerde** y se manifieste como su energía y su manera de concebir la *Vida* le parezca más sensata y armoniosa.

Hay muchas parejas acomodadas o conformadas con una realidad que no les hace felices a ninguno de los dos, pero por miedo continúan en la misma estructura social de pareja.

Silencios, incomunicación y rutina.
Años al lado de alguien sin ninguna relación, que no les une nada más allá de compartir un espacio vital o, quizás, unos hijos en común. Me he encontrado casos en los que llevan años callando infidelidades por ambas partes. No es extraño encontrar una relación así.

Lo que trato de decirte es que cada pareja acuerda cómo vivir su *Vida*. Lo importante es que en esas decisiones que se tomen, tú sientas que te aportan *Dignidad*.

Si esos acuerdos no te satisfacen, no te hacen feliz y te minan la autoestima, **no te calles**, *Corazón*.

Toma decisiones por *Respeto* y por *Amor a ti*.

CALLAR UN MALTRATO

Mucha gente silencia esta realidad, mucho más de la que te puedas imaginar. Y el paso del tiempo está destapando muchos casos de personas que han sido víctimas de maltratos, físicos y psicológicos.

Todo eso se ha enmudecido y disimulado durante mucho tiempo.
Y te pregunto yo...

¿Realmente crees que callar un maltrato puede ayudar a alguien?

Es cierto que siempre ha habido mucho miedo a comunicar según qué realidades. Lo sé... Pero ya no estamos en ese momento, ya no son tiempos de callar.
Son tiempos de aprender a afrontar.

Y de llamar a las cosas por su nombre para que todo se coloque, del mismo modo, en su lugar adecuado.

<u>Callar un maltrato ya no es coherente</u>. No te conduce a nada. Simplemente a alejarte de lo que siente tu *Alma* y de lo que necesita tu *Corazón*.

Y, desde luego, ya no podemos decir que callamos esa realidad por *Amor*. Ya no podemos decir eso.
¿Por *Amor* a quién...?

Ya no podemos decir eso, *Corazón*, porque si realmente estás callando un maltrato creyendo que ese silencio es *Amor*, permíteme decirte que estás muy equivocad@. Es necesario llamar a las cosas por su nombre y atreverte a ver la *Verdad* de frente, tal cual es.

Yo no solo me refiero a que denuncies o lo comuniques a las personas que puedan ayudarte. Me refiero también a que tus *Hij@s* necesitan saber esta realidad.

Es obvio que **hay edades más adecuadas** para conocer la *Verdad*, pero los *Hij@s* de una relación en la que ha habido maltrato <u>necesitan saber qué es lo que ha pasado realmente</u> porque, aunque tú creas que eso no les ayuda, con total seguridad **comprenderán muchas cosas** que hasta ahora eran enigmas que no alcanzaban a comprender.

A su debido tiempo es necesario que sepan la *Verdad*.

Todo les encajará y con el tiempo integrarán esos vacíos que tenían y que nadie se atrevía a aclarar, porque inconscientemente ellos sabían que algo estaba sucediendo pero que nadie les decía la *Verdad*.

Son piezas de un puzzle inacabado y que es necesario encajar.

Eso para mí es *Amor*.
La *Verdad*, dicha desde la *Consciencia y el Respeto*.

Respeto para ti, para tu *Vida* y para *la Vida de tus Hij@s*.

CALLAR UNA ADOPCIÓN

No hay nada más hermoso que una familia que, por *Amor*, se encarga de criar, educar y ayudar a crecer a otro *Ser* que, por las razones que sean, no tiene la suya a su lado.

Es una decisión que entraña grandes compromisos y una entrega incondicional de por *Vida*.

Este acto de adopción, **que un día decide llevarse a cabo por *Amor*,** conlleva hacerse cargo de un pequeño *Ser* que necesita cuidados y atenciones y, por ello, debería ir acompañado del mismo grado de *Honestidad* para con ese *Ser*, en todos los sentidos y ámbitos referidos a su *Vida*, a su *Dignidad* y a sus *Derechos*.

Me refiero con esto a que ese Ser, algún día, necesitará y merecerá saber la *Verdad* de esta decisión de manos de los *Seres* que lo adoptaron en su momento.
Sé que no es fácil.

Millones de emociones y miedos se agolparán antes de hacerlo, pero con total seguridad, si ese *hij@ adoptad@* se entera por otros medios, el dolor será muchísimo mayor, sin duda alguna.

No hay mayor traición que la mentira. Y si proviene de tus padres, adoptivos o no, créeme que el dolor será mucho mayor.

Si realmente la adopción ha sido por *Amor*, por ayudar a ese *Ser* incondicionalmente, el *Amor* es el que debe llevarte de la mano a decirle en su momento la *Verdad* de su procedencia.

No me refiero a decirle quiénes son sus padres biológicos, que desde luego, si eso fuera posible, **sería el mayor regalo que se le podría hacer a un *Hij@* adoptado**. Me refiero a decirle la *Verdad*, con todo el *Amor* que sale de un *Corazón que ama*, cuando llegue el momento.

Y aquí está la pregunta:
¿Cuándo es el momento…?

Los casos que conozco me demuestran que no es fácil encontrar el momento, porque los miedos afloran, la duda y la fragilidad hacen de las suyas, demorando la conversación una y otra vez, en espera de sentir la certeza de encontrarte en el lugar adecuado y en el momento adecuado para hablar de ello.

Lo comprendo, pero eso no debe hacerte demorar lo que es necesario e inevitable. No te olvides que siempre es mejor que se enteren por ti, si eres el *Padre* o la *Madre*, que por otra persona.

Aquí te voy a dar **algunas pautas** para que las uses si las consideras adecuadas. Espero que te ayuden a atravesar ese momento en el que debes ofrecerle la *Verdad*, con el mayor *Amor y Respeto* que habite en tu *Corazón*.

1.- Siente que no son *Hij@s* de tu propiedad, que no son tuyos, sino que **son *Hij@s* de la Vida**.

2.- Siente que el Amor **siempre deseará llevar la *Verdad* por delante,** si no, no es *Amor*.

3.- **La entrega** que tengas hacia tus *Hij@s* **debe ser desinteresada**. Dar por *Amor*, no esperando algo a cambio. Eso te apartará de desear que cuando crezcan te compensen por todo lo que les has dado.
Porque eso, tampoco es *Amor*…

4.- **Tu actitud** hacia *Ell@s* siempre **ha de ser abierta y sin secretos**. Que sientan que tú nunca les mentirías, para que cuando te lo pregunten algún día obtengan de ti la *Verdad*.

5.- Si tienes miedo o no sabes cómo decírselo en el momento adecuado, **puedes tener una especie de diario** en el que de vez en cuando escribas cositas referidas a su *Ser* y al *Amor* que sientes y que vas a reflejar cuando le digas *La Verdad*.
Si llegara a leerlo algún día podrá disipar cualquier duda sobre tu *Amor* hacia él o ella, porque se reflejará, en sencillas frases, la delicadeza que has tenido hacia su *Ser* a lo largo de todos estos años, aguardando amorosamente a que llegara ese momento.

6.- **Prepárate para aceptar y comprender su reacción cuando se entere**, porque lo mismo lo acepta y lo integra aunque sea con dolor, o por el contrario, la carga de resentimiento hacia su propia *Vida* puede hacer que se rebele contra ti o contra lo que siente que está a su lado.
Es normal…

Por eso te digo que abras tu *Corazón* para poder comprenderl@, sea cual sea su reacción.

Si hay *Amor* en ti, el tiempo le hará integrar y aceptar toda la experiencia.

No te olvides que callar o mentir por *Amor* no tiene sentido, porque engañar o despistar en estas condiciones no tiene nada que ver con el *Amor*.

Nada...

EL SILENCIO QUE RECONFORTA

Para terminar este capítulo me gustaría, simplemente, bendecir la energía del **Silencio.** La *Vibración* de ese *Estado de Quietud* que te muestra las respuestas que estás buscando.

> "Algunos consideran insoportable el silencio, porque tienen demasiado ruido dentro de ellos mismos"
>
> ***Robert Fripp***

A mí el *Silencio* me ha ayudado a lo largo de mi *Vida* a alcanzar estados de *Paz* muy profunda. Te hablo de un *Silencio* que no tiene nada que ver con una prohibición, ni con algo que desee esconder, ni con algo de lo que huya.

Me refiero al *Silencio* como *Calma Interior*. Al **Silencio** como ese estado en el que todo se aquieta, en el que nada te preocupa y en el que consigues sentir que todo está en *Paz*.

A mí, ese *Silencio* me ha ayudado a conectar con la *Sabiduría* que habita en *Mí,* en *Ti* y en toda la *Existencia,* a la que todos podemos acceder cuando alcanzamos esa *Conexión*.

Ha sido mi gran maestro *en los momentos más difíciles de mi Vida y al que le debo gran parte de la Experiencia y la Plenitud que habita en mi Corazón.*

Tan solo quería que lo supieras...

> "Ni tus peores enemigos pueden hacerte tanto daño como tus propios pensamientos".
>
> ***Buda***

El AMOR A TRAVÉS DE LA COMIDA

Este tema bien merecería una trilogía completa.
Por lo que trataré de organizarte, en este capítulo y de manera sencilla, las principales ideas que puedan ayudarte a comprender la relación que existe entre el *Amor* y la comida.

La alimentación y la nutrición están vinculadas con tu deseo de encarnar aquí en la *Tierra*, con el derecho a la *Vida*, con las ganas de *Vivir*, con la *Garra*, la *Fuerza* y el *Empuje* por querer mantener con *Vida* tu pequeño cuerpecito al llegar a esta *Tierra*.

Por eso es tan importante que todas las sensaciones y experiencias que un *Ser humano* pueda atravesar o sentir en los primeros años de su *Vida* sean lo más amorosas posible y, con más razón, todas aquellas experiencias relacionadas con el acto de *mamar*, de *alimentarse* y de *nutrirse*. En definitiva, de la primera relación afectiva con la *Madre*.

Ya hemos hablado de cómo captamos consciente e inconscientemente la información durante toda nuestra *Vida*. Por ello, imagina la cantidad de memorias que podemos tener asociadas al acto de comer o de nutrirse.

Los lactantes no solo se alimentan de la lecha materna, se nutren también de **toda la energía** que envuelve la experiencia de mamar.

Los bebés están absolutamente abiertos y receptivos para percibir todas las vibraciones y estados emocionales que se manifiestan durante la lactancia: el apego, las sensaciones que aporta el calor corporal, la energía de los dos, el *Amor*, el ritmo de los latidos de *mamá*, el olor corporal, las miradas, los sonidos que puedan percibirse al mamar, la calidad de la leche, la ternura, la frialdad, el desamor, los miedos, la soledad, las ausencias, el posible rechazo...
    Todo...

Realmente **la nutrición de un bebé** es un acto *Sagrado* y *Profundo*, en el que se manifiesta la *Comunicación* entre una *Madre* y su *Hij@*.

Hablamos no solo de las **emociones que puede llegar a sentir una *Madre*** al amamantar, que son muy variadas y algunas de ellas, sorprendentemente dolorosas. Hablamos también de toda la gama de **sensaciones y emociones que puede llegar a captar un *Hij@*** mientras su *Madre* le da el pecho para alimentarl@.

Ahora quiero que te pongas en situación.

Por un momento, hazte una idea de lo que puede llegar a sentir una *Madre* que quizás no puede darle el pecho a su *Hij@*, deseándolo profundamente. Debe ser muy duro, para ella y para el bebé porque ambos desean sentir esa energía de conexión entre ellos.

Y ahora imagina a una *Madre* que no desea amamantar, porque después del parto quizás se ha quedado muy frágil emocionalmente, o por las razones que sienta en lo profundo de su *Corazón*. También debe ser muy duro, porque el bebé la necesita y ella no tiene fuerzas ni para tenerse en pie. Es lógico que no pueda amamantarl@.

Todas estas emociones y necesidades están presentes en el acto de comer, **se asocian inconscientemente** a ello, relacionándolo con algo muy gratificante o con algo muy desagradable.

Y esta asociación sucede, sin poder evitarse.

Si *Ella* no puede o no desea amamantarl@, esa es la realidad.
Por lo tanto, imagina el nivel de sensaciones que puede llegar a captar un bebé en esta situación, que lo único que desea es **Sentirse Amad@** al entregarse por completo en los brazos de *mamá*.

No es fácil para ninguno de los dos.

En el **acto de mamar** se mezclan muchas sensaciones, algunas de ellas contrapuestas, relacionadas con el *Amor* o el amargo rechazo, con los miedos o con la soledad, con la necesidad de espacio o la impotencia de una *Madre* ante un *Ser* que aparece en su *Vida* y para lo que, quizás, no está del todo preparada.

Son muchas las emociones y sensaciones que el bebé puede sentir e integrar de manera inconsciente al mamar y que *INEVITABLEMENTE*, **asociará al acto de comer y de alimentarse.**

Y a todo esto añádele las sensaciones que, durante el embarazo, la *Madre* haya podido sentir en relación a la comida o a su alimentación y que el bebé, dentro del útero materno, lo haya captado de la misma manera en la que su *Madre* lo sintió.

¿Me sigues, *Corazón*...?

Las primeras y profundas experiencias de *Amor* que un *Ser* tiene al llegar a esta *Tierra* **están vinculadas y relacionadas directamente con la *Madre*** porque es la principal referencia que un *Hij@* tiene al ser concebid@ y sostenid@ en el *Vientre materno*.

Por ello, todo lo que experimente y sienta ya desde el útero, también estará vinculado a la relación afectiva con su *Madre* **y por lo tanto también con el alimento**, porque *Ella* es la que nutre, la que alimenta y la que sostiene la energía de este *Ser* en su *Vientre* durante *9 meses*.

Todos los trastornos alimenticios que pueden observarse en un *Ser humano* o que están catalogados como **TCA** (trastornos de la conducta alimenticia) pueden relacionarse directa y claramente con las primeras experiencias y emociones percibidas o sentidas incluso ya *desde la concepción*.

Todos los casos de bulimia y anorexia, salvando las diferencias que pueden manifestarse de forma particular, tienen que ver directamente con una relación tóxica con la *Madre*.

Esta relación puede ser totalmente inconsciente o incluso provenir de experiencias vividas con la abuela o con la bisabuela. Pero con total seguridad, a nivel inconsciente, una relación enfermiza con la comida y la alimentación está directamente relacionada con las experiencias vividas con la *Madre*.

Porque la *Madre* es *Alimento*, porque la *Madre* es *Nutrición*, porque la *Madre* representa, a nivel inconsciente, El querer estar Aquí, *enraizado y conectado con la Vida en esta Tierra*.

Todos conocemos casos de *Madres* que alimentan en exceso a sus *Hij@s*, porque consideran que así están más sanos y fuertes para la *Vida*.
Y también otras *Madres* que no viven tranquilas porque sus *Hij@s* no están comiendo lo que ellas consideran que deben comer, manifestando así un exceso de preocupación, en muchas ocasiones, innecesario.

Para ellas, esto es una muestra de *Amor*, porque quizás es a ellas a las que les faltó esa *Nutrición o esa atención por parte de sus Madres*.

Estos desarreglos en la manera de alimentar a los *Hij@s* siempre tienen que ver con experiencias vividas por uno mismo o por antepasados directos o indirectos que generaron un dolor emocional y, a nivel cuántico, acaba manifestándose en alguno de los descendientes del clan y reflejándose en el acto de comer o en la manera que tenga de alimentarse.

Todo este abanico de vivencias que se graban a un nivel inconsciente en nosotros pueden aflorar con el tiempo en forma de alergias, intolerancias, rechazo a comer a las horas adecuadas, sobrepeso, extrema delgadez, atracones que no pueden controlarse, culpabilidad a la hora de comer...
Asociado todo a **trastornos con y en relación a la alimentación**. Es decir, asociados, directa o indirectamente, a la relación con la *Madre*.

Habría que analizar cada caso concretamente, porque cada desarreglo y cada historia personal tiene matices concretos que habría que atender, pero con seguridad te digo que todos estos desarreglos tienen que ver con estas primeras experiencias relacionadas con las *Madres* del árbol genealógico familiar.

MÁS DETALLES

Por diversas razones que se suman a lo que te acabo de comentar, el Ser humano aprende a comer compulsivamente. Es un grave error que la gente comete debido a las prisas, la rapidez y el exceso de responsabilidades que llevamos y soportamos a diario.

El estado emocional y mental influye directamente en la manera en la que comemos.

Hay personas que ante una preocupación que les agobia, solo piensan en comer. Devoran comida sin control para intentar calmar esa preocupación.

Si lo vemos objetivamente, no se están alimentando, están serenando la inquietud, calmando la ansiedad mientras mastican. Mucha gente come de esta manera y por eso ingieren mucha más cantidad de alimento de la que realmente necesitan.

Y terminan comiendo de manera proporcional a la ansiedad que sienten.

En este sentido encontramos gente que cuando llega a un lugar concreto como su casa, su pueblo, una ciudad, su lugar de trabajo,… le entran de repente ganas de comer.

Una persona en consulta me describió un día que, durante las horas que pasaba en su trabajo, sentía bastante ansiedad y que cuando estaba allí, tenía siempre mucha hambre. Que podría estar comiendo a cada momento y de hecho, lo hacía con bastante frecuencia, llevándose varios snacks al trabajo.

¿Cómo interpretas esto?
¿Realmente crees que el trabajo le estimulaba el apetito…?

No. Evidentemente asociaba el estrés del trabajo con la comida, ya que llevándose algo al estómago mitigaba la fuerte ansiedad que sentía en ese lugar.

Hay mucha gente que se alimenta con este nivel de ansiedad. Y este tipo de tendencias las podemos ver también con el tabaco. Son lugares que estresan más de la cuenta porque los asocian a ansiedad y a una excesiva responsabilidad.

Es importante que observes en tu *Vida* si hay lugares que te inducen compulsivamente a comer. En ti está la posibilidad de buscar soluciones para ello y *cuidarte* más de lo que lo haces ahora.

Amarte, en una palabra.

Del mismo modo, dentro de esta manera compulsiva de comer, hay gente que <u>solo come determinadas cosas en esos períodos de ansiedad y agobio</u>, me refiero a que se atiborran solo de chocolate, o comen más cantidad de pan, o solo beben leche, o les da solo por alimentarse de pasta, o por comer chuches...

Es curioso, porque <u>el tipo de comida que se ingiere</u> de esta manera descontrolada tiene un *porqué* y **tiene que ver directamente con una emoción concreta que está escondida bajo esa manera compulsiva de comer.** Me refiero a que si necesitas comer lácteos, por ejemplo, es porque se ha activado una emoción concreta en ti, de la misma manera que si necesitas comer pasta, o pan, es porque en ti se ha manifestado otra emoción concreta.

En otra ocasión o en otro foro podremos hablar de las emociones que se asocian a cada alimento en particular.

> "La familia, la sociedad, la cultura, nos ponen en un molde. Cuando nos salimos de ese molde empieza la curación".
> ***Jodorowsky***

También habrás advertido que, contrariamente a esto, hay gente que cuando sienten ansiedad se le cierra el estómago y no prueban bocado, ni siquiera aquello que más les gusta comer.

Estos comportamientos, tanto por exceso como por defecto, están relacionados directamente con las experiencias vividas durante la lactancia o durante el período intrauterino y que posteriormente se pueden manifestar comiendo de una manera compulsiva o, por el contrario, con un firme y tajante rechazo a la comida.

Y yo te pregunto:
¿Qué sucede con el reino animal...?

A mí me resulta muy curioso observar que **la sobrealimentación solamente ocurre en los humanos.**

Tan solo vemos afectadas a las especies animales que se relacionan directamente con ellos. Me refiero a todas las mascotas o animales domésticos, porque habitan y están en contacto con sus emociones y sus creencias, y por lo tanto, generan la misma manera de alimentarse que sus dueños.

Del mismo modo encontramos a muchos otros animales que son abocados y "obligados" a comer en exceso. Se "engorda" y se "alimenta" excesivamente a según qué especies para obtener beneficios de diferente índole.
    ¡Esto es tremendo...!
      Piénsalo...

No sucede esto en la *Naturaleza*, no se observan animales ni **especies libres** sobrealimentadas por sus *Madres*. No se advierte este hábito en ningún animal libre de ninguna otra especie.

Lo que sí se encuentran son casos de crías que por delgadez, o por falta de alimento, mueren. Pero lo que **no se ve de ninguna manera** es el hecho de que un *Ser animal* que vive en libertad sea sobrealimentado por su *Madre*.
    Ninguno...

    ¿Me sigues, *Corazón*...?

El *Ser humano* se alimenta "emocionalmente", e ingiere o "engulle" comida para poder sostener la emoción que le acompaña, y no se nutre debidamente.

Se atiborra de comida **para poder calmar los vacíos emocionales** de su alma, para poder sostener los recuerdos inconscientes que un día le hicieron sentir frágil. Otras personas lo hacen también para poder seguir manteniendo un ritmo de *Vida concreto*.

   ... y por ello, se sobrealimenta.

Funcionamos así.
La mente funciona así y la emoción le acompaña y le sigue.

Y todo ello se genera por la ausencia de *Amor* que hemos sentido en algún momento de nuestra *Vida*, por las experiencias que asociamos a la falta de *Amor* y a la **necesidad de que mamá vuelva a nuestro lado.**

Son experiencias...
Improntas que un día grabamos en nuestro inconsciente.

Es importante que te des cuenta de que "*la manera en la que tú comes*" se relaciona directamente con tus "*procesos emocionales*". Ambos mundos están íntima y delicadamente enlazados.

Y mientras un ser animal en libertad se alimentaría por necesidad y por instinto, *el Ser humano* se alimenta "por la emoción", por memorias relacionadas con "la falta de *Amor*".

Por mi profesión he visto también muchos alumn@s sobrealimentados o con ritmos de alimentación y hábitos que no eran los adecuados.

Hay casos en los que las *Madres*, cuando sus *bebés* lloran, directamente les dan el biberón; *Madres* que, con la mejor intención y en aras del *Amor* les dan de comer sin plantearse nada más, cuando quizás lloran por otros motivos: calor, necesidad de movimiento, frío, sed, necesidad de contacto...

Es cierto que el bebé muchas veces se calla cuando come, pero quizás no es eso lo que necesita siempre que llora. Y por ello, hay muchos niñ@s que han aprendido a distraer la emoción comiendo compulsivamente.

Es importante saber que **el llanto de un bebé** muchas veces responde a una simple manera de escucharse y de equilibrar las energías que siente, y no llora en un deseo de ser silenciado, callado y mucho menos "ahogado" con comida.

Hay ocasiones en las que un bebé necesita llorar abiertamente, de una manera normal y espontánea, descartando lógicamente las **atenciones primarias** que precisa y entre las que, muchas veces, no se encuentra la comida.

Reflexión

Ponte en el lugar del bebé. Imagina una situación en la que tú sientas muchas, muchas ganas de llorar y en la que viene alguien y trata de meterte comida en la boca, o alguien que trata de calmarte o de cortarte el llanto haciendo que te bebas un vaso de leche...

¿Cómo te sentirías...?

Cuando alguien quiere llorar hay una **profunda necesidad de sacar hacia afuera lo que siente**. Esa emoción se tiene que expresar, de manera tranquila y de este modo poder aprender **lo que supone llorar**, realmente.

Llorar es una liberación y, por la experiencia que tengo en este sentido, lamento afirmar que generaciones enteras han aprendido a callar y a "tragarse" literalmente el llanto. Por eso la gran mayoría de la gente come de manera compulsiva.

Muchas personas reprimen y se tragan sus emociones con la comida. Ingieren alimento al mismo tiempo que desvían la atención de la emoción que sienten. Y se la tragan también...

Entre bocado y bocado.

Todo aquello que sentimos que nos falta, a nivel inconsciente, **lo ingerimos en forma de alimento.**
Y esto no es sano.

¿Qué crees que aprende un bebé que cada vez que desea llorar realmente lo que recibe es comida...?

Pues que cada vez que en su *Vida* sienta tristeza, angustia o malestar, acabará comiendo porque era lo que su *Madre* solía hacer con él y lo que **aprendió, inconscientemente a hacer**.

Esto solo sucede en seres humanos, por *Amor*.

LA EPIGENÉTICA

También nos encontramos a personas que se alimentan exactamente igual que su padre o que su madre, con los mismos gustos, intolerancias o rechazos a según qué alimentos.
Y decimos que eso es *Genética*...

Y ahora te pregunto yo...
¿Qué es la *Genética*...?

¿Tú crees que se refiere solo a <u>genes</u> que se repiten generación tras generación y que se manifiestan a un nivel físico...?

¿O realmente tienes presente ese **97% de información** que se refiere a todos **los aprendizajes inconscientes** que llevamos en nuestra experiencia...
... Y que se denomina *Epigenética* o *Genética Moderna*...?

Realmente *La Epigenética* habla de esa parte que <u>no se refiere concretamente a los **genes**</u>, sino a esa herencia que podríamos llamar, oculta.

Se refiere a ese abanico de información que hemos integrado inconscientemente, que nos acompaña, que **hemos aprendido y hemos hecho propia**, y por lo tanto, acaba afectando a nuestros hábitos y determinando igualmente nuestras inclinaciones alimenticias, así como a todos los demás ámbitos de nuestra *Vida*.

Plantéatelo.
Simplemente quiero que seas *Consciente* de esto, *Corazón*...

Realmente somos un **3% de aprendizajes conscientes y un 97% de información inconsciente** y que, aunque sea increíble, es la información que <u>condiciona las decisiones</u> que queramos tomar en nuestra *Vida*.

No te inquietes, *Corazón*...
Porque, **el primer paso para transformarlo** es darse cuenta de todo esto.

En general comemos en exceso y nos alimentamos de una manera, no solo incorrecta, sino perjudicial. Y esto es algo igualmente aprendido.

Hemos llegado a esta realidad por diversas razones: educativas, medioambientales, culturales, influencia comercial y publicitaria, ritmos de vida y de alimentación totalmente desconectados de lo saludable.

Es tan caótica la información que nos llega, que lo que hemos conseguido realmente es traspasar la línea de lo saludable, cuando se supone que deberíamos tener el índice de salud más alto de la historia, supuestamente acompañado de nuestro "gran desarrollo."

Y resulta que no es así...

Lo que siento claramente es que estos hábitos alimenticios que lleva la mayoría de la gente no son correctos y acaban pasando factura a cada persona de una manera diferente.

En nuestra mano está el controlar y reconducir esos hábitos aprendidos de manera errónea, replantearnos la manera de comer, las cantidades que realmente necesitamos, la calidad de lo que comemos y los ritmos a los que deseamos hacerlo.

La correcta alimentación es un paso más dentro de todo el *Cambio de Consciencia* que se está viviendo en el planeta actualmente, porque la *Alimentación Consciente* tiene mucho que ver con el *Amor*.

En este *Sagrado Proceso de Ascensión* y avance en el que nos encontramos, **el momento de cada Uno llegará, y llegará también el tiempo en el que sientas que el Amor empieza por la calidad del Alimento que deseas que te nutra.**

En próximos libros, podré desarrollar más este tema, porque me parece primordial y necesario para el *Despertar de la Consciencia*, porque la *Evolución del Ser* te lleva a cuidar tu *Alimento* y la manera en la que te diriges a *Él*.

> "Los pájaros nacidos en una jaula
> creen que volar es una enfermedad."
>
> ***Jodorowsky***

El AMOR DESDE LA LIBERTAD

Amor y *Libertad...*

Dos *Energías,* dos *Frecuencias de Luz* que aparentemente parecen diferentes, pero que no pueden existir la *Una* sin la *Otra*.

¿A qué me refiero con esto...?
No podemos hablar de *Amor* si no existe *Libertad*.

Libertad **para decidir...**
Libertad **para sentir...**
Libertad **para equivocarse...**
Libertad **para Ser Uno mismo...**
Libertad **para marcharse...**
Libertad **para expresarse...**
Libertad **para hacer lo que sientas que quieres hacer**...

Conozco muchos casos de personas que alardean de amar profundamente a alguien pero realmente no le permiten ninguna de estas libertades.

Quizás sea necesario aclarar qué significa *Libertad*, para que podamos hablar un mismo lenguaje. Según la definición literal, es la facultad que tiene un *Ser* **de elegir** y, por lo tanto, **de hacerse responsable de sus actos**.

Es la condición del que no está preso, del que no es esclavo.

Los tres ámbitos de *Vida* más delicados para un *Ser* humano y en los que nos podemos encontrar privados de *Libertad en nombre* del *Amor* son la religión, la pareja y la familia.

Puede haber otros ámbitos en los que también puede privarse a las personas de *Libertad*, pero no se usa el *Amor* como "anzuelo" para retenerlo a su lado.

¿Me sigues, *Corazón*...?

En relación a la religión y a la familia ya sabes lo que pienso. Lo hemos hablado en capítulos anteriores.
Y en relación a la pareja me gustaría contarte algo más.

LA PAREJA

Todos conocemos **relaciones de pareja, que son tóxicas** y que llegan sutilmente a prohibirle al otro que haga, que decida o que elija algo, argumentando que si lo hace no está demostrando *Amor* en la relación.

Esto, directamente es un atentado contra la *Libertad del Ser*.
No se le puede pedir esto a nadie...
A nadie.

No se le puede pedir a alguien que renuncie a lo que desea, o que no haga según qué cosas, o que no elija lo que siente que tiene que elegir.
Cuidado, porque esto NO ES AMOR.

¡Escúchame bien, *Corazón*...!
Nadie puede prohibirte que hagas lo que desees, que elijas lo que necesites o que decidas lo que crees mejor para ti.
Y mucho menos *en aras del Amor*.

Si tu pareja en la relación te prohíbe algo...
LO QUE SEA...

Plantéate si realmente es *Amor* lo que os une, porque con total seguridad, no lo es.

Reflexión

Si esto que describo es lo que te sucede en tu relación, seguro que en tu *Vida* has aprendido a quedarte en un segundo lugar, has aprendido a ceder y a consentir según qué cosas. Si continúas así, seguirás permitiendo, poco a poco, que la otra persona invada y viole, literalmente, tu espacio y tus derechos.

De este modo, cada vez te exigirá más renuncias y te respetará menos.
Progresivamente irás perdiendo la *Libertad de decidir y de elegir en tu Vida* y no solo eso, sino que poco a poco irás perdiendo la *Seguridad* en ti.
¿Tú llamas *Amor* a esto...?
Porque esto no es *Amor*.

Seguramente has aprendido que hay que "consentir y ceder espacio" para que la otra persona no se enfade, no se ofenda o esté contenta.

> Si esto es lo que realmente te sucede, te acostumbrarás a renunciar a lo que tú deseas, la otra persona "se alegrará", la relación "continuará"...
> **y tú creerás que lo estás haciendo bien.**

Pues no, *Corazón*...
El Camino del Amor va por otro lado.

Este es el termómetro de una relación.
Desde que hay una prohibición, ahí sube la fiebre... Y te garantizo que la infelicidad comienza a partir de ese momento.
Es el principio del fin.

¡Esto no es Amor...!

Y cuanto antes lo descubras y lo adviertas, antes podrás rectificar y elegir **El Camino que te hace feliz**. Cuanto antes te des cuenta, menos sufrimiento y dolor para todos.

> "Concédete todas las posibilidades de ser, cambia de caminos cuantas veces te sea necesario."
> ***Jodorowsky***

Es evidente y absolutamente lícito el que cada pareja decida cómo quiere vivir y cómo desea sentir la relación.
La pareja es un mundo de dos.

Y parto de la base de que no hay cánones establecidos de lo que debe o no debe hacer una pareja. Si ambos están de acuerdo, son ellos los que están integrando esa relación y por lo tanto, son absolutamente *Libres* para decidir lo que sientan que necesitan hacer y *Vivir*.

Lo que trato de decirte es que <u>no pierdas de vista **Tu Libertad** para pensar, saber y decidir</u> si deseas vivir eso que te plantea la relación, o no.

Una pareja necesita *Libertad,* para que *Cada Uno* sea quien tiene que ser, quien ha venido a *Ser* a este mundo.
Y con esto no me refiero a que en una relación no haya compromiso.

Para mí <u>el compromiso de pareja se establece en común y al margen de la obligación.</u> Resulta ser un **camino constructivo para l@s dos**. No se trata de dar sin esperar a cambio.

Para mí es un <u>*Camino Constructivo* donde ambas partes se potencian</u> y se relacionan constructivamente, se apoyan y se ayudan mutuamente, pero no desequilibrando la balanza.

¿Me sigues, *Amor*…?

Para mí el compromiso con la pareja tiene un límite. Y ese límite es cuando empieza a dañar a un@ de los dos.

Por eso es importante que estés conectad@ con lo que te hace feliz, con lo que sientes que mereces, para que cuando la relación no te esté aportando lo que tu *Alma* necesita o desea, te sientas *capaz de elegir el Camino que te hace Libre y Feliz.*

Para mí la pareja debería apoyarte en aquello que te hace grande, en aquello que deseas realizar en tu *Vida*. Si no hay *Libertad* para hacer, decidir y elegir, no hablemos de *Amor*.
Llámalo de la manera que quieras, pero no lo llames *Amor*.

Reflexión

Ten en cuenta la cantidad de cánones y de ideas preconcebidas que hemos aprendido sobre el *Amor*, arquetipos y creencias erróneas en torno a lo que debería ser una relación.

Se nos ha enseñado que <u>sufrir</u> es *Amor*.
Se nos ha inculcado que <u>renunciar a ti mism@</u> es signo de *Amor*.
Se nos ha metido en el corazón que <u>morir por el otro</u> es *Amor*.

El motivo por el que he escrito este *Libro* eres Tú.
Mi Corazón desea profundamente que llegues a comprender esto que te digo, porque si tu *Corazón* lo comprende, *hará de Ti un Ser Libre y lleno de Amor.*
      Y eso es lo que te deseo.

Te quiero *Libre*.
El Verdadero Camino del Amor te hace *Libre*...

No escuches otra historia.

El *Amor* no te hace renunciar a ti. Te acerca a ti, que es muy distinto.
El *Amor* no te puede pedir sufrimiento, porque eso no es **Amor**.

Piénsalo, *Corazón*...
Y luego, ya sabes que *La Luz que Eres te indicará el Camino a Seguir.*

Si una <u>religión</u> no *libera*...
Si una <u>pareja</u> no permite *Libertad*...
Si en el seno de una <u>familia</u> no se educa para ser *Libre*...

            ¿De qué *Amor* estamos hablando...?

> "El aprendizaje es eso,
> de repente ves algo que siempre habías visto,
> pero bajo una luz nueva."
>
> **Doris Lessing**

LOS FALSOS PRONOMBRES DEL VERBO AMAR

Como imagino que ya sabes, **Los Pronombres** son palabras que **pueden sustituir al nombre** y por lo tanto, si ocuparan su lugar, el significado seguiría siendo el mismo.
Esta sería la función de un verdadero pronombre.

¿Pero qué sucedería si al sustituirlo, el significado fuera totalmente diferente...?
Pues que estaríamos hablando de "**falsos pronombres**".

Después de todo lo que te he contado hasta ahora en *Este Libro*, puedes reconocer y comprender qué quiero decirte con esto.

Muchas veces se actúa *en nombre del Amor* cuando realmente lo que está sucediendo de fondo son sentimientos y emociones muy distintas a esta *Sagrada Experiencia*.

El ser humano, a nivel inconsciente, utiliza "falsos pronombres" en lugar del *Amor*. **Y esto sucede en cualquier tipo de relación**, no solo en los sentimientos que se viven en una pareja.

Cualquier motivo por el que la *Vida* te una a alguien, puede verse mediado por algunos de estos "falsos pronombres".

> Los que yo llamo "**falsos pronombres** del *Amor*" son los siguientes:
>
> El apego, los celos, el dominio, el control, la pena, el poder, el proteccionismo, la manipulación, el chantaje, el deber, el débito, el egoísmo, la inconsciencia, la infravaloración, el dinero, el miedo, la prepotencia, la responsabilidad, la soberbia, la soledad, el victimismo, la espiritualidad...

Hay unos cuantos...
Realmente son emociones y actitudes contrarias y diametralmente opuestas al *Amor* y sin embargo se usan en su nombre.

Ahora te hablaré de los que para mí son más destructivos y que engloban a muchos de ellos.

1.- EL APEGO

Tal vez en tu *Vida* te hayas visto en muchas situaciones en las que hayas querido llamar *Amor* a lo que realmente es **Apego.**

Cuanta gente alardea de amar a alguien y cuando ese *Ser* le pide espacio o le dice que necesita irse de tu lado, escuchamos frases como:

- *"Es que l@ quiero mucho... "*
- *"No quiero que se vaya... "*
- *"Es que quiero que se quede conmigo..."*
- *"No podría vivir sin................. "*
- *"Es que me hace muy feliz... No soy nadie sin.............."*

Muchas relaciones necesitan separarse, y no me refiero solo a parejas.
Mucha gente necesita continuar su propio camino.

Te hablo de socios, de familiares, de amigos, de personas que sienten que su tiempo en común ha terminado y que necesitan cerrar un ciclo, optar y probar nuevos proyectos y horizontes en su *Vida*.

Y se retiene a ese alguien **en nombre del Amor**.

Si tú estás en esta situación, quizás no quieras tomar decisiones por tu propio apego. **Y lo llamas Amor.**
Piénsalo, Corazón...

Puedes evitar mucho sufrimiento.

2.- LOS CELOS

Para poder hablar de esto y comprenderlo es necesario que hagas un ejercicio de introspección y de honestidad para contigo mism@. Me refiero a ser capaz de analizar qué sucede dentro de ti y poder ponerle nombre a eso que sientes.

Muchas relaciones se han visto verdaderamente dañadas por los celos, confundiendo, completamente, esos sentimientos con **Amor**.

Nadie es propiedad privada.
Tenemos por esencia la *Libertad* de hacer con nuestra *Vida* lo que sintamos que debemos hacer y de optar por nuestro camino las veces que consideremos que debemos hacerlo.

Lo demás se llama **control o manipulación.**

Observa que esto supone el dominio sobre la voluntad de otro *Ser*, supremacía, fuerza, poder y autoridad que anula el deseo del otro. Y esto, desde luego, no tiene nada que ver con el *Amor*.

Y escuchamos frases como estas:

- *"Es que si .... me quiere, debería estar en casa"*
- *"Debería estar aquí conmigo y no divirtiéndose por ahí... "*
- *"Está todo el día haciendo.......... Y eso es algo que no me gusta..."*
- *"Es que tiene que dejar de hacer esto y estar más por mí... "*

Los celos pueden llegar a convertirse en una auténtica pesadilla y tortura para todos aquellos que lo viven y le dan crédito. En la gran mayoría de los casos lo que imaginan es falso y realmente pueden llegar a hacer mucho daño.

No me refiero solo a las personas a las que se dirigen estos celos, sino también a quien los imaginan y los considera una realidad. El daño puede llegar a ser indescriptible.

Escucha, *Corazón*:
Tras un episodio de celos <u>no existe, ni se esconde, ni se encuentra</u> el *Amor*. Una persona celosa es una persona que necesita ayuda.

Los celos SIEMPRE hablan de una necesidad de posesión, de control y de dominio sobre la otra persona.

Y eso, con total seguridad, no es *Amor*.

Yo me atrevería a decirte que si en algún momento asistes a un ataque de celos de alguien que "te dice que te ama", que lo reconsideres sinceramente, que lo medites con cierta distancia, porque para mí está clara la ecuación.

No tengo ninguna duda de esto.

Los celos no tienen nada que ver con el *Amor*.

Nada...

Decide tú dónde quieres poner tu *Luz*, dónde quieres poner tu *Energía* y dónde quieres realmente vivir y recibir todo el *Amor* que realmente mereces.

Te quiero Libre...

3.- EL CHANTAJE

Cuántas veces he presenciado chantajes afectivos dirigidos hacia personas a las que realmente se trataba de manipular. Los he visto y escuchado muchas veces, en diferentes ámbitos y situaciones.
Esta manera de relación es mucho más frecuente de lo que se cree.

Y es que con total seguridad habrás escuchado en algún momento de tu *Vida* a alguien que te ha dicho:

- *"¿Con todo lo que he hecho por ti y me lo pagas de esta manera...?*

Es una frase dañina que deja ver claramente que lo que se ha hecho por ese alguien, no ha sido hecho por *Amor*. Y al mismo tiempo deja ver claramente que lo hizo esperando beneficios a cambio.

Conozco **muchos casos** de personas que han sido condicionadas y manipuladas en su *Vida* por esta frase que no tiene, verdaderamente, nada que ver con el *Amor*.
Nada...

Es una forma de **poder** sobre el otro.
Es una manera de **condicionar y manipular** las decisiones y la *Vida* de otro *Ser,* llamándolo *Amor*.

El chantaje **siempre** va de la mano de la culpa.

Siempre...

Son frases tóxicas que lanzan una flecha "culpabilizadora" hacia alguien que las recibe, tratando de hacer que cambie su manera de pensar o de actuar en beneficio siempre de quien las lanza.

Observa estas otras, que no tienen desperdicio, ninguna de ellas.

- *"Es que en esta casa no me quiere nadie..."*
- *"Mira todo lo que estoy sufriendo por ti..."*
- *"Ninguno de mis Hij@s me quiere..."*
- *"Nunca imaginé que me hicieras tanto daño..."*
- *"Todo lo que he creído en ti y ahora mira cómo me dejas..."*
- *"Después de todo lo que he hecho por ti, me he quedado sol@..."*

Hay muchos casos en los que se utiliza **la soledad** como base del chantaje.
Cuidado con esto, *Corazón*...

Lo conozco bien y sé que su "*mal-usada*" sutileza puede hacer mucho daño.

La persona chantajista busca solamente hacer sentir culpable a otros, lanzando el mensaje de que se queda sol@ en este mundo.
Y que nadie l@ quiere.

Si quieres vibrar en *Paz y Armonía en tu Vida*, plantéate si deseas continuar cerca de esta vibración porque, con total seguridad, no habla de *Amor*.

Mucha gente llega a consulta <u>perdida y desconcertada</u> por este tipo de frases que, en algún momento de su *Vida*, sus familiares o amigos han "*vomitado*" sobre ellos.

Así lo siento, porque así percibo a <u>la gente que llega rota y abatida</u> a consulta.
Esto no es *Amor*.

Evidentemente hay que analizar cada caso porque es cierto que cada situación tiene sus matices, pero <u>en su gran mayoría</u>, las personas que vuelcan este tipo de frases sobre otras no lo hacen por *Amor*.
Y me atrevo a decirlo abiertamente.

> "Cualquiera que sea la causa de tu sufrimiento, no lastimes a otro".
> **Buda**

Quien te ama, te deja marchar...
                                Es así de simple y claro.

Y no detiene tu marcha bajo ninguna pena ni lástima.
Es más, te anima y te alienta a que persigas tus sueños y a que llegues tan alto y tan lejos como desees.

<u>A todo lo demás</u>, ponle el nombre que quieras, pero <u>no lo llames Amor</u>.

4.- <u>EL DEBER</u>

La educación que hemos recibido y <u>los cánones de lo aprendido</u> a lo largo de toda nuestra *Vida* se han encargado de generar en nuestro corazón la sensación de que **debemos algo**.

Que si alguien hace algo por ti, te ves en la obligación y en el débito de corresponderle por lo que te ha dado.

Es cierto que hay una *Ley Universal* que especifica que la Energía Vital y Existencial debe generar un movimiento de dar y recibir, de ida y vuelta. Cuando algo se recibe se genera inevitablemente su devolución, por equilibrio energético, sea cual sea la energía que se ha lanzado.

Pero este envío energético que viene de vuelta hacia no debería darse por el deber de hacerlo.
Sino por *Amor*.

Hay gente que se siente en débito hacia alguien toda su *Vida*.
Y este débito condiciona muchas de las decisiones que necesita tomar: el lugar donde desea vivir, cuáles son sus amigos, cuál es su pareja, su verdadera vocación, las decisiones que toma en su *Vida*...
No sea que esto dañe a ese *Ser* con el que se siente en débito.
Y todos conocemos algún caso así.

Permíteme decirte que esto tampoco es *Amor*.

Llámalo débito, llámalo disimulo, llámalo falta de valentía, miedo, engaño, castración, sometimiento, prostitución...

Como quieras llamarlo, pero no lo llames *Amor*.

El Amor no busca mentiras, engaños ni disimulos. *El Amor* desea que te realices plenamente y esta situación que acabo de describirte ahora está lejos de ello.

Cuando el *Alma* se mueve **por el deber,** escuchamos frases como esta:

- *"Es que papá antes de morir me dijo que me encargara de eso..."*
- *"Es que no puedo dejar sola a mamá en esto..."*
- *"Es que si decido .... entonces esta persona sufrirá muchísimo"*
- *"Tengo que ir, pero no quiero..."*
- *"Tengo que hacer .... porque se lo debo a ...."*
- *"Es que .... me ayudó cuando yo lo necesitaba..."*
- *"Es que yo ahora no puedo fallarle..."*

Lo que quiera que sientas hacer, **que sea por *Amor*, no <u>porque debes</u> hacer algo.**

Hay muchos casos de personas que en el lecho de muerte de alguien a quien aman, <u>asumen serios compromisos</u> de por *Vida*, que en muchas ocasiones resulta a la larga, muy doloroso, duro y difícil de llevar.

Yo sé que en estos momentos previos a la muerte de un *Ser* querido, **lo único que deseas es evitarle más dolor antes de partir**. Pero lo que tienes que tener en cuenta es que <u>este tipo de actos puede traer consecuencias serias para las personas que los asumen y se quedan con toda la responsabilidad de lo acordado y hablado antes de morir.</u>

Es muy delicado todo esto...
En el **análisis transgeneracional** se trabaja con este tipo de acuerdos y responsabilidades que se asumen cuando muere un familiar o amigo y te encarga algo que no pudo concluir en vida.

Por supuesto, tú puedes hacer todo aquello que desees en este sentido. **Puedes asumirlo o decirle**, desde el infinito *Amor* que habita en vosotros dos, **que desde la *Libertad de Alma*, no asumes eso que te pide**.

Puedes hacerlo.
      Tienes el derecho a hacer lo que sientas...

Mi *Corazón* necesita decirte que <u>el *Amor* no se mueve por débitos</u>, sino que realmente *Te Concibe y te Pide que Seas Libre*.

Los débitos se deben resolver individualmente para que la energía de todo aquello que conlleven, no afecte a otros *Seres Inocentes* que no tienen nada que ver con los asuntos de los antepasados.

El deber y el *Amor*, para mí no hablan el mismo lenguaje.

El deber, te ata...
El *Amor* te hace *libre*.

5.- EL EGOÍSMO

Es necesario replantearse el concepto de egoísmo antes de seguir adelante.

Nos han enseñado desde siempre que elegir lo que deseamos es egoísta, que sería adecuado y necesario <u>renunciar a nuestros deseos y a nuestros sueños para no hacer daño ni hacer sufrir a otros</u>. Que el hecho de elegir nuestro camino y optar por aquello que a nosotros nos hace felices sería egoísta por nuestra parte.

Yo estuve muchos años de mi *Vida* creyendo que esto era verdad. Que si yo renunciaba a aquello que me hacía feliz para que otros no sufrieran, yo estaba haciendo lo correcto y necesario.

Y con el paso del tiempo me di cuenta que es un <u>tremendo engaño</u> esto del egoísmo.

El verdadero egoísta es aquel que te pide que renuncies a tu *Vida* para su beneficio y disfrute. Luego tú decides entrar o no en ese juego, claro...
Pero el egoísta es quien pretende que esto sea así.

Nos han hecho creer que <u>si vivimos para otros</u>, que si renunciamos a lo que nos hace felices a nosotros, somos mejores personas.

Realmente para mí **esto es un cruel manejo y una salvaje utilización** de *la Libertad*, del *Corazón* y de la *Vida* de otro *Ser*.
Así lo siento...

> "No hay mayor manipulación que hacer sentir a alguien culpable de lo que desea hacer..."
> ***Ángeles Abella***

Y ya, ni te cuento si eso que desea hacer le hace feliz...

¿No **es más egoísta** pedirle a alguien que renuncie a sus sueños para que tú no sufras...?

Conozco casos en los que las personas afectadas renunciaron a sus proyectos y a sus sueños para evitar hacer daño a otras. Recuerda la historia con la que empecé *Este Libro*.

Cuando se mueve el egoísmo encontramos frases como:

- *"Lo hago y te lo digo por tu bien…"*
  - ¿Por el bien de quién…?

- *"Es que yo no quiero que mis hij@s se vayan de casa…"*
- *"Es que yo querría acompañar a mis hij@s siempre…"*
- *"Es que mis hij@s me necesitan…"*
  - Ya te pedirán ayuda si esto es así.

- *"¿Pero vas a hacer eso…?*
  Yo creo que lo que deberías hacer es…….."
- *"Es que deberías hacerme caso…"*

Hace años yo creía que esto era *Amor*. De hecho yo he renunciado a muchas cosas en mi *Vida* para que otras personas no sufrieran.

Y terminé dándome cuenta de que renunciar a tus deseos y necesidades, no es *Amor*.

Cada uno debe seguir lo que le dicta su *Corazón*, sin miedo, sin culpa y sin sentir que tiene que renunciar a su *Camino* para que otras personas sean felices.

Yo ya no creo esto.

Para mí el *Amor* solo abre puertas.
Para mí el *Amor* te conecta con lo que sientes que tu *Alma* necesita hacer. Te hace vibrar con lo que a ti te hace feliz.
Tiene que dejarte *Libre* en todos y cada uno de los ámbitos en los que tu *Ser* necesite desarrollarse.

Y eso es Amor…

Si esto no es así, reflexiona *Corazón*.
Decide dónde quieres estar y elige lo que tu *Alma* necesite hacer.

Yo ya he aprendido a quién tengo que escuchar…

6.- LA RESPONSABILIDAD

Para mí la responsabilidad estaría en cuidar aquello que tu *Alma* siente que debe hacer. **Cuidarte a ti**....
Cuidar tu *Camino* y respetar tu necesidad.

No me refiero a que tengas que olvidarte del otro, me refiero a que **no puedes olvidarte de ti.**

Muchas veces nos hacemos responsables de otras personas, de sus *Vidas*, de sus decisiones, cuando realmente **nuestra única y seria responsabilidad tiene que ver tan solo con nosotros mismos** y con todo lo relacionado con lo que necesitamos hacer en nuestra *Vida* y en nuestro *Camino*.

Evidentemente, excluyo el cuidado de los bebés y de las personas mayores que necesitan de atención permanente. Yo me refiero a otro tipo de **responsabilidades que se adquieren en nombre del *Amor*.**

Lo que en un principio asumes ligeramente y te llena el *Corazón* de *Alegría* y de *Amor*, con el tiempo puede empezar a agobiarte, a limitarte y a no hacerte sentir bien, con lo cual, ya no estaríamos hablando de *Amor*.
Se convierte en **responsabilidad,** a secas...

Todos, en algún momento de nuestra *Vida*, hemos temblado ante la frase:
- *"Tengo que............."*
- *"No puedo... Que tengo que................"*

Representa una obligación, algo que va más allá de lo que realmente deseas. Y no te hablo de lo que cotidianamente tienes que hacer, de manera natural en el día a día. Me estoy refiriendo a **los compromisos adquiridos que ya te pesan** más de la cuenta.

Observa la **sensación de culpa** que puede darte el querer abandonar esta responsabilidad si así lo necesitaras, aligerarte quizás por un tiempo, aliviar ese peso o carga en la que se ha convertido tu compromiso.

Piensa que lo que se asume por *Amor*, es importante que te haga sentir *Amor* siempre. Cuando ya empieza a hacerte daño, es necesario transformarlo, y además **sin ninguna culpa**.

Ninguna, *Amor*...

Muchas veces es preferible buscar otra alternativa y delegar en alguien más esa responsabilidad que te puede agobiar. Y si no es posible, plantearte de qué otra manera puedes aligerar ese peso que te agota y que no te está dejando vivir en *Paz*.

La Vida a veces nos pide parar, ceder y delegar.

Nos ruega que pongamos límites incluso a compromisos adquiridos en otro momento de nuestra *Vida*. Tal vez en ese entonces se asumieron por *Amor*, pero ahora quizás la situación necesite un cambio y un nuevo replanteamiento de las cosas.

El *Amor* y sus decisiones deben hacerte sentir bien. Si esto no es así, si la responsabilidad que estás asumiendo ahora te hace daño, si está sobrepasando tus límites y no puedes seguir asumiéndola, retómalo y reflexiónalo.

Todo puede cambiar. Las circunstancias cambian, la perspectiva cambia, la edad te hace cambiar igualmente y quizás ya las cosas no las veas como antes. Por eso, reflexiona, *Corazón,* porque el *Amor* ha de darte *Paz*.

No te culpes por la decisión que necesites tomar y ve hacia dónde necesitas caminar ahora.

7.- EL MIEDO

¿Cuántos casos conoces de personas que llaman *Amor* a una situación en la que realmente lo que sienten es un enorme y profundo **miedo**...?

En todos los casos de maltrato, ya no solo en una relación de pareja, me refiero a todas las relaciones en las que haya podido haber maltrato de algún tipo, lo que realmente hay de fondo es MIEDO.

Nos encontramos con frases como:

- *"No se lo digas, por favor, que no quiero que se entere..."*
- *"Es que no sé cómo decírselo..."*
- *"¿Y qué pasará con .... si yo me voy?"*
- *"Es que me da miedo tomar esa decisión..."*
- *"Por mí no se va a enterar..."*
- *"Yo creo que debo hacer................., pero no lo sé..."*
- *"Cuidado con............. no sea que........."*
- *"Mejor que .... no lo sepa. Le puede hacer sufrir mucho..."*
- *"Cuando .... se entere de esto..."*

Creemos que el **proteccionismo y** el **miedo** son dos cosas diferentes.

Para mí es lo mismo, porque **si sentimos que necesitamos proteger a alguien** es que creemos que está en peligro de algo, por lo tanto, para mí el proteccionismo es miedo disfrazado de *Amor*.

> El *Amor* y el miedo no pueden convivir juntos.
> Uno de los dos, se va...

Cuando sentimos miedo estamos apartados del *Amor*.
Esto te aclarará el *Camino* a seguir.

8.- LA PENA

Otra de las grandes y terribles confusiones del ser humano ha sido el concepto de **pena.**

La pena es un sentimiento de tristeza, de angustia y sufrimiento.
Nada que ver con el *Amor*...

Y **la tristeza** es un dolor emocional vinculado a un estado de decaimiento que sucede cuando nuestras expectativas no se cumplen.
Tampoco tiene nada que ver con el *Amor*...

Y es que durante milenios se nos ha "vendido como correcta" la asociación entre *Amor*, tristeza y pena.

Y realmente no tienen nada, nada, nada que ver.

Absolutamente nada.

Cuando sientes pena por algo o por alguien realmente lo que está reflejando es **un estado interno** tuyo propio, algo que tú sientes o has vivido y que en ese momento te aflora al plano consciente y lo percibes como real y presente. Algo que te ha provocado dolor y tristeza en algún momento de tu *Vida*, pero no tiene nada que ver con lo que pueda estar sintiendo la otra persona.

Se han hecho experimentos sobre esto con actores, personajes no reales, que interpretaban y simulaban una situación dolorosa, haciendo creer a los espectadores, individualmente, que la situación era real.

Y las personas que observaban el "acting" reflejaron, por separado en entrevista personal, una variedad de emociones indescriptibles. Cada uno de los que observaban la situación expresaron sentimientos absolutamente distintos.

Este hecho confirmaba, una y otra vez, que lo que sentimos no tiene nada que ver con lo que le sucede al otro. Realmente tiene que ver con lo que tenemos en nuestro *Corazón* cuando vemos una situación dolorosa.

Tiene que ver con lo que llevamos dentro...
Con lo que hemos vivido o sentido nosotros mismos en relación a nuestro bagaje de experiencias.

Es importante diferenciar esto y ser consciente de que una cosa es la pena que se despierta dentro de ti y que tiene que ver contigo y otra muy distinta es que esa pena represente el *Amor* que puedas sentir hacia otro *Ser*.

El nivel de tristeza que sientas tú no equivale al *Amor* que hay en tu *Corazón*, aunque así nos lo hayan querido inculcar.

Nos han enseñado siempre que si sentimos pena por alguien o por alguna situación concreta, es que estamos amando. Y te puedo asegurar que no es así.

Es muy importante que reflexiones sobre esto que te digo, porque esta confusión ha condicionado *la Felicidad y la Vida* de muchas generaciones durante milenios.

Una cosa es que sientas *Compasión* por un *Ser* que pueda estar en una situación delicada y **otra muy distinta** es que, si sientes pena, represente que estás *Amando* a ese *Ser*.

Y no es así, *Corazón*...

No es así.

Cuando se siente pena en lugar de *Amor,* se usan frases como:

- *"Es que no puedo dejar a .... sol@..."*
- *"Es que no quiero ver a .... sufrir..."*
- *"Es que no puedo soportar.......................... "*
- *"¡Pobrecit@......................!"*

La humanidad entera ha aprendido a asociar el *Amor* a la pena, al dolor y al sufrimiento, entre otras razones, porque **a determinados colectivos les interesaba que así fuera.**

Este uso y abuso es muy antiguo y todos conocemos los denunciables y oscuros manejos capitaneados por algunas instituciones o sus representantes, quienes han sido capaces de utilizar y sacar considerables "tajadas" de las terribles circunstancias en las que puede llegar a vivir un ser humano.

Todos sabemos de casos concretos de personas que, aprovechando las circunstancias de otros, se han lucrado con el dolor ajeno gracias a la lástima y la pena que despertaban según qué miserables y desgraciadas situaciones de la *Vida*.

Pero, también conocemos personas que necesitan usar **el victimismo** y el engaño para beneficio propio, haciendo creer a alguien que sufren mucho y haciendo que esto juegue a su favor.

Ha sido muy usado en situaciones para sacar partido de ello. **La tristeza y la pena** representan un dolor interno tuyo, no tienen nada que ver con el *Amor* a otro *Ser*.

Esto es lo que me gustaría que reflexionaras.

En todas las situaciones en las que puedas sentir <u>pena o lástima</u> y **tengas que tomar decisiones, no te dejes influir por ninguna de ellas.**

Sepáralas del *Amor*, porque no tienen nada que ver entre sí.

9.- EL DINERO

Es muy fácil imaginar a qué situaciones le ponemos el nombre de *Amor* cuando realmente lo que las sostiene son <u>intereses económicos</u>.

No trato de juzgar la situación ni el hecho. Cada uno sabe lo que tiene que hacer y actúa en consecuencia.
<u>Tan solo estoy describiendo circunstancias</u> a las que le ponemos el nombre de *Amor* cuando realmente se describe con "otros nombres".

- *Parejas "con-trato"*
- *Herencias que se esperan a cambio de............*
- *Socios que no se acoplan de ninguna manera.*
- *Trabajos que no te hacen feliz.*
- *Compromisos a cambio de dinero.*

Simplemente observar todas las posibles situaciones de la *Vida* que realmente no tienen nada que ver con el *Amor*.

Y no me refiero solo al *Amor* hacia otro *Ser*, sino te hablo del *Amor* que puedas tener hacia tus valores. De cómo algunas situaciones te llevan a ir en contra de lo que sientes, de cómo puedes fallarte a ti mismo a cambio de dinero. Creer que una situación te favorece cuando realmente te puedes estar vendiendo.

Obsérvalas, medítalas…
Y luego decide qué hacer con ello.

Ya sabes que te quiero Libre…

10.- LA SOBERBIA

A lo largo de mi *Vida* me he encontrado con personas que mostraban mucha soberbia frente a situaciones que para mí no tenían la menor importancia.

Y me gustaría comentarte también que, en muchas de esas ocasiones, yo he sentido que esa soberbia, que se mostraba con tanta pasión, era **literalmente aprendida** y que claramente no respondía al verdadero sentir del que la expresaba.
Te explico esto un poco más....

Hay gente que, en el seno de la familia, aprende a comportarse de una manera determinada. Y la soberbia es una de las actitudes que yo he notado que se aprenden más en estos compromisos transgeneracionales de los que hemos hablado.

Muchas veces, *l@s Hij@s* imitan a sus *Padres y Madres* en la manera en que ellos se enfrentarían a según qué situaciones.
Y la soberbia es una de ellas...

Encontramos frases en las que se refleja esto:

- *"Por mis antepasados que no lo perdono..."*
- *"Que se atreva a venir, que ya se va a enterar..."*
- *"Esto tengo que defenderlo como hicieron mis Padres..."*
- *"Aquí, que ni se le ocurra venir..."*
- *"Que no se atreva a pedirme perdón..."*
- *"Ya se lo dije yo... y no me hizo ni caso..."*
- *"Ahora viene a pedirme disculpas..."*

Muchas de ellas dejan entrever ciertos débitos familiares **aprendidos que se reproducen y se defienden de manera inconsciente**, creyendo que eso es *Amor* y que esa soberbia *honra* a los antepasados.

La soberbia es un sentimiento de superioridad y no tiene nada que ver con el *Amor*, porque verdaderamente en el *Amor* no hay nada superior o inferior.
Llámalo por su nombre real, porque **el Amor vibra desde otra Consciencia, claramente Superior** a esta frecuencia de la que estamos hablando.

El *Amor* refleja *Libertad* y es importante que observes las trampas en las que se suele caer por **complicidad**, imitando inconscientemente las actitudes que hubieran tenido nuestros antepasados. Son este tipo **de roles con soberbia familiar** que no hacen otra cosa que apartarte del *Verdadero Camino del Amor*.

Simplemente reflexiónalo, si así lo sientes...

11.- LA INFRAVALORACIÓN

Podrás imaginarte a qué se refiere este apartado.
Hay mucha, muchísima gente que hace cosas por los demás **buscando su aprobación.**
Y no por nada que tenga que ver con el *Amor*.

Todos conocemos casos de personas que dedican gran parte de su tiempo a ayudar a otros, que no hacen otra cosa que resolver los problemas de los demás, dejando incluso sus propias responsabilidades para dedicarle tiempo y energía a los asuntos de otros.

Lo que existe verdaderamente bajo **esta capa** "*de ayuda a los demás*" es una **infravaloración muy profunda**, que impulsa constantemente a estas personas a dar y a hacer cosas por los demás sin tregua.

Se mezcla todo esto con una baja autoestima, con una profunda soledad basada en "hay que ser buen@s" y acompañada de una clara desconexión de sí mism@.

Como ves, millones de condicionantes y de actitudes que no tienen nada que ver con el *Amor*, sino con una "necesidad" de sentirse "amad@" o "valorad@" por el otro, por ese alguien a quien le da su tiempo y su energía.

Esto lo encontramos en muchas parejas, en algunas de las relaciones entre amigos, entre compañeros de trabajo, entre vecinos, entre familiares…
Seguro que conoces algún caso, o quizás seas tú uno de ellos.

Hemos hablado de esto en varios capítulos de *Este Libro*, porque verdaderamente esta es la **GRAN HERIDA del ser humano**.

> **La falta de *Amor*** es la principal causa del sufrimiento en este mundo.

Todos necesitamos *Amor* y queremos vibrar y vivir en él.
Y en busca de ese *Amor*, el ser humano se monta unas historias rocambolescas a su alrededor para obtener en el fondo, aunque sea, "la sensación" de ser *Amad@ por alguien*.

Todos hemos escuchado frases como:

- *"Es que……………….. vale mucho más"*
- *"No sirvo para nada…"*
- *"No seré capaz de hacerlo…"*
- *"Me siento incapaz de……………"*
- *"No puedo……………."*

Si no te amas a ti mismo, no puedes llamar *Amor* a lo que haces.

Yo sé que esta frase puede no entenderse y hay gente que puede argumentar y defender que en la entrega total está el *Amor*.

En el *Primer Libro de esta Trilogía* explico cómo me di cuenta de que la entrega desmedida no es *Amor*.
Lo experimenté en mi propio cuerpo y en mi propia *Consciencia*.

Me di cuenta de que el *Amor* empieza en uno mismo… Y no empieza en ningún otro lugar.

Aquello que no tienes no lo puedes dar.

Llámalo como tú quieras, pero si tú no te amas, no te bendices y no te respetas, ya puedes dar lo que sea, que no será *Amor* eso que des…

12.- LA ESPIRITUALIDAD

Supongo que te sorprende este apartado.

Tan solo quiero que observes y reflexiones sobre cuántas cosas se han podido hacer a lo largo de la historia del ser humano en nombre de lo espiritual, en nombre del *Amor*, cuando realmente lo que sucedía era algo muy distinto.

No trato de juzgar ni de buscar culpables de nada.
Tan solo deseo **que <u>reflexionemos siempre</u> frente a todo lo que decidimos y hacemos en la *Vida*.**

Que podamos vivir con *Consciencia*, llamando a cada cosa por su verdadero nombre y tratando de ser lo más *Honest@s* posibles con todo aquello que hagamos.

La espiritualidad es un *Maravilloso Camino de Autoconocimiento y de Bendición,* y como tal, debe ser lo más *Puro y Diáfano* posible. Y todo aquello que hagamos refrendado y sostenido por ella, que haga de verdad honor a su *Delicado Nombre.*

En aras del AMOR

ENFOQUE

> "El hombre es libre
> en el momento en que desea serlo".
>
> ***Voltaire***

LIBERTAD

El *Amor* necesita manifestarse en *Libertad,* porque si no, claramente no es *Amor* lo que se manifiesta.

Te he hablado de muchas situaciones de la *Vida* en las que se toman decisiones por miedo, por culpa, por dinero, por apego, por sentirse en débito con alguien, por soledad…

Por muchas razones que no responden al nombre de *Amor*.

En estos casos no hay *Libertad* para decidir qué hacer. No hay *Libertad* en esa entrega, porque quien hace algo por alguna de estas razones no se siente libre para elegir si hacerlo o no.

Se ve empujad@ por alguno de estos motivos y por lo tanto podemos decir que actúa por cualquier otro sentimiento, pero no por *Amor*.

Si realmente te mueves por miedo, por culpa, por obediencia a un dogma, por el qué dirán o por soledad, no eres libre para hacer lo que haces. La decisión que tomas estará condicionada por esa culpa que sientes, por ese miedo que te inquieta o por esa soledad que no puedes soportar.

En esta situación el *Amor* no se manifiesta, porque es una acción condicionada.

El *Amor* se da abiertamente, sin miedo y sin condiciones…
Como hacen los niños, que se entregan totalmente al momento presente y te lo dan todo.

Pero observa con detalle cómo lo hacen...

Los niños se sienten libres para estar a tu lado o apartarse cuando lo necesitan, libres para hablarte o para callar cuando lo desean, para acariciarte, abrazarte o no, cuando no quieren hacerlo.

Sus acciones están llenas de espontaneidad y de *Amor*, porque nada les condiciona. Lo hacen abiertamente. Ellos no están obligados por esa culpa o ese miedo, actúan desde la *Libertad*.

Y ahí es donde habita el *Amor*...

En esas acciones que nacen desde la *Libertad*.

Ellos no se sienten culpables de no ayudarte si no pueden. Están presentes, dándotelo todo y cuando ellos necesitan, apartan su energía y se van...
Así de sencillo.

Simplemente permanecen a tu lado, te miran, son espontáneos...
Te brindan serenidad, te hacen reír, te acompañan, en una palabra.

Ellos nunca se quedan sin energía. Vibran a tu lado pero no se agotan dándote *Amor*, porque <u>ellos sienten que el agotamiento es síntoma de otra cosa</u> y sin que nadie les diga nada, se apartan para continuar conectados con su equilibrio de energía.

Simplemente fluyen contigo sin perder conexión con ellos mismos.

¿Me sigues, *Corazón*...?
Esto es Amor...

Tú puedes hacer lo que desees.
Eres libre para actuar desde la culpa, eres libre para actuar desde el miedo, libre para evitar la soledad como consideres, libre de sentirte en débito con quien quieras, si es eso lo que deseas.

Pero no lo llames *Amor*...

Necesitamos **Libertad.**

Libertad para dar...
Libertad para decidir...
Libertad para hacer o no hacer...
Libertad para Amar a quien desees y sientas.
Libertad para llegar hasta donde Tú necesites llegar...

Libertad

Es uno de los *Dones más Sagrados* que tenemos en esta *Vida*.

La Libertad con la que los niños nos brindan Amor tendría que ser nuestro referente.

Están en presente absoluto, entregando la mejor de sus sonrisas y cuando sienten que deben retirarse, **se van**...
Libres de culpa, libres de condicionamientos, libres de miedos.

Se nos ha enseñado a relacionar el sacrificio con el *Amor*.
Se nos ha enseñado que cuanto más sufres por otro, más estás amando.
Cuanto más difícil y doloroso sea el trance, "parece" que más amas a ese *Ser*.
   Y esto nos ha privado de *Libertad para Amar*.

> "Prefiero ser odiado por lo que soy, que amado por lo que no soy".
> **Wayne Dyer**

El Amor no es deber.
El Amor no quiere sufrir.
El Amor no culpa...

Todo sentimiento, toda emoción o acción que lleves a cabo sin *Libertad*, no hablará de *Amor*.

Si haces algo por el deber de hacerlo...
Es una deuda, no es *Amor*.

Si haces algo sin *Libertad*, tampoco hablamos de *Amor*.
Cuando eres "esclavo" de una ideología, de una religión, de un sistema, de una familia, de una pareja, de un amigo...

Estás condicionad@ por tu **falta de Libertad**.

Y lo que hagas estará teñido de prohibiciones.

"Libertad no es dejar de comprometerse.
Es dejar de hacer lo que uno no quiere".

Pablo Coelho

Si no tienes *Libertad*, no actúas desde el *Corazón*...

> "*Claridad* significa
> estar consciente de ti mismo
> todo el tiempo"
>
> **Deepak Chopra**

CLARIDAD

Para poder elegir en la *Vida* es necesario tener **Claridad.**

Claridad no para elegir desde la mente, no para optar por la opción más lógicas, sino **Claridad para poder vivir en Paz**.

No es broma esto...

Te hablo de **Claridad suficiente para elegir lo que deseas que sea tu *Vida***. Te hablo de poder elegir con la mayor *Lucidez*.

Te quiero indicar ahora un ejercicio que creo que te puede ayudar.

Cuando te encuentres en la necesidad de tomar una decisión importante en tu *Vida*, algo que verdaderamente te inquiete y te quite el sueño, coge un folio, un boli y escribe, de manera objetiva, la situación que tanto te preocupa y la decisión que te gustaría tomar.

Concretando en una o dos palabras eso que tanto te agobia.

SITUACIÓN: _____

Y más abajo, el resto del folio lo divides en **cuatro partes iguales.**

Y en cada una de ellas, como te indica el esquema de la página siguiente, ve haciendo una lista y anotando todas y cada una de las ideas relacionadas con:

1.- Los aspectos **positivos de hacer eso o de tomar esa decisión.**
2.- Los aspectos **negativos de hacer eso o de tomar esa decisión.**
3.- Los aspectos **positivos de no hacerlo**.
4.- Los aspectos **negativos de no hacerlo**.

Y apuntas todas las ideas que te vengan en estos cuatro sentidos. Puede ser que lo finalices en un momento o que te lleve más tiempo del que habías previsto al principio.

Es importante que lo rellenes hasta donde sientas y quizás al día siguiente o en otro momento, retomes el ejercicio, porque las ideas y las soluciones pueden irte llegando poco a poco de manera inconsciente y así ir añadiendo lo que en un principio no concebías.

Aspectos + de hacerlo	Aspectos + de no hacerlo
- - - - - -	- - - - - -
Aspectos – de hacerlo	**Aspectos – de no hacerlo**
- - - - - -	- - - - - -

Te pongo un ejemplo:

SITUACIÓN: Separarme de ....(tal persona)........

Aspectos + de hacerlo	Aspectos + de no hacerlo
- Me sentiría más libre. - Tendría más tiempo para mí - Los niños estarán más tranquilos - Estaría más cerca de ....X......... - Ya no escucharía gritos cada día. - Saldría de este círculo social...	- Tendría más dinero a final de mes - - - -
Aspectos – de hacerlo	Aspectos – de no hacerlo
- Pagaría abogados y separación. - Pasaría menos tiempo con los niños.- - - -	- Volvería a lo mismo. - Autoestima por los suelos. - Emplearía todo mi tiempo en la familia. - Dejaría mi proyecto laboral. - Me alejaría de mis amigos - Los niños estarían más nerviosos...

En fin, **entrégate al ejercicio.**
Trata de escribir todas y cada una de las ideas que te vengan a la mente y al *Corazón* en cada uno de los apartados.
Te aseguro que es un ejercicio muy revelador.

Cuando sientas que esté terminado, coges otro folio, lo vuelves a dividir en 4 partes y colocas igualmente las 4 categorías antes señaladas. Puede que este paso te parezca repetitivo, pero te ayudará.

En ese segundo folio escribes nuevamente cada uno de los comentarios de cada apartado pero ahora con el verbo en tiempo presente: siento, tengo, están, escucho, puedo, vuelvo, salgo, pago, consigo...
Es más impactante.

Y cuando hayas rellenado y terminado los cuatro ámbitos en presente, léelo y **obsérvalo,** las veces que lo necesites, porque te ayudará a aclarar muchas cosas de las que, quizás, no estabas siendo del todo consciente.

Todo lo que hayas escrito te ayudará a elegir. Quizás ya a primera vista puedas sacar alguna conclusión, pero aún así, **obsérvalo y medita** frente a cada uno de los cuatro apartados.

Mi experiencia es que es más adecuado elegir y decidir aquello frente a lo que sientes *Paz*, optar por aquellos aspectos que te hagan sentir más *Serenidad* y más *Calma*. Simplemente porque **te hace vivir en mayor Coherencia contigo**, no porque haya una manera de vivir correcta y otra incorrecta.

Cuando te hablo de *Coherencia* contigo, me refiero a **vivir en *Paz*** con aquello que sientes y crees, con lo que habita realmente dentro de tu *Corazón* y quizás no eres del todo consciente.

Este ejercicio sencillo **te puede hacer sentir mucha tranquilidad** ante las decisiones importantes que debas tomar en la *Vida*.

       Pruébalo.
         Te ayudará…

> "La soledad aceptada
> nos lleva a encontrar
> nuestro propósito en la vida".
>
> *Paulo Coelho*

LA SOLEDAD DEL GUERRERO

Seguro que has oído hablar de *La Soledad del Guerrero*.

¿Y a qué se refiere esto, Corazón...?

Te lo explico más detenidamente...

Cada uno de nosotros ha venido a este mundo y ha encarnado en un **cuerpo** individual, en una materia concreta. Procedemos de una realidad en la que la vibración lumínica es muy alta y aquí vivimos en otra **realidad corpórea**, a una velocidad más lenta de *Luz*.

Podríamos decir que, individualmente, venimos con unas **asignaturas pendientes** y que, más tarde o más temprano, las tenemos que enfrentar.

La condición humana trae consigo el hecho de estar encarnado en un cuerpo, de vivir y de sentir que somos realidades físicas diferentes. Esto conlleva una **sensación de soledad profunda** que va acompañada de la idea de estar "separado" de todo lo demás.

Esta experiencia de sentirnos separados en el fondo sabemos que no es cierta, ya que hasta la *Ciencia* ha demostrado la *Unidad que Somos* en varios experimentos científicos de *Física Cuántica*.

Sabemos que no estamos solos, que incluso, en términos científicos, existe una *Consciencia Inteligente* que unifica el campo vibracional y cuántico en el que existimos, en el que *Todo Existe*. Pero aún así, sabiendo todo esto y aunque estemos rodeados de gente que nos ama, la **sensación de soledad** es inevitable.

Es una soledad humana, que nos pone delante de todos nuestros miedos, por eso tratamos de escaparnos de ella una y otra vez.

Y NO PUEDES EVITAR QUE LLEGUE A TI

> "Las personas hacen lo que sea, no importa lo absurdo, para evitar enfrentarse con su propia alma."
> ***Jung***

Yo diría que la soledad del guerrero es nuestra cita con la *Verdad* de lo que somos.

Llega un momento en el que la *Vida* nos pone frente a nuestros mayores temores, nuestros miedos más íntimos y frente a todo aquello que aún tenemos pendiente.

Y cuando llega ese momento, no te puedes escapar.
	No lo puedes frenar.
			Llega...

Son batallas que se libran en soledad. Y algunas pueden parecer más duras que otras, pero siempre es la propia persona que las vive quien le otorga el grado de dureza o ligereza con el que las acepta vivir.

Cuando te hablo de la **soledad del guerrero** me refiero a:

- Una adicción y la lucha por salir de ella: droga, ludopatía, delincuencia, alcohol, relación tóxica, bulimia, anorexia...
- Vivir con el diagnóstico de una enfermedad concreta.
- Reconocer las consecuencias graves de un posible accidente.
- Asumir un fracaso serio y definitivo de un negocio.
- No poder tener hijos, aún habiéndolo intentado todo.
- Confiar profunda y totalmente en alguien y descubrir que la realidad es muy distinta a la que creías.
- Luchar por tus sueños y no ver resultados.

- Lidiar y vivir con alguna minusvalía.
- Ver derrumbarse ante ti todo aquello que habías construido paso a paso en tu *Vida*.
- Sentir en lo profundo de tu *Corazón* que hagas lo que hagas no consigues respetarte ni amarte.
- Un odio o resentimiento profundo que no logras trascender.
- Una sensación profunda de soledad que no sabes de dónde viene ni sabes cómo sanar.
- Una sensación profunda, muy profunda, de poca valía…

Seguiría poniéndote ejemplos porque la lista sería interminable.

Tan interminable como *Seres* han vivido en esta *Tierra*, porque **cada uno de nosotros es un guerrero que atraviesa esta soledad y se enfrenta en algún momento de su *Vida* a aquello que más teme.**

> "Ningún árbol, suele decirse, crece hasta el cielo sin que sus raíces alcancen el infierno"
> **Carl Jung**

Y no consiste en irnos a vivir sol@s.
No tiene nada que ver con eso, aunque en algunos casos se requiere esa soledad.

Es un momento de la *Vida* en el que, aunque estés rodeado de gente que te ama, lo que has de enfrentar y trascender solo lo puedes hacer tú. Por eso se habla de la soledad del guerrero, porque eres tú quién único puede afrontarlo.

No hay ayudas aunque las tengas. Te lo encuentras de frente y has de ir a por ello. Solo TÚ has de reconstruirte, solo TÚ has de levantarte, solo TÚ puedes salir de tus pozos más oscuros.

Ahí empieza *La Soledad del Guerrero*.
    Y es un **camino en soledad.**

No porque no tengas al *Universo* entero de tu lado, sino porque eres SOLAMENTE TÚ quien puedes lidiar y trascenderlo.

SOLAMENTE TÚ…

El guerrero/a se da cuenta de su vulnerabilidad, reconoce lo que le pasa y lo que tiene que hacer, sabe dónde reside su más profundo dolor y tira para adelante como sabe y como puede. Y se da cuenta de que en esta empresa de su *Vida* está solo o sola, porque existencialmente, es necesario que sea así.

Cada lucha es única, con sus matices individuales. Cada *Ser* le pone un nombre distinto a su batalla.
Y la tiene que lidiar…

En el fondo no es otra cosa que la experiencia que nos lleva a TODOS a **desenmascarar los miedos** para comprobar que son solo fantasmas sin ningún poder.

Porque tras la soledad del guerrero descubres *La Fortaleza y La Esencia Divina que llevas dentro de Tu Corazón*.

QUÉ HAY DETRÁS DE ESTA SOLEDAD

Tras esta lucha del guerrero acabas sintiendo que no existe la soledad y que hay otra manera diferente de VIVIR y de concebir la *Vida*.

Que ya nada te asusta, que ya nada te da miedo y que, pase lo que pase, esa experiencia tan solo te ha fortalecido y ha hecho de ti un *Ser más Consciente*.

Por eso se alude a un guerrero y a su soledad.
No se trata de aislarse del mundo. No tiene nada que ver con eso.
Se habla de la soledad porque **es una lucha en la que estás solo Tú**.
Solo contigo…

Yo digo que es una batalla entre

LA VIDA y LA MUERTE.

Y no juego con *Palabras*…

Te hablo desde la experiencia y desde los términos que utilizan muchas personas en consulta para describir estos procesos y en

Enfoque

donde me confiesan esta tremenda y a veces despiadada batalla vital.

Es la batalla de la *Vida*.

Cuántas personas no pueden con la dureza de esta experiencia que te cuento y necesitan recurrir a la medicación. Cuántas personas que se han encontrado con esta lucha en su *Vida* han caído en una adicción.

Cuántas personas se han encontrado ante este momento y han optado por la vía del suicidio.
No son palabras...
Sé de lo que te estoy hablando.

Es una durísima batalla entre el...

         PUEDO y NO PUEDO

         VALGO y NO VALGO.

Entre   **LO MEREZCO** o NO LO MEREZCO

         ES JUSTO o NO ES JUSTO

         QUIERO VIVIR o QUIERO MORIR

         LA BENDICIÓN o LA DESTRUCCIÓN de mí mism@.

Ese momento de *Franqueza y Verdad* frente a uno mismo es ineludible.
En algún momento de nuestra *Vida* hemos de tomar contacto con esta soledad, porque nos busca.
De una u otra manera, nos busca.
         Y nos encuentra...

Y cuando nos ponemos delante de ello, es un momento duro.
Muy duro...

Y es nuestra responsabilidad **transformar** esta franja de vulnerabilidad.

Porque como *Seres Divinos* que hemos de aprender a salir victoriosos de todas estas batallas, porque ahí surge **el guerrero y la guerrera** que ya no teme a nada, porque ha traspasado los miedos.
Ha trascendido aquello para lo que ha venido a esta *Tierra*.

El guerrero/a se siente frágil. Y tras esta experiencia encuentra su *Victoria*.
Si no trasciende esta vulnerabilidad, no encuentra su *Fortaleza*.

Hemos venido a este mundo entre otras cosas a **aprender a trascender nuestra fragilidad y a descubrir y a desarrollar el *Enorme Potencial* que siempre ha estado con nosotros y que llevamos dentro,** TODOS Y CADA UNO DE NOSOTROS.

Esto es el DESPERTAR.
Y es inevitable...

Ten en cuenta que atravesar esta soledad, atreverte a enfrentar tus mayores desafíos, ser capaz de superar esta **Humana Experiencia**, te hace *Grande y Consciente,* te da *Sobriedad* y te da *Libertad*.

Una *Libertad* que te permite elegir y vivir en el *Amor*.

Y ahora te explico por qué...

"Ayer era inteligente
por lo que quería cambiar el mundo.
Hoy soy sabio,
por lo que me quiero cambiar a mí mismo".

Rumi

REFLEXIONES

Quisiera mostrarte todo lo que siento en *Mi Corazón*...

Hacerte ver lo *Sagrado y Necesario* que es el *Amor*, la verdadera importancia que tiene el hecho de *Amarse*.

Amarse a Uno Mism@
Amarte a Ti

Comprendo que llevamos milenios aprendiendo todo lo contrario. Desde pequeñ@s aprendimos a no manifestarnos, a desvalorizar nuestras creaciones y nuestra *Energía*.
Se nos enseñó a no creernos **merecedores de lo mejor**.

Nos enseñaron siempre que primero está el **Otro** y luego **Tú**.
Nos inculcaron que **Pensar en Ti** es ser egoísta.
Nos metieron en el **Corazón** que morir a los pies de alguien es **Amor**.

Todo lo que nos rodea en la *Vida* nos ha llevado a creer que este es el *Camino del Amor*. Y la experiencia que me ha acompañado siempre me indica que el *Verdadero Sentido del Amor* es otro.

> En un momento de mi *Vida* me di cuenta de cómo había descuidado *Mi Luz, Mi Fuerza, Mis Proyectos y Mis Sueños*.
>
> *Y te aseguro que ha sido la experiencia más dolorosa que he vivido.*

Me di cuenta de que **Mi Energía** es un *Sagrado Tesoro* que yo no había cuidado, que había maltratado sin saber lo que hacía y que yo no había respetado.

Me di cuenta de que **había estado al lado de TODO** lo que no tenía que ver conmigo, apoyando a todos…
A todos, menos a mí misma.

Que **había cuidado de todo** lo que me rodeaba, pero que no me había cuidado a mí.

Que siempre **tenía tiempo para todo el que me pedía ayuda**, pero nunca tenía tiempo para mí.
Que pasaba los días de mi *Vida* volcada en los demás.
Y que para mí…
… yo no existía.

Yo había aprendido que los demás estaban antes que yo.

No estoy buscando culpables, entre otras razones porque no los hay.

La Vida, la cultura en la que nací, la educación que recibí, los cánones religiosos en los que me crié, todos los aprendizajes inconscientes que vulneraron los límites de mi *Consciencia*, se encargaron de hacerme saber que yo tenía que estar en el último lugar si quería *sentirme buena persona*.

Y me di cuenta de que **Yo, ya era una buena persona**. No necesitaba ponerme a los pies de nadie para serlo. No necesitaba olvidarme de mis *Sueños* para ser una persona sencilla y humilde.

Ya yo era *Luz*, ya yo era *Amor* antes de aprender todas estas "ideas equivocadas" sobre la espiritualidad.

Muchas veces siento que se nos adiestró para ser sumis@s.

Seguro que puedes entender cómo, a lo largo de nuestra educación, se usó igualmente la culpa para presionarnos y lograr que nos sintiéramos egoístas por desear llevar a cabo nuestros sueños.

Se nos privó de nuestra **Libertad para elegir**.
Se nos dirigió...
        ... en el nombre del *Amor*.

> Se nos preparó para servir, se nos enseñó que teníamos que dejar a un lado nuestros deseos porque eso era ser egoísta. Se nos educó para callar, porque eso era ser insolente. Se nos enseñó a silenciar y a renunciar lo que nuestra *Alma* gritaba y necesitaba, porque eso no era espiritual.

Y todos esos cánones y aprendizajes inconscientes me acompañaron en mi *Vida*, año tras año, hasta que, la propia *Vida* me puso frente a mí misma, frente al límite de lo soportable.

Y me di cuenta de que yo, al aprender todo lo que me enseñaron, me había convertido en mi propio enemigo. Yo no necesitaba verdugo, porque ya era yo misma la que había aprendido a hacerlo.

Aprendí a maltratar *Mi Energía*.
Era yo quien acabé descuidando *Mi Luz*...

... *Mis Palabras, Mi Cuerpo, Mi Descanso, Mi Ritmo, Mis Necesidades, Mi Alegría, Mi Ser*...

Era yo la persona que me estaba maltratando.

Te aseguro que cuando me di cuenta de esto, sentí tanta vergüenza de mí misma... Cómo había descuidado el Tesoro más hermoso que me había dado la Vida:
        Yo misma.

Entonces me pregunté:
¿Cómo me atrevía yo a hablar de *Amor*, cuando yo no era capaz de *Amarme* a *mí misma*?
        ¿De qué *Amor* estaba hablando yo...?

No es sencillo llevar a *Palabras* esta toma de *Consciencia*. Ojalá lo fuera, porque cambiaría la *Vida* de muchas personas.

No es fácil tomar *Consciencia* de esto que te digo.

Pero aún así, voy a llevar este mensaje a todo aquel que necesite escucharlo, porque deseo profundamente que todo *Ser Sintiente* sienta esta *Bendición* que yo sentí el día en que me di cuenta de que...

El Amor empieza por mí.

A partir de ese momento, mi *Vida* dio un vuelco.

Empecé a mirarme *y a bendecirme...*
Empecé a escucharme *y a bendecirme...*
Empecé a sentirme *y a bendecirme...*

Fue como un *Mágico* momento en el que Me Comprometí Conmigo.

Soy Mujer de Palabra...

La gente que me conoce sabe que lo que digo y a lo que me comprometo, lo cumplo. Muchas personas habían escuchado mi compromiso con ellos, con sus *Vidas*, con sus necesidades, mi compromiso con los demás, pero yo no me había dado **mi Palabra a mí.**

Yo no me había comprometido conmigo misma a cuidar de *Mi Energía*.
Era *Mujer de Palabra* con todos, menos conmigo...

¿Me sigues *Amor*...?

Y cuando me di cuenta de esto, se me abrió *El Universo entero ante Mí*.

Por eso escribí *Este Libro*, con la idea de brindarte mi manera de sentir, para compartir contigo lo que llevo en mi *Corazón*, por si eso puede iluminar tu *Consciencia* y ayudarte en el *Camino que desees elegir en tu Vida.*

Yo, hace ya tiempo que aprendí de todo esto.

Ahora te lo ofrezco a ti...

¿POR QUÉ EL SER HUMANO SE HACE DAÑO...?

Si *Nuestra Energía es Divina,* si somos *Luz y Amor...*
Si nuestra *Esencia* es *Sagrada...*

¿Por qué el ser humano se hace tanto daño a *Sí Mismo*...?

No me refiero al daño que puede hacer a otros, me refiero al daño que se puede hacer a *Sí Mismo.* **Es algo sobre lo que medito siempre y me estremece sentirlo.**

Si *Nuestra Esencia* es *Divina...*
¿Por qué el ser humano no se ama...?
¿Por qué el ser humano se autodestruye si su *Energía es Sagrada*?

¿Ves como hay algo que no cuadra...?

¿Qué mueve a tantas personas en su *Vida* a dejar de cuidarse?
¿Por qué hay personas que dejan de respetarse, de bendecirse y se abandonan...?

¿Dónde empieza este desamor hacia *Uno Mismo*...?
Porque este abandono, este auto-desprecio, **este maltrato** en el fondo, porque así lo percibo, lo he visto en mucha gente.

¿Dónde empieza todo este desamor...?

Lo aprendemos.

Aprendemos la manera con la que nos tratamos a nosotros mismos.
Aprendemos a mirarnos como nos miramos.
Aprendemos la forma con la que nos respetamos.

Aprendemos a no amarnos.

He visto este desamor en mucha gente. Y créeme que sé de lo que te hablo...
Este desamor es aprendido.

Nuestra Esencia no vibra en esa falta de *Amor*.

El ser humano, antes de encarnar en este planeta viene de una *Elevada Frecuencia de Amor Incondicional*.

¿Qué sucede entonces...?
¿Dónde se pierde el *Ser* humano?

Desde muy pequeñ@s, ya desde la concepción, e incluso antes, empezamos a recibir influencias del entorno en el que vamos a encarnar. Es **información inconsciente** que recibimos desde esta etapa previa al nacimiento.

Podría darte más datos en este sentido, pero simplemente te voy a comentar que desde tiempo antes de tu concepción, *Tu Energía* ya se está preparando, recibiendo información e integrando estructuras energéticas y vibracionales del entorno en el que vas a vivir y en el que vas a encarnar.
Mucho antes de ser concebid@...

Con lo cual, imagina esta realidad previa y todo aquello que ya, desde ese momento, ha podido estar vinculándose e influyendo en ti a nivel vibracional e inconsciente. Toda esta realidad e información va formando tu manera de pensar, tu manera de ser, tu experiencia vital, y por lo tanto, tu manera de concebir la *Vida*.

Ya desde este momento se empiezan a integrar formas de comportamiento **inconscientes,** ligadas y relacionadas directamente contigo y, a todas luces, **vinculantes.**

Calcula esta fecha en tu *Vida*, nueve meses antes de tú nacer.
E incluso, vete algo más atrás...

Y trata de sentir qué podía estar sucediendo en estos momentos en tu familia y en el entorno social y cultural en el que ellos se movían y vivían, porque **toda esa información** la llevas integrada en tu inconsciente, aunque nadie te haya dicho nunca nada sobre ello.
Es tremendo esto...

Y ahora añádele toda la información que conlleva **tu concepción**, es decir, la manera en la que tuvo lugar y se realizó, las connotaciones inconscientes de *Tus Padres* en este sentido y todo lo que pueda o pudo influir directamente en ella.

Y todo esto, a nivel inconsciente es información que llevas integrada en ti, aunque creas que no te afecta o no te influye.

Y ahora continúa añadiendo toda la batería de experiencias, sensaciones y emociones que pudiste sentir **durante 9 meses** o los que hayas estado en el vientre materno, y toda la información que todo ello ha podido hacerte llegar a tu inconsciente.

Y aún no has nacido…

Ahora, a todo eso, sigue sumándole todas las experiencias que hayas podido tener en relación **al parto, a cómo sucedió y a todas las experiencias y sensaciones relacionadas con tu lactancia**.

Hasta esta etapa de la *Vida* todo lo que se experimenta y se vive tiene que ver con aprendizajes inconscientes, recibidos a través de vivencias sensitivas, primarias, primigenias o ancestrales, en el sentido más literal del término.

Lo que sucede es que todo esto que aprendes inconscientemente configura tu estructura de personalidad, tu manera de sentir y de concebir la *Vida* y que será la base estructural de tu futuro comportamiento.

Y luego, a todo eso súmale, evidentemente, todas *las* ***experiencias de los primeros años de Vida***.

Si necesitas escribir algo aquí sobre esto…

_____

_____

_____

_____

Estas primeras etapas son de vital importancia para *La Vida de un Ser*.

Soy muy *Consciente* de toda la influencia que tienen estas vivencias tempranas y previas al nacimiento, así como del poder y el peso de todas las experiencias que atraviesa una persona a lo largo de su *Existencia*.

Te muestro aquí un gráfico en el que se ven representadas las tres etapas fundamentales de la *Vida* de un *Ser*:

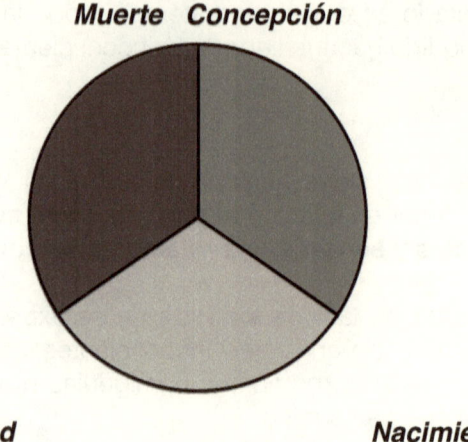

1º: Desde su concepción hasta que nace.
2º: Desde su nacimiento hasta la pubertad.
3º: Desde la pubertad hasta su muerte.

Los tres períodos son equivalentes entre sí, porque en cada uno de ellos se recibe aproximadamente la misma cantidad de sensaciones, experiencias, vivencias, aprendizajes e información, consciente e inconscientemente.

Las tres etapas son equiparables a nivel emocional, físico, mental y existencial.

A simple vista, y observando el dibujo, te puedes hacer una idea del poder de la información que se aprende en cada una de ellas; de cómo influye y se manifiesta esta **información inconsciente** en cada una de las etapas y de la equivalencia energética y vivencial que existe entre ellas.

Es importante tomar *Consciencia* de esto.
TODO lo que vive un *Ser* desde su concepción hasta su nacimiento, **equivale en intensidad y fuerza** a todo lo que experimenta en la etapa que va desde su nacimiento hasta la pubertad.

Y a su vez, equivale en intensidad a todo lo que vive desde la pubertad hasta su muerte.

Cada una de ellas equivale en intensidad y fuerza a la totalidad de experiencias que un ser humano tiene desde que alcanza la pubertad hasta el momento de la muerte.

Es tremenda esta información, porque nos pone frente al poder y la intensidad de todos los aprendizajes que se graban y se asumen, inconscientemente, en el período de vida intrauterina.

Observa que cada uno de estos tres grandes períodos de la *Vida* tiene aproximadamente el mismo nivel de influencia, son equiparables entre sí en intensidad y profundidad vivencial.

Por eso, si realmente sientes que en el fondo de ti existe una desgana por vivir, un rechazo profundo a quién eres. Si realmente sientes ese *desamor* del que te he hablado antes, es importante que sopeses y reflexiones en qué ha podido influir en tu *Vida* todo este período previo a la concepción y a tu nacimiento.

Incluso puedes indagar sobre cómo vivió tu madre el embarazo tuyo, porque gran parte de esa falta de *Amor* a ti mism@ proviene de los aprendizajes integrados a nivel inconsciente en estas primeras etapas de tu *Vida*.

Y tú dirás…
¿Qué hago con esto…?

Pues ahora que lo sabes, es muy importante que comprendas que la información recibida en todos estos aprendizajes y experiencias **se puede transformar y cambiar**.
Porque solo es información.

Todas las experiencias y vivencias percibidas mientras estabas en el útero materno, esta sensación de desamor, esta información que has podido recibir en estas primeras etapas, todo esto que has vivido, **es transformable**.

Todo esto lo puedes cambiar.

Son **aprendizajes que, aunque hayan sido muy duros, existencialmente los necesitabas** para poder transformarte y evolucionar. Dolorosos muchos de ellos, pero necesarios para aprender.

No te olvides de que LO APRENDIDO, no eres *Tú*.
Es la experiencia que necesitabas para crecer a nivel existencial.

Por eso es tan importante tomar *Consciencia*.

Primero es necesario mirarlo de frente, ponerle nombre a cada uno de estos erróneos aprendizajes, sentir cómo te afectan, cómo te han condicionado la *Vida*, qué tienen de real, cómo te obstaculizan el *Camino*, cómo te han hecho creer que el *Amor* es otra cosa...

Valorar cómo han podido estas ideas erróneas, estos aprendizajes, manipular y condicionar tu *Vida*.

Hay mucha gente que no se ama, que no se acepta, que no se cuida, que siente desprecio hacia sí misma y que se abandona en muchos sentidos.
Son gente como tú, que quizás con toda seguridad, en las primeras etapas de su *Vida* aprendió a no quererse, a no amarse y a despreciarse.

Si deseas descubrir en qué ha podido afectarte a ti toda esta información, sitúate ahora en lo que te acabo de decir, porque seguro que en algún momento o etapa intrauterina, en algún instante de estas etapas previas a tu nacimiento aprendiste y "aceptaste" no quererte.

Observa de qué manera aprendiste desde pequeñ@ a dejar a un lado lo que te hacía feliz para hacer otras cosas que, quizás, le hacían felices a tus *Padres*, a tus profesores, a tus cuidadores, a la sociedad o a la cultura en la que naciste.

Date cuenta de cómo dejaste tus deseos, tus ilusiones, tus inquietudes y *Tu Energía* a un lado, para que la de otros estuviera en primer lugar.

Observa en qué rincón del *Camino* dejaste a un lado esa **Esencia que Eres y que has sido Siempre**. Cuántos años tenías cuando notaste que se rompían tus ganas de vivir y tu *Alegría*, a qué edad sentiste por primera vez esa desconexión con *La Vida*.

Porque ese es el primer momento en el que *Tu Ser* experimenta la desconexión con *La Energía Sagrada que Eres y de la que provienes*.

La primera experiencia consciente de desamor.

Quizás también, en el tiempo previo a tu concepción, la familia estaba rodead@ por circunstancias que venían acompañadas de una *Energía* que no deseaba la *Vida* y de las que tal vez no tenías constancia.

- Dificultades económicas de tu familia en aquellos momentos.
- Embarazo no deseado.
- Abortos de tu madre previos a tu nacimiento.
- Miedo al sexo y a lo que tuviera que ver con él.
- Concepción obligada o "forzada".
- Maltratos físicos o psicológicos.
- Embarazo tardío y vergüenza de ello.
- Esperar un niño y que llegue una niña.
- Esperar una niña y que venga otro niño.
- Desprecio y vejación a la mujer.
- Odio y desprecio al hombre.
- Enfermedades que existían en el entorno…

Indágalo, *Corazón*…
      Tal vez pueda ayudarte.

Son circunstancias y realidades que pudieron influirte a nivel inconsciente en tus primeros años de *Vida* y que en el fondo no te han enseñado a **Bendecirte**, a **Amar quién Eres** y a desear la *Vida* o a poder agradecer el haber venido a este mundo.

Es importante analizar cada caso, porque cada *Ser Sintiente* tiene una estructura de experiencias fuertes, que ha influido y sigue influyendo en su *Vida* hasta que las hace *Conscientes*.

Lo que sí es obvio es que este desamor del que te hablo, esta tendencia a no querernos, ese daño que se hace el ser humano a *Sí Mismo*, en gran parte y con total seguridad **tiene su origen en estas primeras etapas de la *Vida*.**

¡Pero, recuerda…!

Eso no tiene nada que ver con tu *Esencia*. Tú no eres todas estas circunstancias. **Tú perteneces a una Energía que es Divina**, con la que viniste a este mundo y con la que has de conectar de nuevo en esta *Vida*.

Me gustaría en este momento hacerte reflexionar sobre algo que a mí me transformó profundamente.

Antes de explicarlo, te comento, como he hecho en otras ocasiones, que las reflexiones y mensajes que comparto y expreso en *Esta Trilogía* son al margen de cualquier credo o confesión.

En ocasiones nombro a *Grandes Maestros*, *Seres de Infinito Amor Incondicional* como pudo ser **Jesús de Nazareth** - *Joshua o Jeshua ben Joseph* - como realmente sonaba su nombre en hebreo.

Para mí, **Uno de los Grandes Maestros de la Luz y del Amor**.

Pero me gustaría que quedara claro que si en algún momento lo nombro o lo pongo de ejemplo, no trato con ello de abanderar ninguna causa religiosa ni de defender ningún dogma o confesión. Te hablo desde la *Sagrada Enseñanza e Influencia* que ejerció en el pensamiento y la espiritualidad de toda Humanidad.

Se convirtió en la figura y el arquetipo del *Amor* por excelencia y sus enseñanzas están grabadas inconsciente y profundamente en la mente y en la experiencia del ser humano. Es desde ahí desde donde deseo hacerte reflexionar en estos momentos.

Supongo que estarás de acuerdo en el hecho de que sobre la *Vida de Jesús-Joshua* hay mucho escrito, no solo en la *Biblia* sino en otros documentos, tablas o papiros encontrados en fecha posterior a su muerte. Y quizás tú también intuyes que, entre tanta información, probablemente, durante tantos siglos, pueden haberse relatado hechos que no hayan sido del todo fieles a la realidad o ideas no del todo acertadas en relación a lo que realmente sucedió.

Podríamos incluir **matices muy sorprendentes en este sentido**, pero lo voy a emplazar para otro momento y otro foro, ya que la información que me gustaría compartir y transmitir necesitaría más tiempo y debate y quizás otros recursos diferentes a la escritura para poder exponerlo con el detenimiento y el respeto que la información merece.

Solo deseo que nos centremos en el relato que, en mayor o menor medida, todos conocemos y en el que se describe su crucifixión.

Tan solo es necesario que te sitúes en lo que conoces de este hecho.

Las Escrituras dicen que *Joshua-Jesús* sufrió muchísimo, que vivió todo un calvario, que fue azotado, humillado, mortificado, maltratado y herido con una corona de espinas, ultrajado, escupido, empujado y sometido antes de ser clavado en la cruz.

Una vez allí, siguió recibiendo tortura con una lanza en el costado atravesando humillaciones y vejaciones, entre ellas la de hacerle beber hiel.

Ahora quisiera que te situaras en esta reflexión:
Se supone que en estos momentos previos a la muerte, después de haber vivido todo este maltrato, todas estas vejaciones y humillaciones, *Jesús* debía ser el *Ser* más cercano al *Padre*.
¿Verdad...?

Se supone que después de todo este sufrimiento y en los momentos previos a su muerte, *Jesús* debía ser el hombre más cercano a *Dios*, más cercano a lo *Divino*.
¿Verdad...?

¿O habría en ese momento algún *Ser* en esta Tierra más cerca del *Padre* que *Él*...?
　　　La lógica nos dice que no... ¿Verdad...?

Se supone que *Jesús* era el *Ser* que más cerca de *Dios* estaba después de haber hecho todo lo que hizo.

¿Me sigues, *Corazón*...?

¿Si esto es así, por qué sintió que el *Padre* le había abandonado...?

¿Por qué después de toda la "entrega" de su sufrimiento, después de la agonía y de todo lo que hizo, se da cuenta que el *Padre no está con Él*...?
    Piénsalo...

He hablado en muchas ocasiones de este tema.

No es fácil para algunas personas, porque entran en juego muchos miedos y dudas, muchos dogmas aprendidos. Y por ello encuentran respuestas muy similares a lo que han recibido.

Hay gente a la que le he hecho esta misma pregunta que te acabo de hacer ahora a ti. Algunos de ellos me llegaron a decir que quizás esa fue la última tentación de Jesús.

Y te aseguro que **no sé cómo calificar esta respuesta.**

¿De verdad *Tú* imaginas un *Dios* que después de ver todo este sufrimiento, este maltrato durante tantas horas, este derramamiento de sangre, esta humillación, esa destrucción de un cuerpo de manera tan cruel y despiadada... Te imaginas a un *Dios* que en semejante inhumana agonía todavía **le da una vuelta más de tuerca** y lo tienta...?

¿Le otorgas a Dios este sádico comportamiento...?
Me parece que no invocamos al mismo *Dios*, a la misma *Luz*...

Me estremece pensar que todavía puede haber gente que sienta que *Dios* hace o piensa semejantes cosas.

> "El hombre, en su orgullo, creó a Dios a su imagen y semejanza"
>
> ***Friedrich Nietzsche***

Qué razón tenía Nietzsche cuando afirmó esto, porque estaba convencido de que el hombre le había atribuido a *Dios* la crueldad, el sadismo y la violencia propia del ser humano.

Enfoque

Estoy total y completamente convencida de que no existe un **Dios Amor** que haga ni piense semejantes atrocidades.

Por eso te hago estas preguntas:

- *¿Qué le sucedió a Joshua-Jesús entonces...?*
- *¿Por qué sintió que el Padre no estaba con Él...?*
- *¿Por qué Jesús dijo que le había abandonado...?*

Tómate un tiempo para reflexionar sobre esto.
Me gustaría que buscases una **respuesta coherente** y con *Sentido*.

Te dejo este espacio por si necesitas escribir algo aquí:

_____

_____

_____

_____

_____

Trata de reflexionar sobre esto que te planteo antes de continuar leyendo.

Hay gente que necesita escribir para valorar ciertos matices.
No hace falta que lo hagas si no lo deseas, pero intenta encontrar una respuesta antes de continuar leyendo.

Te puede ayudar...

Y SEGUIMOS...

Cuando yo encontré la respuesta comprendí muchas cosas que hasta ese momento no había entendido.

Se supone que *Jesús* era el *Ser* en esta Tierra que más cerca estaba de *Dios* después de haber hecho todo lo que hizo.
¿Verdad...?

¿Si esto es así, por qué sintió que el *Padre* lo había abandonado...?

¿Por qué después de todo su sufrimiento, después de su agonía y de todo lo que hizo, se da cuenta que el *Padre no está con Él*...?

Yo estoy totalmente convencida y segura de que la *Energía Divina* no se había apartado de *Él*. Era *Joshua-Jesús el que*, con el sufrimiento y el dolor, se había apartado **de la Conexión con lo Divino.**

En todo caso fue *Jesús-Joshua* el que **Comprendió en este Instante** que el sufrimiento no le conducía hacia donde *Él* esperaba.
Que el sufrimiento no le acercaba a *Dios*.

Porque en ese momento se supone que *Él* tenía que estar muy cerca del *Padre*, mucho más cerca que cualquier humano...
¿Verdad...?

Y después de todo ese calvario sintió que allí no estaba el *Padre*.
Era *Él* quien se había apartado del *Padre* con tanto sufrimiento.

Soy consciente de que esta reflexión puede remover tus emociones, puede que la rechaces de antemano o incluso puede que te haga daño. No es mi intención...

En todo caso, mi pretensión es **que te acerques al Verdadero Sentido del Amor**, en todas sus manifestaciones, creencias y pensamientos.

Si el sufrimiento acercara a *Dios*, si la agonía conectara con lo *Divino*, el mismo *Jesús-Joshua* lo hubiera confirmado en **Ese Instante Sagrado previo a la muerte**, aún en *Vida*. Y hubiera expresado *Su Sagrada Unidad con lo Divino* después de todo ese sufrimiento.

Pero sintió claramente que el *Padre* no estaba allí...

Yo siento de manera clara y profunda, en muchas ocasiones, que *Joshua-Jesús*, antes de morir se dio cuenta de todo esto. Cuando realmente entendió que todo ese sufrimiento no le había llevado al *Padre*, instantes antes de morir lo **Comprendió** y entonces pudo *Entregarse*...

Sé que todo esto que te digo puede ser muy delicado para ti.

Tan solo trato de hacerte reflexionar, que observes todo esos aprendizajes, cánones y estructuras de pensamiento que has recibido durante milenios, generación tras generación.
Que reflexiones sobre todo aquello con lo que has hecho una doctrina, un credo o un dogma. Tan solo para que profundices y podamos llegar entre todos a una mayor *Comprensión* de lo que es el *Amor*.

No quisiera soliviantar tu *Serenidad* en este sentido.
Tan solo deseo que tengas en cuenta lo que te acabo de comentar, porque a mí me ayudó a comprender que mi sufrimiento, el hecho de yo sufrir, no solo no ayudaba a nadie, sino que debilitaba y destrozaba *Mi Fuerza, Mi Luz y Mi Energía*.

Me di cuenta de que el sufrimiento no acerca a *Dios*.

Que lo que me llena de *Luz*, de *Paz* y de *Amor* es precisamente apartarme del sufrimiento, bendecir quien soy, respetar mi *Camino* y mi particular manera de *Ser*.

Me di cuenta de que **lo que me acerca a lo *Divino* es *Amar quién Yo Soy***.

Y esta reflexión que acabo de compartir contigo, junto a otras experiencias profundas que he tenido en mi *Vida*, me abrieron las *Puertas de la Consciencia que Soy*.
　　　　　　　　　　Y hoy te las brindo a ti...

Por si pudieran ayudarte.

> "Nadie merece más tu amor
> que tú mismo".
>
> **Buda**

EL AMOR A TI

He querido finalizar *Este Libro* con un capítulo <u>dedicado **a ti.**</u>

¿Y por qué **a mí**...?
Dirás...

Pues porque **Tú Eres** el *Centro de tu Vida*, porque todo lo que te sucede tiene que ver contigo. Todo parte y vuelve a ti.

Todo aquello que sueñas está ligado a ti, lo que piensas, lo que deseas crear está en ti. **No puedes vivir esta *Vida* si no estás contigo**.

Todo lo que sientes, lo que necesitas, lo que imaginas, lo que deseas crear está en ti. Y si no amas lo que *Eres*, no podrás realizar lo que has venido a hacer a este mundo.

Y se quedaría sin hacer...

Tu Vida **no tiene sentido si no estás contigo, si no vives en ti.**

A veces en la *Vida* entramos en **algo parecido a un laberinto.**
Nos dejamos guiar por las ideas de otros que, bienintencionadamente nos conducen por donde ellos creen que es mejor. Entramos confiados y abiertos y la realidad que vamos encontrando nos aparta de nuestros deseos, de nuestra intuición natural, de nuestro verdadero camino y cuando nos damos cuenta estamos perdidos, sin encontrar la salida ni la referencia de cómo entramos ahí.

Yo podría decirte que en mi *Vida* he salido de algunos laberintos, porque en algunos de ellos sé perfectamente dónde está la salida...

Por eso he escrito *Este Libro*.

Todos los casos y ejemplos que te muestro aquí son historias verdaderas, no solo vividas por mí en primera persona, sino experiencias vividas por mucha gente que, en algún momento difícil de su *Vida*, confiaron en mi *Corazón*, en mi trabajo y en mi profesionalidad.

Son relatos, algunos de ellos muy íntimos, pero que reflejan cómo <u>el ser humano literalmente se pierde, creyendo que el camino</u> que ha elegido es un camino que <u>habla de</u> *Amor*.

Todas las experiencias que he atravesado en mi *Vida* me permiten contarte todo esto con la mayor *Franqueza* y con toda la *Verdad* que habita en mi *Corazón*.

Es cierto que se dice que nadie escarmienta en cabeza ajena, que nadie aprende por la experiencia de otros. Pero también es cierto que cuando uno está atravesando una etapa difícil en su *Vida* y observa un caso similar al suyo, se despiertan todas las alertas y las esperanzas de salir del pozo en el que se encuentra en esos momentos.

Mi intención al compartir contigo todas estas reflexiones es la de hacerte ver otros puntos de vista de una misma realidad y ayudarte a clarificar **cuáles quieres que sean tus decisiones en la *Vida*.**

LA AUSENCIA DE AMOR

Creemos que el ser humano tiene muchas heridas, que hay muchos tipos de dolor, pero yo me atrevería a decir que solo tiene uno.
Un desgarrador y cruel dolor...

Y ese desgarrador monstruo se llama **desamor**.

Es el laberinto en el que entra todo ser humano.
En el que has podido entrar tú.

Enfoque

Vienes a este mundo conectad@ con tu *Energía Divina*, conectad@ contigo y con tu *Luz*. Y <u>tratando de contentar a otros</u>, de hacer lo que otros necesitan, te apartas de ti...

Y comienzas a perder la referencia de quién eres, de qué es lo que te gusta, de qué te hace daño, de cuáles son tus sueños, tus necesidades y tus deseos.
                                      Y te olvidas de ti...
                                                          Te apartas de ti.

La mayor y única herida que tiene el ser humano es la herida del Amor.

Porque todos los problemas empiezan por ahí, por apartarnos de nosotros mismos. Aprendemos que aquello que sentimos no es correcto, creemos que hay algo dentro de nosotros que no está bien, que hay algo que hay que evitar, que rechazar o destruir.

Y así empezamos a dejar de querernos.

Aprendemos a considerar que lo que hacen otros es mejor, que las ideas de otros son más interesantes; aprendemos a despreciar **eso único que tenemos dentro**, eso que a cada uno de nosotros nos hace un *Ser* irrepetible y especial.

Dejamos de amarnos, dejamos de cuidarnos, dejamos de bendecir lo que sale de nosotros.
                                  Y nos perdemos en ese laberinto.

Eso es lo que hemos aprendido a hacer.
Eso es lo que ha aprendido el Ser humano.

Y esa es su única y gran herida.
                                  Todo lo demás deriva de ahí...

Todo empieza ahí.
Si uno no se ama a sí mismo, es imposible mirar con *Amor* a otros.
No puedes amar si tú no tienes *Amor* para ti.

Es imposible...
                      Imposible.

El amor a ti mism@ es el que te cuida, es el que te respeta, el que te bendice, te alimenta, te honra y te hace brillar...

El amor a ti.

Es el mapa de salida del laberinto.
No hay otro manual.

Cuando yo descubrí que **la salida consistía en amarme**, comprendí para qué había venido yo a este mundo.

> **Me di cuenta de que la salida del laberinto del desamor era el *Amor* a mí misma.**

Y entonces...
Aprendí a *Cuidar la Energía de todas y cada una de Mis Acciones*, a ser consciente de cada uno de *Mis Actos*, a devolverle la *Dignidad* a cada una de *Mis Palabras,* de *Mis Pensamientos*, a llevar a la práctica todos *Mis Proyectos* y a llenar de *Vida y de Luz* cada uno de *Mis Sueños*.

Aprendí a *Bendecir La Energía que hay en Mí* y que cada día me habla de *La Maravillosa Existencia* de la que formo parte.

Sentí profunda y claramente que El Amor empezaba por Mí.

Yo también crecí, como muchas personas, aprendiendo a soportar situaciones que me hacían mucho daño. Aprendí a quedarme atrás, a ceder siempre, a no expresar mis deseos ni mis necesidades.

Mi educación estuvo basada en estos cánones de renuncia que yo relacionaba una y otra vez con *lo Divino y lo correcto*.

Aprendí a callar, porque se suponía que eso era *Amor*.
Aprendí a renunciar, porque se supone que la renuncia implicaba amar a otros.
Aprendí a quedarme la última, porque se suponía que así yo amaba a todos los que había dejado pasar por delante de mí.
Aprendí a no desear aquello que deseaba...

Enfoque

Aprendí a ceder mis oportunidades, porque se supone que eso era amar a otros.

A partir de los 15 años, las circunstancias que viví provocaron que todos estos aprendizajes empezaran a derrumbarse.

Los arquetipos aprendidos sobre el sufrimiento empezaron a resquebrajarse, todos los dogmas que había aceptado como correctos empezaron a desmoronarse frente a mí.
Uno tras otro...

Y tras este derrumbe, encontré la salida.
Me di cuenta de que el *Amor a mí es el primer paso para comprender el Verdadero Sentido del Amor.*

Que **La Bendición estaba en Amarme, Respetarme y Ser quien Yo Soy...** En disfrutar de la *Vida* con el máximo *Respeto hacia Mí Misma* y hacia *Todo* lo que *Soy* y me rodea.

Me di cuenta de que yo era el *Centro*, de que yo era la *Verdad que habitaba en Mí*, de que yo era el *Tesoro de mi Vida*.

Y ahora te lo digo a ti:

Tú eres el Centro en el que se crea tu Vida.
Tú eres el Lugar donde sucede Tu Milagro.
Tú eres el Sagrado Tesoro...

> "No seas lo que otros quieran que seas. Sé lo que tú eres."
> ***Jodorowski***

Estamos ya en la era de *Acuario* y **PODEMOS CAMBIAR profundamente** todos aquellos patrones aprendidos que nos han hecho daño y que tienen que ver directamente con la manera en la que nos tratamos a nosotros mismos.

El ser humano necesita una apertura de *Consciencia* que le haga evolucionar hacia el *Respeto* y el *Amor*.

Y esa apertura es **Amarse a uno mismo.**

CUIDA TU ENERGÍA

Cuando digo que necesitas amarte, no te estoy diciendo que te olvides de todo lo demás. No te digo que pienses únicamente en ti.

> Estoy tratando de decirte que **no te olvides de Ti**, que es muy distinto.

Que bendigas quién eres, que honres *Tu Energía* y coloques a *Tu Ser* en el *Altar de Dignidad* y *Respeto* que ha merecido siempre.

No puede haber *Amor* en situaciones en las que tu *Dignidad* queda destruida.
No puede haber *Amor* en relaciones en las que se violan *tus derechos*.
No puede haber *Amor* en lugares en los que se te humilla.
No puede haber *Amor* en experiencias en las que se apaga *tu Luz*.

No puedes permitirlo.
No puedes admitir que suceda esto.
                        Esto no es *Amor*...

No puede haber *Amor* en donde no se respeta *Tu Diferencia*.
No puede haber *Amor* en lugares donde se prohíbe *Tu Libertad*.
No puede haber *Amor* en las doctrinas que destruyen *Tu Ser*.
No puede haber *Amor* en donde se hunden *Tus Sueños*.

¿Cómo se puede hablar de *Amor* en estas situaciones...?

No puede haber *Amor* en donde se reprime *Tu Energía*.
No puede haber *Amor* si hay maltrato...
No puede haber *Amor* en donde se vulneran *Tus Derechos*.
No puede haber *Amor en donde no eres Amad@*.

No puede haber Amor si no estás Tú

¿Y qué supone esto...?

Colocar **el centro de atención en ti.**
Que pongas tu *Energía* en ti.

Algo tan sencillo...
                      Y de lo sencillo que es, se vuelve complicado.

Hay mucha gente que me dice...
¿Y cómo lo hago?...

Primero sé consciente de que tú viniste a este mundo desde un lugar en el que ya estabas totalmente conectad@ con tu *Ser* y contigo.
Esa memoria de conexión la tienes. Tu *Ser* la conoce ya...

La tienes en tu *Corazón*, la tienes en tu latido, la puedes sentir dentro de ti, porque esa memoria de conexión no es otra cosa que la memoria de quién *Eres*.

           Lo único que hay que hacer es volver a ella.

                    Volver a ti.

¿Y por donde empiezo...? Dirás...

1.- En primer lugar por darte cuenta de esto. TÚ ya estabas conectad@ con tu *Sagrada Energía* antes de nacer y se trata simplemente de volver a ello. No es algo desconocido para ti.

           Tan solo olvidado, pero no desconocido.

Tu Alma sabe volver a ti.
Tu Luz sabe lo que has de hacer.
Tu Corazón sabe el *Camino*.

2.- En segundo lugar, es muy importante que muevas el cuerpo. Me refiero a caminar cada día, a correr, hacer yoga, practicar algún deporte, mover y desentumecer el cuerpo.
¿Qué quiere decir esto?...

           Mover tu cuerpo, tus músculos, tu energía...

No podemos apartarnos más de nuestro cuerpo de lo que estamos. Nos han enseñado a permanecer quietos, a inmovilizar el cuerpo, en la escuela, en los trabajos, sentados en el sofá, en todos sitios… y el cuerpo es una energía que necesita movimiento.

> "Pasamos los primeros años de la vida de nuestros hijos enseñándoles a hablar y a caminar y el resto de su vida a callarse y a sentarse. Hay algo mal en eso".
>
> **Neil DeGrasse Tyson**

Baila, camina, corre, haz natación, yoga… Lo que sea, pero tienes que mover tu cuerpo, tienes que hacerlo.

No puedes amarte a ti si no empiezas por tu materia, que es la parte más apreciable y sensible de ti.

¿Me sigues, *Corazón*…?

Si lo que puedes tocar de ti, que es tu cuerpo, no lo cuidas, cómo vas a cuidar tu alma, que es totalmente intangible. Has de empezar por la materia que eres y que te acompaña en esta *Vida*.

Necesitas mover, agilizar, cuidar, energetizar y fortalecer tu cuerpo, porque es tu campamento base aquí en la Tierra. No digo que hagas 8 horas de gimnasio cada día, me refiero a que si no haces nada para mover tu cuerpo, es prioritario que empieces a hacerlo ya.

Si quieres llegar a sentir lo que es el *Amor,* claro.

3.- En tercer lugar, el uso de la respiración te haría conectar más con tu cuerpo y tu latido. Te haría conectar con tu *Corazón*.

Cada día, puedes trabajar con la respiración inhalando profundamente y soltando el aire por la boca, despacio, tan solo observando cómo entra y como sale el aire. Sentir el sonido de tu respiración tranquilizando tu energía y equilibrándola.

Si pudieras hacerlo en un lugar **al aire libre**, un espacio natural con aire limpio sería muchísimo mejor.

Puedes hacerlo el tiempo que quieras. Empieza poco a poco y cada día irás necesitando más respiraciones porque conectarás con

mayor serenidad y equilibrio al hacerlo.
Tú irás notando poco a poco cómo tu energía se reequilibra.

4.- En cuarto lugar reservar momentos del día solo para ti. Es necesario dedicarte unas horas a la semana solo para hacer lo que tu alma y tu cuerpo necesitan hacer.

Tenemos la costumbre de dedicar todo nuestro tiempo a los demás, y al final del día sentir que no hemos tenido ni un minuto para nosotros. Y si te fijas, hacemos esto porque pensamos que es lo correcto.

En el fondo, tu mente cree que esto es Amor: darlo todo y luego si para ti no hay, pues qué se le va a hacer...
¿Verdad *Corazón*...?

Lo peor de todo es cómo le ponemos el nombre de *Amor* a esto.

Es tremendo...

Si quieres cambiar y mejorar tu *Vida*, si sientes que necesitas transformar algo, tratar de encontrar esa felicidad que se te quedó un día por el *Camino*, es importante que empieces a tomarte **tiempo al día** *SOLO para ti*.

> "Dios hizo un mundo distinto para cada hombre, y es en ese mundo, que está dentro de nosotros mismos, donde deberíamos intentar vivir".
> **Oscar Wilde**

Esta conexión contigo, estos momentos del día solo para ti te van a permitir sentirte, conocerte, apreciar lo que te hace feliz, conectar con quién eres. Sentir lo que deseas y lo que no; lo que necesitas, lo que te entusiasma, lo que querrías transformar, lo que desearías desarrollar.

Qué actividades te gustaría hacer, qué te gustaría empezar a aprender.

En el fondo estos tiempos que dediques a ti te permitirán saber qué desea tu *Alma* que hagas.

No puedes amar a los demás si no empiezas por amar lo que eres tú.
Y no puedes amarte a ti **sin cuidar tu tiempo,** el que tu *Alma* y tu *Corazón* necesitan.

> "Uno no puede elegir sabiamente en la vida a menos que se atreva a escucharse a sí mismo, a su propio yo, en cada momento de su vida".
> **Abraham Maslow**

5.- En quinto lugar serenar tu mente.
Al ir equilibrando tu energía con la respiración, irás notando cada vez más que tu mente se serena y que ya no está tan alocada e inquieta como antes.

Cuando somos más pequeños, la mente queda en cierto sentido apartada de nuestras experiencias. Cuando somos niños tocamos las cosas, sentimos las texturas, observamos los colores y olemos diferentes perfumes sin que la mente se interponga en la experiencia.

Pero conforme vamos creciendo nos vamos alejando de esta habilidad de estar presente en lo que hacemos sin que la mente se meta en medio.

Pero fíjate en lo que acabo de decirte: simplemente nos alejamos, pero la capacidad la tenemos. La experiencia de dejar a un lado la mente para vivir y experimentar la *Vida* la tenemos, tan solo es cuestión de volver a ella.
Volver a ti…

Volver a conectar con **La Vida sin mente.**
Y con total seguridad la respiración, el ejercicio físico y los tiempos de estar solo contigo te ayudarán a ello, a aquietar la mente.

No se trata de no pensar en nada, te hablo de estar conectad@ con lo que piensas, que es distinto.
Es *Ser Consciente*…

Y entonces así diriges tu pensamiento hacia donde tú necesites.

Mucha gente confunde esta idea creyendo que lo que hay que hacer es anular los pensamientos. Y no se trata de eso.

Tan solo consiste en que sientas cada cosa que haces, de que escuches tu latido, de que conectes con tu respiración y su movimiento, que estés vinculado a tu cuerpo en cada momento y de esta manera, tu mente, se equilibra y deja paso a la experiencia de la *Vida*.

En relación a esto que te digo, es importante que sientas que **somos energía**. Todo lo que se manifiesta en tu cuerpo es energía, distribuida equilibradamente en todas las partes de tu cuerpo.

Si sientes que la mente no para ni un segundo, eso significa que toda tu energía la centras en actividades que tienen que ver con esa parte del cuerpo: la cabeza (pensar, estudiar, observar, hablar, corregir, leer, analizar, juzgar…)

Concentrarías en este caso, la energía, en la parte alta de tu cuerpo. Y así no estaría equilibrada.

¿Me sigues, *Corazón*…?

Esto también sucede con personas que no hacen otra cosa que sentarse en el sofá, no hacen nada diariamente. Duermen demasiado, incluso alterando el ciclo natural del sueño y de la actividad del cuerpo. La energía se desequilibra y pasan los días sin hacer otra cosa. Esto es el extremo opuesto del que activa y trabaja todo el día con la mente.

En este segundo caso, la energía se coloca en la parte baja del cuerpo, restando equilibrio y actividad a la mente.

No digo que ninguna de las dos opciones esté mal. Ya sabes que para mí no hay nada bueno ni malo, simplemente la energía vital **no está en equilibrio**.

Y la energía vital ***es la energía de tu Vida***.

Se trata de lograr el equilibrio energético de tu cuerpo para que ninguna parte se vea saturada o sobrecargada.

Y si por casualidad, al hacer respiraciones y conectar con tu tiempo,

notaras que la mente se dispara, pues comprende que lo que sucede es que realizas demasiadas actividades mentales.
Entonces, simplemente equilíbralo...

Haz baile de salón, corre, monta en bici, ve a nadar, date una sauna semanal, camina, haz yoga, deporte, padel... Lo que sea que equilibre la excesiva actividad de tu mente y baje la energía al cuerpo.

Si te das cuenta, son pequeñas cosas que puedes empezar a hacer para cuidarte. Es el primer paso para comprender el **Amor**.

Amarte...

6.- En sexto lugar necesitas <u>conectar con la situación de tu *Vida* que pueda estar haciéndote daño ahora.</u>

Observa, de todas las experiencias que he descrito en *Este Libro*, cuál de ellas te puede estar inquietando o alterando tu equilibrio y tu serenidad.

Aprovecha la respiración diaria y esa conexión con la calma que te proporciona, para conectar con esa situación que sientes que te está matando en *Vida*.

No tengas miedo, solo obsérvala.

Conecta con ella y describe qué te hace sentir esa vivencia, porque tú eres la única persona en este mundo que puede cambiar esa realidad.

Deja a un lado, si puedes, los dogmas religiosos, las reglas de lo que está bien o de lo que está mal sentir. Aparta de ti lo que has aprendido inconscientemente y aprovecha esta respiración para conectar con lo que dice tu *Alma*, porque *Ella* es la que sabe qué es lo que te está haciendo daño.

Aprovecha esos momentos de <u>conexión contigo</u> para sentir qué situación es la que necesitas cambiar.

Y sé honest@ <u>contigo</u>. No con otros, <u>contigo</u>...

7.- En séptimo lugar no tengas miedo. Cuando observes la situación, ayúdate de la respiración para que te afiance en eso que necesitas. Ese tiempo que dediques para ti te hará conectar con la situación que necesitas transformar. Sea la que sea.

Y se puede...

Por eso, sientas lo que sientas, no tengas miedo. **La Luz** está en ti. Recuerda que cuando viniste al mundo eras esa *Luz,* eras esa conexión con el *Amor.* Tan solo estás volviendo a *Ella.*

Sin miedo...

8.- En octavo lugar, trata de no juzgarte, de no ponerte ninguna etiqueta a lo que sientas.

Con esto me refiero a que si ya has localizado la situación que necesitas transformar no te sientas débil, ni incapaz, ni torpe, ni despreciable por sentir lo que sientes, ni consideres que no puedes hacerlo.

Pide ayuda. A un profesional, a la persona que sientes que puede guiarte porque estás perfectamente capacidad@ para transformar esta situación AHORA. Entre otras razones, porque si no, no hubieras llegado a leer este libro ni a hacer este ejercicio.

Tu Alma te pide a gritos un cambio de Vida.

Tu Alma te pide que eso que te está haciendo daño lo cambies para poder **Vivir en Paz**, *Corazón...*

Pero sé *Consciente* de que si tú no deseas cambiarlo, no lo harás...

> "Tanto si piensas que puedes, como si piensas que no puedes, estás en lo cierto"
> **Henry Ford**

Entonces, ten cuidado con todas esas palabras que te harían sentir que tú no puedes hacerlo. Es decir, no te juzgues, entre otras razones porque crearás aquello que dices que eres.

9.- En noveno lugar pide ayuda. Solo en tu mano está el cambio y la posibilidad de hacerlo. Por eso, si sientes que necesitas ayuda, pídela o búscala.

Las cosas cambiarán con seguridad.

10.- En décimo lugar cuida tus pensamientos. Tiene mucho que ver con no juzgarte, pero va mucho más allá.

El juicio que emites sobre ti te limita totalmente. Son tus únicos enemigos junto con tus creencias. Aquello que crees y que te dices a ti mism@ crearán tu realidad.

Pero su poder es mayor. No solo te limita a ti, sino que puede limitar la realidad que te rodea.

Observa lo que piensas en relación a la *Vida*. Lo que eres capaz de pensar de los demás, lo que te viene al pensamiento cuando miras a cada persona de tu entorno diario.
Trata de mirarlos y observa qué pensamiento te viene a la mente con cada uno de ellos. Seres a los que amas o con los que no te une nada especial. Trata de observar qué piensas.

Observa también qué ideas o juicios te vienen cuando miras a alguien que tú sientes que te ha hecho daño, alguien del pasado que al recordar puede darte incluso ganas de llorar.
¿Por qué te digo esto...?

Porque es importantísimo ser consciente del poder que tiene aquello en lo que piensas.

Aquello que piensas es una energía que habita en ti. Es absurdo creer que esos pensamientos van a reparar el daño que te hizo alguien en un momento de tu *Vida*. Te los quedas tú y afectan principalmente a tu energía.

El pensamiento negativo te limita completamente, por eso es tan importante cuidarlo. Cuidar aquello en lo que piensas porque, entre otras razones, la principal persona afectada por ese pensamiento vas a ser tú.

Por eso, si tienes ideas sobre alguien, pensamientos limitantes o destructivos hacia algo o hacia alguien, primero obsérvalos para saber cuáles son. Porque solo así podrás transformarlos, evolucionar y sacarlos de tu mente y de tu *Corazón*.

Es aquí desde donde *Creas Tu Realidad*.

Observa los pensamientos que tienes sobre ti, las creencias que tienes sobre ti *y transfórmalas*.

No te permitas <u>ni un solo pensamiento</u> que anule el *Poder que hay en ti*.

Es difícil, pero no imposible.

Cada vez que te venga un pensamiento que no quieres tener en tu energía, sé consciente de lo que te limita. Está demostrado científicamente que aquello que piensas afecta a la materia, en primer lugar a la tuya y <u>esto es serio</u>.

Por eso, si deseas transformarlo, después de identificar la idea o pensamiento que quieres cambiar o apartar de ti, puedes decir en alto cuando estés a solas:

Estepensamientoquetengoacercade...............X................ está limitando mi energía, por eso, deseo que se aleje definitivamente de mi mente y de mi *Corazón* y que ocupe su lugar otro pensamiento que solo vibre en *Amor*.

De este modo, sentirás poco a poco que no solo cambiará tu manera de pensar sino que se transformará toda tu *Vida* con ello, porque creamos la realidad con nuestros pensamientos y nuestras emociones.

Y cuando alcances una sensación de equilibrio con aquello que piensas, trata de **mantenerte en ese estado**.

Intenta no incluir pensamientos que te hagan sentir triste y que bajen esa vibración, pensamientos que puedan traerte lo que comúnmente se llama "bajona", porque sería el principio del fin.

Tiene que ser una labor diaria el mantener ese pensamiento positivo de elevada vibración, que te mantenga en equilibrio. Es vivir en esa frecuencia. Mantener ese pensamiento de *Luz* a cada segundo.

Y esto se convierte en bendición.

11.- En decimoprimer lugar cuida tus emociones.
Sé consciente de cuáles son las que te hacen daño, las que arrastras desde hace tiempo en tu *Corazón,* las que puedan estar haciéndote daño.

Normalmente el ser humano culpa a "alguien" de las emociones que siente, busca a quién responsabilizar de todo eso que siente. Y no hay nada más equivocado que este planteamiento.

La gente suele responsabilizar a los demás de la rabia que siente, o del miedo que tiene, o de la pena que lleva dentro o de la vergüenza que alguien le pudo provocar...
Y esa no es la solución.

Cuando alguien te provoca una emoción concreta, ese alguien no ha hecho otra cosa que desenmascarar lo que ya tenías tú escondido dentro de tu *Corazón*. No ha hecho otra cosa que apretar la tecla "adecuada", pero esa rabia ya la tenías dentro, ese miedo era tuyo desde antes de conocer a ese ser que te lo ha provocado, esa vergüenza habitaba ya en tu creencia, esa pena ya la tenías antes de que se provocara esa emoción.

Cuando alguien te hace daño y provoca en ti rabia o rencor, realmente esa persona lo que ha hecho es hacerte ver lo que tenías guardado dentro. No es el responsable de que sientas rabia.

Yo sé que es difícil de integrar esta información porque nos han enseñado que hay "buenos y malos" y que si alguien te hace daño a ti es porque el otro es "el malo".
¿Verdad...?

Con este planteamiento lo único que harías sería entrar en el victimismo del que hablábamos en capítulos anteriores. Echas la culpa a otros y tú te despreocupas de las emociones que sientes.

Y esto no funciona así...
Es necesario que te hagas totalmente responsable de lo que sientes y de las emociones que albergas en tu *Corazón*.

> "Si quieres cambiar el mundo, cámbiate a ti mismo"
> **Mahatma Gandhi**.

Evidentemente si alguien no ha hecho las cosas bien y eso ha provocado un daño en ti, <u>ese *Ser* tendrá que ver qué hace con esa energía que provoca</u>. Pero ese no es tu problema...

Si tú has recibido esa energía y has salido dañad@ por la experiencia, tienes que ver qué haces con eso que has recibido, cómo gestionas la emoción que eso te ha causado, porque ese sí sería tu problema: qué hacer con la energía que sientes después de la experiencia.

Porque **el responsable de lo que hagas con esa energía que sientes eres tú.** Y aquí es donde te digo que has de cuidar tus emociones.

Seguramente has sufrido mucho, pero no te puedes quedar en eso. Las emociones que llevas contigo después de una experiencia, has de transformarlas, si quieres vivir **Amándote...**

El tiempo lo cura todo, dicen, pero realmente lo que sana es la transformación de las emociones que sientes. No es el tiempo el que cura sino **la transformación que se provoca** en ti con el paso del tiempo.

Yo conozco a gente que después de 25 años aún siguen en el punto de rencor en el que dejaron un conflicto. Tenemos que ser conscientes de que las emociones que abrigas en tu *Corazón* tan solo acabarán haciéndote daño a ti.

Por eso, desármalas cuanto antes, transfórmalas lo más rápido que puedas porque las emociones son energía y la energía va minando y transformando la materia.

Así que será mejor que las emociones que sientas lleven una vibración de *Amor y de Luz*, porque las llevas contigo, dentro de tu

Corazón, ese lugar *Sagrado* en donde habita tu *Divina Energía*.

Mucha gente enferma por el tipo de emociones que guarda dentro de su *Corazón* y esto es serio.

Por eso, trata de hacer este ejercicio que te propongo ahora que seguro te puede ayudar.

Como ya sabes que la persona que te hizo daño no es responsable de lo que tú albergas en tu *Corazón,* pues observa qué sientes, qué es lo que sientes que te daña.

Localiza una de esas emociones, obsérvala y luego dirígete hacia ese *Ser* que en principio crees que lo ha provocado y dile: (*sin que esté presente – tan solo dilo en alto cuando estés a solas para que su energía lo capte…*)

> Siento que me has hecho mucho daño. Mi corazón siente mucho dolor por……………X……………, pero deseo profundamente que **todo lo que hemos vivido juntos tú y yo se transforme y se convierta en Luz eternamente**, sanando, cerrando y sellando definitivamente en Luz todo este ciclo existencial que un día elegimos y acordamos vivir junt@s.
>
> Que así sea…

Piensa en ese *Ser*, recuérdalo con tu pensamiento, aunque te duela mucho, *Corazón*…
    Es muy importante hacerlo.

Tan solo lo evocas un momento con tu pensamiento y le dices en alto esa frase. Puedes hacerlo las veces que quieras, hasta que sientas que verdaderamente esa energía de dolor ha dejado de estar contigo. Puedes hacerlo una vez al día o cada vez que lo sientas o te acuerdes.
Te aseguro que es profundamente transformador y sanador.

Recuerda, *Corazón*, que nos encontramos en esta *Vida* para aprender de muchas situaciones diferentes. Nos cruzamos una y otra vez en este mundo para vivir el otro lado de la experiencia que no conocemos.

Y aprender, existencialmente hablando...

Por eso, es muy importante que **cuides aquello que piensas o sientes** por otro *Ser* porque eso significaría que es a ti a quién de verdad estás respetando y amando.

Y si en algún momento de tu *Vida* quieres ponerte delante de ese *Ser* y decírselo personalmente, te aseguro que suceden cosas. No tienes que hacerlo si no quieres, no es necesario, porque realmente a quien se lo tienes que decir es a ti mism@, que es quien guarda ese dolor en su *Corazón*.

Tú mism@ sentirás que ya está sanado ese dolor y que no será necesario nada más.

12.- En duodécimo lugar trata de hacer cada día algo que te entusiasme, algo que te encante hacer, algo que te conecte con tu propia *Energía* y con tu propia *Luz*.

Hay mucha gente que después de tantos años de servir a otros o de estar a la sombra de otros, han olvidado su propia *Energía*. Si este es tu caso, no te preocupes.

Trata entonces de hacer una lista de actividades lúdicas que en principio te llamen la atención. Puede ser desde aprender a cocinar, hasta tener la experiencia de montar a caballo, nadar con delfines, aprender a tocar la guitarra, aprender zumba...
Puede ser cualquier actividad sencilla, ir a un restaurante exótico, escribir poemas, dejar que te den un masaje o atreverte a lanzarte por una tirolina...

Hazte una lista de actividades que pudieran hacerte conectar nuevamente con tu risa, con la ilusión y las ganas de vivir y de ser feliz en este mundo.

"Lo que uno puede ser, debe ser".
Abraham Maslow

13.- En decimotercer lugar cuida tus alimentos.

La conexión que te van a permitir estos ejercicios te harán sentir que tienes que cuidar la alimentación. Es importantísimo atender a la calidad y la cantidad de alimentos que ingieres.

Ya sabes que las prisas de la *Vida* nos hacen entrar en ritmos que no son sanos ni adecuados. Por ello cuidar aquello de lo que te alimentas es de vital importancia.
Esto es **amarte**...

> "Somos lo que comemos".
> No es broma esto...

14.- En decimocuarto lugar respeta tu cuerpo.
Es *Tu Templo*...

No te olvides que tu cuerpo también es *Energía Divina* y como tal necesita sus cuidados.
Descansa adecuadamente. Marca ritmos de trabajo y de ocio.
Necesitas equilibrar las actividades que realices para que no rompan el equilibrio natural de tu salud corporal.

Un masaje, una sauna, un paseo diario, descansar, dormir las horas necesarias en los lugares adecuados.

Es la materia donde se refleja *El Alma*.
Cuídala, Bendícela y Ámala.

Cuida tus ritmos.
Cada persona tiene un orden, un compás distinto... Y muchas veces quizás abandonas tu propio ritmo para seguir el de otros, aunque eso a ti te dañe.
Y lo llamas *Amor*.

Trata de conectar con el ritmo que tú necesitas para hacer las cosas, el que tú necesitas vivir de acuerdo a tu *Energía* y el que en el fondo te hace bien.

El cuerpo es *Tu Templo,* no te olvides.
Cuida la Energía que está en contacto con él y no permitas nada que no desees.

15.- **En decimoquinto lugar** cuida tus sueños.

No me refiero solo a los que tienes mientras duermes sino a los sueños que tienes en la *Vida*. Quizás, de acuerdo a la edad que tengas, podrás creer que ya paso el tiempo para tener sueños.

Y yo te digo que nunca es tarde.
Cree en ti...

> "Si supiera que mañana se acaba el mundo, yo hoy plantaría un árbol"
> **Martin Luther King**

Hasta el último segundo de tu *Vida* puedes hacer posible aquello que soñaste un día. El tiempo solo es un constructo mental, porque nunca es tarde para aquello que tu *Alma* necesita hacer.
Piénsalo y trata de materializar aquello que aún sueñas.

Has venido a esta Tierra a *cumplir esos sueños*. Son tus *referentes*. Son los proyectos que están conectados con tu razón de ser aquí en la Tierra. No has venido a este mundo a sufrir, has venido a realizar tus sueños, pero tienes que creerlo, porque solo tú vas a poder hacerlos realidad.

No te olvides que lo que no hagas, *Corazón Mío*, se quedará sin hacer.
Porque solo **Tú y Tu Energía** podrá crearlo.

16.- **En decimosexto lugar** regálate palabras bonitas.

Háblate con *Amor*. Dedícate palabras de halago, que te suban la autoestima y que te hagan sentir tu inmenso valor.

Una maravillosa mujer en consulta me dijo un día: "Qué difícil es amarme..." "Y es que me doy cuenta de que nunca nadie me ha dicho que me ama. Jamás he oído esas palabras dirigidas a mí"

Y yo puedo comprender a qué se refiere, entiendo el dolor de no haber recibido nunca la energía de esas palabras dirigidas hacia ella, pero precisamente esa era la clave para transformarlo.

"Empieza por decírtelo a ti cada día..."

Ella me miró asombrada porque no había caído en la cuenta de esto. Estaba en sus manos la posibilidad de **amarse**...

17.- En decimoséptimo lugar puedes hacer limpieza de armarios para sacar, regalar, reciclar o vender libros, ropa, muebles, souvenirs u objetos que tienes guardados desde hace años y que realmente ni los usas, ni los manejas a diario ni realmente te sirven para nada actualmente.

Puedes hacer limpieza y renovación de todas esas cosas que se van acumulando con el paso de los años y que quizás a otra persona le pueden hacer falta y pueda hacer un mejor uso de ellas.

Observa si tienes esa tendencia a guardar objetos o recuerdos de hace muchos años. Mucha gente guarda cosas por si acaso las necesita algún día. Y resulta que nunca las llega a sacar, ni las usa, ni siquiera se acuerda de ellas.

Puedes atreverte un día a vaciar los armarios y reciclar o darle movimiento a todas estas cosas que guardaste un día.
Es dejar de agarrar lo viejo y **dar espacio a lo nuevo**.

Hay que dejar hueco, crear vacío para que vengan a ti cosas nuevas. Es preciso que te deshagas de todo lo viejo que hay en ti y en tu *Vida* para que nuevas energías lleguen a ti.

Ese espacio que se crea es el que atraerá una energía diferente. Mientras tengas el corazón lleno de antiguos recuerdos y emociones no entrará nada nuevo.

Intenta hacerlo y verás cómo cambia tu energía y tu manera de vibrar.

18.- En decimoctavo lugar te diría que pusieras límites en tu *Vida*. Ahí empieza el *Amor* a *Uno Mismo*...

Establece los límites con quien tengas que ponerlos, definiendo lo que quieres y lo que no quieres. Marcando lo que deseas y lo que no deseas de ninguna manera. Establece las reglas que te hacen feliz con el máximo derecho a ello y vulnera las normas que te esclavizan y anulan tu energía.

Los límites que marcan tu Lugar Sagrado de Vida que eres *Tú*, son inviolables.
                  Inquebrantables....

No permitas que nadie que tú no desees en tu *Vida* salte esos límites. Marca el espacio y las condiciones que tu *Sagrada Energía* necesita para vivir en *Paz*.

Siéntete con el derecho a hacerlo, *Corazón*...
Pon los límites que *Tu Alma y Tu Ser* considere que tiene que poner, porque ahí comienza LA VIDA.

    Ámate...
         Ámate...
            Ámate...

> "Tú eliges hacia dónde y tú decides hasta cuándo, porque tu camino es un asunto exclusivamente tuyo".
> **Jorge Bucay**

Lo que trato de decirte en *Este Libro* es que tienes que *Ser Consciente* de que **puedes cambiar la perspectiva de todo lo que has aprendido y de todo lo que te ha sucedido**, de que puedes hacer otra lectura de todo lo que has vivido y, por lo tanto, tomar decisiones que pueden cambiar tu *Vida por completo*.

Es importantísimo que tengas muy claras estas cuatro ideas:

- **Tú no eres lo que te sucedió.**
- **Tú no eres lo que aprendiste que eras.**
- **Tú puedes reconducir tu Vida.**
- **Solo tú puedes darle la vuelta a lo que has vivido.**

Solo *Tú* puedes generar esta actitud de cambio y crear otra realidad en *Tu Vida*.

La responsabilidad es tuya.
                      Existencialmente tuya…

Quiero que sientas y que escuches lo que te quiero decir desde *Mi Corazón*.

TODO está en Ti.

> "El ejemplo más grande que le puedes dar a los demás es el ejemplo de tu propia vida".
> **Bertolt Brecht**

Hemos venido a este planeta en este *Momento Evolutivo de la Humanidad* <u>a transformar todo lo que debe cambiar</u>, a llevar a cabo aquello que necesitamos hacer y que nos hace felices, y a bendecir lo que deseamos Ser **Cada Uno de Nosotros**, porque en eso consiste el *Amor*.

Cuando tú te bendigas, cuando te respetes a ti, cuando tú te eleves a un *Altar*, te cuides y atiendas *Tu Energía*, entonces el *Amor* empezará a manifestarse y empezará a brillar en *Tu Vida*…

Y emanarás una Luz y una Energía que se irradiará hacia fuera y hará que la gente te vea de otro modo, hará que el mundo se dirija a *Ti* con *el mismo respeto que TÚ entonces tendrás hacia ti mism@*.

¿Cuántas veces nos han dicho que el *Amor* lo cura todo…?

Y es Verdad

Pero el **Amor a Ti...**
Eso es lo que cura todas tus heridas.

TODAS…

AMOR

Nuestra *Esencia* es *Amor.*

Tu Esencia es Amor.

Todo lo que se trasciende, se transforma en *Amor.*

Esta Verdad no necesita esfuerzo.
Solo *Es*...
    Surge de la *Delicadeza*, sin más.

Y reside dentro de *Ti,* en el espacio íntimo y único que eres *Tú.*
En ese *Lugar Sagrado* que no muere.

Te hablo del *SER*.

De esa *Verdad* que late en *Ti* desde siempre...

Desde donde nace *La Vida.*
En donde vibra *Lo Divino.*
Desde donde se **Trasciende lo humano**...

El *Amor* es un *Estado de Consciencia.*

En el que puedes *Ver* al *Otro*
Y también *Verte* a *Ti*.

Y sentir profundamente que *Somos lo Mismo.*

Que no hay separación.

Que no hay diferencia...

LA LISTA

Una cosa más que quiero preguntarte antes de finalizar:
¿Recuerdas que en uno de los primeros capítulos te propuse un reto?

Tenías que escribir todas aquellas cosas que sentías que habías hecho por *Amor* en tu *Vida,* incluyendo personas especiales a las que sentías que amabas o habías amado.
¿Verdad?

Te pediría que volvieras a echarle un vistazo antes de contestar a esta pregunta:

¿Después de haber leído *Este Libro*, cambiarías, añadirías o quitarías algo en esa lista...?

_____

_____

_____

_____

Y rodea la respuesta en esta última pregunta:

¿Estaba tu nombre apuntado en esa lista de *Seres* a los que has amado alguna vez...?
SI   NO

... *Interesante.*

> "Cuando tenemos delante los grandes tesoros, nunca los reconocemos".
> **Pablo Coelho**

LOS TÍTULOS DE ESTA TRILOGÍA

www.ingramcontent.com/pod-product-compliance
Lightning Source LLC
Chambersburg PA
CBHW020346170426
43200CB00005B/60